普通高等教育公共基础课新形态教材

大学生心理健康教育与心理素质训练

（第二版）

主　编　黄淑颖　王小强

副主编　陈自遥　陈凌婧　管培雯

楼晓阳　张苗苗

科学出版社

北　京

内 容 简 介

本书以大学生心理健康的基本知识为基础，紧密围绕大学生学习、生活及人格成长和完善过程中经常遇到的心理问题展开论述。全书共十章，注重通过心理训练帮助学生更好地认识自我，及时预防可能发生的心理问题，达到提升心理健康、提高自我教育能力的目标。

本书既可以作为普通高等院校心理健康教育课程的教材，也可以作为广大青年心理健康教育的读本。

图书在版编目（CIP）数据

大学生心理健康教育与心理素质训练 / 黄淑颖, 王小强主编. -- 2 版. 北京 : 科学出版社, 2024. 8. --(普通高等教育公共基础课新形态教材).

ISBN 978-7-03-078889-4

Ⅰ. G444

中国国家版本馆 CIP 数据核字第 20246K1S68 号

责任编辑：李 海 周春梅 / 责任校对：赵丽杰

责任印制：吕春珉 / 封面设计：东方人华平面设计部

科学出版社 出版

北京东黄城根北街 16 号

邮政编码：100717

http://www.sciencep.com

三河市中晟雅豪印务有限公司 印刷

科学出版社发行 各地新华书店经销

*

2019 年 12 月第 一 版 开本：787×1092 1/16

2024 年 8 月第 二 版 印张：15 3/4

2025 年 7 月第七次印刷 字数：373 000

定价：57.00 元

（如有印装质量问题，我社负责调换）

销售部电话 010-62136230 编辑部电话 010-62135120-2040

第二版前言

党的二十大报告提出“推进健康中国建设”，并强调要“重视心理健康和精神卫生”。大学生的心理健康问题事关高校育人质量。大学生肩负实现中华民族伟大复兴的历史重任，不仅要具备高尚的品德、精湛的专业技能、健康的身体，还要具有过硬的心理素质。

2011 年，教育部印发《普通高等学校学生心理健康教育课程教学基本要求》，明确各校要开设“大学生心理健康教育”公共必修课程，对其课程性质与教学目标、主要教学内容、课程设置与教材使用、教学模式与教学方法、教学管理与条件支持、组织实施与教学评估进行了详细规定，这在中国高校心理健康教育发展史上具有重要意义。课堂教学是加强大学生心理健康教育的主渠道，而教材是这个主渠道发挥作用的重要媒介和基础，因此，编写高质量的教材是心理健康教育的重要任务。

在这个瞬息万变的时代，所有青年人不可避免地要面对充满矛盾的人生，每个人注定会产生许多心理困扰。因此，认清客观形势，确立人生目标，肩负中华民族伟大复兴的历史使命，认真刻苦学习，促进心理健康，使自己的生命充满希望和活力，成为每个大学生必须面对的人生挑战。

本书是按照当前我国大学生心理健康教育的要求，并结合大学生的心理特点编写而成的，注重内容的完整性与时代性，体现理论与现实的结合性，既满足专业化、科学化、系统化的需要，又符合可读性、应用性和生活性的原则。本书以大学生的成长为主线，每章以“心语引导”开始，以名人的智慧开启知识的讲解；“心理测试”提供了标准化测试工具；“心理训练”以具有操作性的体验活动拓展学生能力；“感悟成长”记录学生的感悟和思考，这是专属于学生的成长记录手册；“知识链接”是相关书籍和影片的推荐。

自 2019 年出版第一版以来，编写团队依据我国的新政策、新精神和新形势，结合学生的新实际、研究新成果，与时俱进，及时对书中内容进行调整。新版教材融入更多思政元素，嵌入更多形式的教学资源，拓展了教材的容量，使教材信息量更大、内容更丰富、形式更多样、可读性更强。

本书由黄淑颖、王小强担任主编，陈自遥、陈凌婧、管培雯、楼晓阳、张苗苗担任副主编，由编写团队全体成员多次反复讨论与修改并最终定稿。具体分工如下：黄淑颖负责编写、统稿及指导各章节的编写等工作；王小强负责本书的内容设计、编排、插图等工作；第一章、第九章由陈凌婧编写，第二章由张苗苗编写，第三章由楼晓阳编写，第四章、第五章由陈自遥编写，第六章、第七章由管培雯编写，第八章、第十章由黄淑颖编写。

在编写本书的过程中，编写团队参阅了大量的文献资料，借鉴了许多相关著作的精华。在此向有关作者表示衷心的感谢。

尽管编写团队始终用认真负责的态度编写，仍难免存在不足之处，敬请广大读者批评指正。

第一版前言

当今世界，科学技术突飞猛进，生活节奏快速提升，竞争压力日益增大，社会刺激也变得多元化和复杂化。社会给大学生提供了充分展现自我的舞台，提供了多方面发展的机遇，同时也给大学生带来了更大的心理压力。近年来，大学生由于心理问题引发的打架、出走、报复甚至自杀等事件也迅速增加，因此让大学生拥有和保持心理健康是现代教育的一个重要方面。

在迅速变化的时代，所有青年人不可避免地要面对充满矛盾的人生，每个人注定会产生许多心理困扰。消极的人等待风向改变，积极的人调整风帆勇往直前；自卑的人遭遇失败一蹶不振，自信的人面对挑战斗志昂扬；被动的人接受已有的定论，主动的人积极寻求自我创新。因此，认清客观形势，确立人生目标，肩负中华民族伟大复兴的历史使命，认真刻苦学习，促进心理健康，使自己的生命充满希望和活力，成为每个大学生必须面对的人生挑战。

本书是按照当前我国大学生心理健康教育的要求，并结合大学生的实际情况编写的，注重内容的完整性与时代性，体现理论与现实的结合性，既满足了专业化、科学化、系统化的需要，又符合可读性、应用性和生活性的原则。本书以大学生的成长为主线，每章以“心语引导”开始，以名人的智慧开启知识的讲解；“心理测试”提供了标准化测试工具；“心理训练”以具有操作性的体验活动拓展学生能力；“感悟成长”记录学生的感悟和思考，这是专属于学生的成长记录手册；“知识链接”是相关书籍和影片的推荐。本书着重突出以下 4 个方面。

（1）注重实践，针对性强。编者坚持理论联系实际的原则，努力做到“三贴近”，即贴近大学生的思想、贴近大学生的实际、贴近大学生的实践。书中所用理论和所引案例都紧密结合当前大学生的实际情况，有很强的实际意义。

（2）内容丰富，可读性强。本书内容涉及大学生在学校可能碰到的各式问题，各章节之间连接紧密，步步深入。用案例对重点知识、难点知识进行解读，形式多样，可读性强。

（3）内容创新，时代性强。本书把大学生的心理健康与成长教育有机结合起来，旨在促进大学生身心健康发展；注重吸收国内外心理健康研究的前瞻性成果，反映当代大学生成才教育的新进展。

（4）形式多样，互动性强。本书各章从名人名言引入，在心理知识和实践操作上指导学生学习，并设有相关的成长案例、心理故事、拓展阅读，以及心理测试、心理训练等，促进学生主动学习、开放学习和创造性学习。

本书由黄淑颖、陈凌婧担任主编。黄淑颖负责统稿及指导各章节的编写等工作；陈凌婧负责本书的内容设计、编排等工作。黄淑颖、陈凌婧、张小余、楼晓阳、张苗苗、王姝仪等几位老师承担了具体章节的编写工作，徐玉成、虞佳丽、郑清松、石岩冰、管培雯、成萍等老师积极收集信息、案例等。编委会全体成员对各章内容进行了多次讨论和修改，最后定稿。

在编写本书的过程中，编者参阅了大量的文献资料，借鉴了许多相关著作的精华。在此，向有关作者表示衷心的感谢。

由于编者水平有限，加之时间仓促，书中难免存在不足之处，敬请广大读者批评指正。

编　者

2019 年 6 月

目　录

第一章　一切从“心”开始
——心理健康新理念

心语引导

人之幸福，全在于心之幸福。

——歌德

世界上最广阔的是海洋，比海洋更广阔的是天空，比天空更广阔的是人的心灵。

——雨果

大学生涯对每一个大学生来说，都是一段无法忘怀的人生体验。在这里，不管他们愿意与否，他们都要开始独立地面对生活，都要自主地解决自己的人生难题。但是，当他们以极大的热情去直面生活、实现自己的理想时，就会发现生活之舟是那么复杂，有时甚至是那么难于驾驭。面对社会竞争的压力，他们在学习、生活、人际交往、自我意识和就业等问题上，感到苦闷、孤独、焦虑甚至精神崩溃，自杀、杀人等恶性事件时有发生，这些都使高校心理健康教育刻不容缓。

那么，什么是心理健康？为什么要研究大学生的心理健康？怎样才能更好地维护大学生的心理健康？这些都是本章要回答的问题。

第一节　心理健康概述

大学生心理健康的标准

一、心理学概述

（一）心理学的含义

心理学的英文是 psychology，由希腊文 psyche 与 logos 演变而来。前者的意思是“灵魂”，后者的意思是“讲述”，因此心理学的本义是“阐释灵魂的学问”。目前对心理学的定义是，研究人的心理现象及其规律的科学。

人的心理现象是复杂而又丰富多彩的，它不同于物理现象，没有形状、质量等，因此被看作是与其他现象不同的特殊现象，但是每个清醒的人每时每刻都在进行着心理活动。

心理学有着漫长的过去，但人们对心理学的研究历史却相对短暂。人类的祖先在对自然现象的理解还处于初级阶段时，就已经开始对自身的心理现象以精神、灵魂等方式进行思索，并在哲学领域加以讨论。苏格拉底、柏拉图、亚里士多德等哲学家已经将人类的本性、本能、心灵、感觉和意识等问题，作为哲学上的主要问题去讨论。但是他们只凭主观设想而未建立客观的研究方法和系统的理论，没有形成科学的心理学，因此这一时期的心理学被称为“哲学的心理学”。

直到 19 世纪，随着自然科学的迅速发展，特别是生物学、生理学的发展积累了大量有关人体的知识，人们开始寻找研究心理的新方法。也就在此时，德国生物学家、哲学家冯特于 1879 年在莱比锡大学建立了世界上第一个心理学实验室，对感觉、知觉、情感等进行了研究，这也标志着心理学作为一门独立的学科正式诞生了。从此，心理学从哲学中独立出来，成为一门实证的科学学科。

（二）心理学的研究内容

心理学是研究心理现象及其规律的科学，而心理现象包括心理过程、个性心理和心理状态 3 个部分。

心理过程是指人的心理形成及其活动的过程，包括认识过程、情感过程和意志过程。认识过程是人们认识事物现象的心理活动过程，包括感觉、知觉、记忆、想象和思维。由于客观事物与人存在某种联系，人在认识客观事物的过程中，总会产生一定的主观体验，引起满意、喜爱、厌恶、恐惧等，这就是情感过程。人对客观事物不仅要感受、认识，还要处理、改造。人自觉地支配行动以达到预期目标的心理活动过程称为意志过程。

个性心理是心理学研究的另一个方面的问题，包括个性倾向性和个性心理特征。个性倾向性是个性结构中最活跃的因素，是一个人进行活动的基本动力，主要由需要、动机、兴趣、信念、理想和价值观等构成。个性倾向性决定人对现实的态度，决定人对认识活动对象的倾向和选择。个性心理特征是指一个人身上经常表现出来的心理特点，主要包括能力、气质和性格，它集中反映了个人心理的独特性。人的心理特征是千差万别的，有些人聪明伶俐、足智多谋，有些人能歌善舞、多才多艺，这是人的个性差异在能力方面的表现；有些人寡言少语、稳健持重，有些人开朗健谈、直爽热情，这是个性差异在气质方面的表现；有些人在待人接物中，表现得谦虚礼貌、不卑不亢，而有些人则显得轻浮傲慢或者虚伪狡猾，这是个性差异在性格方面的表现。

心理状态是指心理活动在一段时间里出现的相对稳定的持续状态，它既不像心理过程那样变动不居，也不像心理特征那样稳定持久。人的心理活动总是在觉醒状态（注意状态）和睡眠状态下进行的，这些不同的心理状态体现了主体的心理激活程度和脑功能的活动水平。

人的心理现象的各个方面可以表示为图 1-1 所示的结构图。

心理现象的各个方面不是孤立的，而是相互关联、共同存在于统一的心理活动之中。其中，心理过程研究了人的心理活动的共性规律；个性心理则体现了每个人心理活动的特色，研究的是个性规律；心理状态是心理活动的背景状态，它不能单独存在。在心理过程中，认识过程、情感过程和意志过程之间是相互联系、密不可分的，它们共同存在于同一心理过程之中。心理过程和个性心理也紧密相关，没有心理过程，个性心理就无法形成。同时，已经形成的个性心理特征又制约着心理过程，并在心理过程中表现出来，使每个人的心理过程都具有独特的色彩。例如，某类心理状态（漫不经心）经常反复出现，并且持续时间较长，那么它将会转化为这个人的个性心理（粗心大意）。

- 心理现象
  - 心理过程
    - 认识过程——感觉、知觉、记忆、想象、思维
    - 情感过程——喜、怒、哀、乐、爱、憎、惧、恶
    - 意志过程——目的、决心、意志
  - 心理状态
  - 个性心理
    - 个性倾向性——需要、动机、兴趣、信念、理想、价值观
    - 个性心理特征——能力、气质、性格

图 1-1　人的心理现象

尽管人的心理是复杂多样的，但是其本质是相同的。辩证唯物主义认为：第一，人的心理是人脑对客观现实的反映，客观现实是人的心理活动的源泉，没有客观事物作用于人，人的心理活动就不可能产生；第二，人脑是人的心理活动的器官，如果人脑由于外伤或疾病而遭到损坏，人的心理活动就会全部或部分失调；第三，人的心理是在实践活动中人脑对客观事物的能动反映。

（三）心理学的研究范围

心理学的研究范围非常广泛。

心理学按理论门类可分为普通心理学、实验心理学、比较心理学、发展心理学、学习心理学、认知心理学、人格心理学、社会心理学、变态心理学、生理心理学和动物心理学等。

心理学按应用门类可分为教育心理学、咨询心理学、临床心理学、工业心理学、商业心理学、法制心理学、劳动心理学、运动心理学、管理心理学、军事心理学等。

二、心理健康的含义

心理健康的研究对象是人的心理健康的形成、发展、变化的规律，目的是维护和增进心理健康。

（一）科学的健康观

健康是人快乐、幸福、成功的前提和基础，是每个人所向往的。世界卫生组织（World Health Organization，WHO）前总干事马勒博士曾指出：“必须让每个人认识到，健康并不代表一切，但失去了健康，便丧失了一切。”

对于健康的概念，传统的观点认为，躯体没病就是健康，而理论研究和实践证明，人是生理、心理与社会层面的统一。人是一个生物体，而且是一个有复杂的心理活动、生活在一定的社会环境中的完整的生物体。世界卫生组织提出，健康是一种生理、心理与社会适应都臻于完满的状态，而不仅是没有疾病的状态。世界卫生组织进一步指出健

康的新概念：一是有充沛的精力，能从容不迫地进行日常工作和生活，而不感到疲劳和紧张；二是积极乐观，勇于承担责任，心胸开阔；三是精神饱满，情绪稳定，睡眠良好；四是自我控制能力强，善于排除干扰；五是应变能力强，能适应外界环境的各种变化；六是体重适当，身材匀称；七是反应灵敏，眼睛明亮，眼睑不发炎；八是牙齿清洁，无空洞，无痛感，无出血现象；九是头发有光泽，无头屑；十是肌肉和皮肤富有弹性，步伐轻松自如。

因此，健康是生理健康与心理健康的统一，二者是相互联系、密不可分的。当人的生理产生疾病时，其心理也必然受到影响，会出现情绪低落、烦躁不安、容易发怒等情况，从而导致心理不适；同样，长期心情抑郁、精神负担重、焦虑的人也易产生生理不适。因此，健全的心理与健康的身体是相互依赖、相互促进的。

拓展阅读

判断健康的标准——“五快三良好”

如何判断我们自身是否健康？又如何判断他人是否健康？世界卫生组织提出了“五快三良好”这一标准来衡量一个人的身心健康状况。

1. 五快

（1）吃得快：胃口好，吃得香甜，吃得平衡，吃得适量，不挑食，不厌食。

（2）便得快：大小便通畅，肠胃消化功能好。良好的排便习惯是定时、定量，最好每天 1 次，最多 2 次，大便时间 3～10 分钟。

（3）睡得快：躺下 15 分钟即入睡，不容易被惊醒，又能按时清醒，不靠闹钟或别人叫醒，醒来后精神焕发，没有疲劳感。

（4）说得快：思维敏捷，语言运用准确，表达流畅。

（5）走得快：行动自如，身体敏捷，反应迅速，活动灵敏。

2. 三良好

（1）良好的个人性格：性格温和，意志坚强，感情丰富，胸怀坦荡，豁达乐观。

（2）良好的处世能力：客观看待人和事，具有较好的自控能力，能适应复杂的社会环境。

（3）良好的人际关系：助人为乐，与人为善，对人际关系充满热情。

（二）健康的核心——心理健康

早在 1946 年，第三届国际心理卫生大会就指出：“所谓心理健康，是指在身体、智能及情感上，在与他人的心理健康不相矛盾的范围内，将个人心境发展成最佳状态。”大会还提出了心理健康的标志：第一，身体、智力、情绪十分调和；第二，适应环境，人际交往中能彼此谦让；第三，有幸福感；第四，在工作中，能充分发挥自己的能力，有效率。

中国大百科全书出版社出版的《简明不列颠百科全书》指出，心理健康是指个体在本身及环境许可的范围内所能达到的最佳功能状态，但不是指十全十美的绝对状态。

英国心理学家英格里士于 1958 年指出，心理健康是指一种持续的心理状态，当事人在那种情况下，能做出良好的适应，具有生命的活力，且能充分发挥其身心潜能。

从广义上讲，心理健康是一种持续高效而满意的心理状态；从狭义上讲，心理健康是指人的基本心理活动的过程完整、协调一致，即认识、情感、意志、行为、人格的完整和协调，能顺应社会，与社会保持同步。

人的心理健康是指一种持续的、积极的心理状态。据此，研究者将人的心理健康水平大体分为 3 个等级：第一等级是一般常态心理，表现为经常心情愉快，适应能力强，善于与别人相处，能较好地完成与同龄人发展水平相适应的活动，具有调节情绪的能力；第二等级是轻度失调心理，表现出非同龄人所应有的心态，与他人相处略感困难，生活自理能力较差，经主动调节或通过专业人员帮助后可恢复常态；第三等级是严重病态心理，表现为严重的适应失调，不能维持正常的生活和工作，如不及时治疗可能恶化成为精神病患者。

拓展阅读

全国大学生心理健康日

为引导大学生关注自身的心理健康，2000 年，“5·25 全国大学生心理健康节” 在北京师范大学拉开帷幕。“5·25” 的谐音 “我爱我”，意为关爱自我的心理成长和健康，活动的主题是大学生人际交往和互助问题，口号为 “我爱我——走出心灵的孤岛”。2004 年，教育部、共青团中央、中华全国学生联合会办公室向全国大学生发出倡议，把每年的 5 月 25 日确定为全国大学生心理健康日。

三、大学生心理健康的标准

大学生的年龄一般在 18～25 岁，从心理学的观点来看，正处于青年期。大学生的心理具有青年期的许多特点，但作为一个特殊群体，大学生又不能完全等同于社会上的青年。根据我国大学生的实际情况，评判大学生的心理健康水平应着重考虑以下几个标准。

（1）智力正常。智力，是人的观察力、注意力、记忆力、想象力、思维力、创造力及实践活动能力等的综合，包括在经验中学习或理解的能力、获得知识的能力、迅速而成功地对新情境做出反应的能力、运用推理有效地解决问题的能力等。这是大学生学习、生活与工作的基本心理条件，也是适应周围环境变化所必需的心理保证。因此，衡量大学生的智力是否正常，关键在于其是否正常、充分地发挥了自我效能，即有强烈的求知欲，乐于学习，能够积极参与学习活动。

（2）情绪健康。情绪健康的标志是情绪稳定和心情愉快。内容主要包括：①正性情绪多于负性情绪，乐观开朗，富有朝气，对生活充满希望；②情绪较稳定，善于控制与调节自己的情绪，既能克制又能合理宣泄自己的情绪，情绪的表达既符合社会的要求又符合自身的需要，在不同的时间和场合有恰如其分的情绪表达；③情绪反应与环境相适应，反应的强度与引起这种反应的情境相符合。

（3）意志健全。意志是人在完成一种有目的的活动时进行的选择、决定与执行的心理过程。意志健全者在行动的自觉性、果断性、顽强性和自制力等方面都表现出较高的水平。意志健全的大学生在各种活动中都有自觉的目的性，能适时地做出决定并运用切实有效的方式解决所遇到的问题，在困难和挫折面前，能采取合理的反应方式，能在行动中控制情绪，而不是行动盲目、畏惧困难、顽固执拗。

（4）人格完整。人格是个体比较稳定的心理特征的总和。人格完整是指有健全统一的人格，个人的所想、所说、所做都是协调一致的。人格完整包括：①人格结构的各要素完整统一；②具有正确的自我意识，不产生自我同一性混乱，以积极进取的人生观作为人格的核心，并以此为中心把自己的需要、目标和行动统一起来。

（5）自我评价正确。正确的自我评价是大学生心理健康的重要条件，大学生在进行自我观察、自我认定、自我判断和自我评价时，能做到自知，恰如其分地认识自己，摆正自己的位置，既不以自己在某些方面高于别人而自傲，也不以某些方面低于别人而自卑，面对挫折与困境，能够自我悦纳，喜欢自己，接受自己，自尊、自强、自制、自爱适度，正视现实，积极进取。

（6）人际关系和谐。良好而深厚的人际关系，是事业成功与生活幸福的前提，其表现如下：①乐于与人交往，既有广泛而深厚的人际关系，又有知心朋友；②在交往中保持独立而完整的人格，有自知之明，不卑不亢；③能客观评价别人和自己，善取人之长补己之短，宽以待人，乐于助人；④积极的交往态度多于消极态度，交往动机端正。

（7）社会适应正常。个体应与客观现实环境保持良好关系，既要进行客观观察以取得正确认识，以有效的办法应对环境中的各种困难，不退缩；又要根据环境的特点和自我意识的情况努力进行协调，或改变环境适应个体需要，或改造自我适应环境。

（8）心理行为符合大学生的年龄特征。大学生是处于特定年龄阶段的特殊群体，大学生应具有与年龄、角色相适应的心理行为特征。

正确理解大学生心理健康的标准应重视以下几个方面。一是标准的相对性。事实上，大学生心理健康与不健康并无明显界限，而是一个连续的过程，如果将心理健康比作白色，将心理不健康比作黑色，那么在白色与黑色之间存在着一个巨大的缓冲区域——灰色区，世间大多数人的心理健康处于这一区域内。这说明，对多数大学生而言，在人生的发展过程中面临心理问题是正常的，不必大惊小怪，应积极加以矫正。与此同时，个体灰色区域也是存在的，大学生应提高自我保护意识，及时进行自我调整。人的健康状态是动态的，一个人产生了某种心理障碍并不意味着永远保持或行将加重。在心理上形成心理冲突是非常正常的，而且是可以自行解决的。二是整体协调性。把握心理健康的标准，应以心理活动为本，考查其内外关系的整体协调性。从心理过程看，健康的人的心理活动是一个完整统一的协调体，这种整体协调保证了个体在反映客观世界的过程中的高度准确性和有效性。事实表明，认识是健康心理结构的起点，意志行为是人格面貌的归宿，情感是认识与意志之间的中介因素。从心理结构的几个方面来看，一旦它们不能规律地协调运作，就可能产生一系列的心理困扰或问题。从个性角度看，每个人都有自己长期形成的稳定的个性心理，一个人的个性在没有明显的剧烈的外部因素影响下是不会轻易发生变化的。从个体与群体的关系看，每个人在其现实性上可划分成不同的群体，不同群体间的心理健康标准是有差异的。三是发展性。事实上，不健康的心理可能是人在发展中不可避免的发展性问题，随着个体的心理成长可逐渐调整趋于健康。

心理健康的标准是一种理想尺度，它一方面为人们提供了衡量心理是否健康的标准，另一方面也为人们指出了提高心理健康水平的努力方向。如果每个人都能在自己现有基础上做不同程度的努力，就可追求自身心理发展的更高层次，从而不断发挥自身的潜能。大学生心理健康的基本标准，是大学生能够进行有效的学习和生活。如果正常的学习和生活都难以保证，就应该及时予以调整。

四、认识亚健康状态

在长期的探索与实践中，人们逐步认识到，健康是一个动态的、相对的、连续变化的过程。亚健康状态是由苏联学者布赫曼提出的，即介于健康与非健康之间的中间状态，是机体在内外环境不良刺激下引起心理、生理发生异常变化，但尚未达到明显病理性反应程度的状态。从生理学角度来讲，亚健康就是人体各器官功能稳定性失调但尚未引起器质性损伤的状态。亚健康状态主要表现为：各项身体指标无异常，但与健康人相比，生活质量低，学习工作效率低，注意力分散，生活缺乏动力，学习没有目标，有些茫然不知所措，感觉生活乏味。生理反应为睡眠质量不高，容易疲劳，身体乏力，食欲不振。亚健康状态并非严重的心理问题，但如果不引起高度重视，极易引发相应的心理问题。

大学生的亚健康状态主要表现为：人生茫然，学习目标不明确，学习动力缺失，随波逐流，常有无意义感伴随，自卑与自负，懒散与退缩，恐惧失败等。事实上，任何一个处于亚健康状态的大学生，随着对黄金年华、美好大学生活的感受力下降，对自我发展的心理预期也会变得不确定，人际吸引力降低，而且自我满足感不强，不能充分发掘潜能。

导致大学生亚健康状态的原因很多，除过度疲劳造成的精力、体力透支，人体生理周期中的低潮时期，身体疾病等因素外，心理疾病也是一个非常重要的原因。人体若处于亚健康状态，容易患病，身心感到不适，会对学习、生活和身心健康造成不良影响。因此，大学生应重视亚健康问题，采取有效的措施预防与消除亚健康，主要应做好以下几个方面。

（1）适度运动。生命在于运动，大学生应坚持适宜的活动内容和活动方式，或者选择参加各项能延缓人体各器官衰退老化的健身运动，如游泳等。

（2）全面均衡营养。人体对各种物质的需求量都有一个度，过量摄入将会适得其反，高糖、高盐、高脂肪食物的长期过量进食，尤其是饱和脂肪酸过量摄入会导致亚健康状态。因此均衡适量的营养是维护健康的基本手段之一。

（3）保持心理健康。长期的精神刺激和压力以及长期的压抑愤怒等负性情绪，也是导致亚健康的一个因素。保持良好的心态及乐观豁达、奋发进取的精神，是防治亚健康的精神基础。大学生可适当培养课余爱好，如读书、听音乐、练字、绘画等。

（4）提高自我保健意识。大学生在日常生活中应戒除不良习惯和嗜好（如吸烟、酗酒、偏食），做到饮食有节，起居有常，不过度劳累，提高自我保健意识，自觉构筑控制亚健康发生的第一道防线。改变不良生活方式是防治亚健康的基础。

（5）适时干预。如果处于亚健康状态，可采取药物预防、保健品调理、体育锻炼相结合的干预措施。对失眠多梦、口腔溃疡、消化不良和躯体疼痛等症状，可适当用药或理疗或心理治疗等，使机体恢复健康。

第二节　大学生常见的心理困扰

一、大学生心理健康的现状

从目前的情况看，多数大学生心理是健康的。具体表现为：他们有较高的智力水平，有强烈的求知欲，对学习有浓厚的兴趣，学习效率较高；有较稳定的情绪，乐观自信，有年轻人的朝气和活力，对于未来满怀憧憬；有比较健全的意志，不怕困难，果断顽强，有自制力；他们的人格完整统一，敢于竞争，努力向上，积极进取；有比较完善的自我意识，能较好地认识和接纳自己；有良好的人际关系，交往广泛，有知心朋友；对于社会现状有比较客观的认识，善于进行自我调节，有良好的适应性。

但是也有相当一部分大学生的心理健康状况不容乐观，据抽样调查和研究发现，目前大学生心理健康存在以下两个方面的问题。

1. 精神疾病呈上升趋势

据调查，大学生因心理障碍休学和退学人数及其在休学、退学总人数中的比例，均有上升的趋势。在因疾病休学和退学的学生中，神经症患者的占比均超过50%，其中以神经衰弱患者为主。有的学生因神经症而休学、退学，但更多的学生则仍在继续学习，然而他们的学习效率、生活质量、社会适应性已受到严重影响。虽然重症精神病所占比例不高，但其后果却很严重。

2. 心理健康不良者比例颇高

近年来有关心理咨询机构的统计清楚地表明，大学生心理障碍发生率呈上升趋势，已经明显地影响到一部分学生的智能素质、人格成长及身体健康。清华大学、北京航空航天大学等高校采用人格健康问卷对新生进行心理健康普查，发现约有15%的学生存在心理适应问题，有近20%的学生主动提出咨询请求。可见，大学生的心理健康形势比较严峻，必须引起高度重视。

二、大学生常见的心理问题

大学生常见的心理困扰主要表现在环境适应、学业、情绪、人际关系、情感、性健康、特殊群体心理健康等方面，具体表现如下。

1. 环境适应问题

大学生走进大学校园，就步入了一个全新的世界，周围的一切都发生了变化，主要表现在生活方式、生活习惯、生活范围等方面。与中学相比，首先，在生活方式上，从以往大多居住在家里，生活上的事绝大多数由父母包办打理，到进入大学后入住集体宿舍，凡事都自己处理安排；其次，在生活习惯上，不同地区的学生在饮食方面存在差异，每个学生都有自己的饮食和生活习惯，进入大学需要一段时间适应；再次，在生活范围上，中学生活的重心和中心是学习，从家门到校门，而大学的生活领域大大拓宽，人际关系也比以前复杂很多，大学生活要求学生思想上要自立、生活上要自理、学习上要自主、行为上要自律。这些都让一些学生进入大学后出现各种适应困难，由此产生抑郁、焦虑等心理困扰，影响了他们的学习和生活。

2. 学业问题

缺乏专业兴趣、学习动力不足、学习压力较大、学习目的不明确、学习成绩不理想、学习动机功利化等学业问题始终困扰着大学生。

（1）缺乏专业兴趣。一些学生在选择专业时比较盲目，或者听从父母意见，或者考虑未来就业，而进入大学后发现所学专业并非自己的兴趣所在，导致对所学专业不感兴趣，情绪低落，内心十分矛盾和痛苦。

（2）学习动力不足。大学学习是完全自主性学习，学生是学习活动的主体，教师只是学生的指导者和引导者。面对新的学习目标、学习方法和学习内容的巨大变化，一些学生没有很好地对自己的学习行为进行调整，导致他们没有明确的学习目标，也缺乏高效的学习方法和正确的学习态度，学习上不积极主动，对自己的未来也感到迷茫和困惑，缺乏学习动力。

（3）学习压力较大。大学不仅要学习课程知识、专业技能，还要培养良好的综合能力和素质，力求全面发展。大部分学生意识到这些知识和能力对自己的重要性，于是在日常的学习中，他们努力学习本专业知识，参加各类资格考试，如英语等级考试、计算机等级考试、普通话等级考试等，有一些学生还会参加学生会、社团等，希望能够锻炼自己。过重的学业导致一些学生的压力增加，精神长期处于高度紧张状态，极易出现焦虑等心理困扰。

（4）学习目的不明确。很多学生学习带有盲目性，认为只要考试过关就可以，出现了所谓“60 分万岁，61 分浪费”的心理。由于学习目的不明确，他们抱着“混文凭”的态度，在学习上“上课睡觉、下课抄作业、考试作弊”。对于未来就业的担忧让他们心生危机感，但一学习又提不起精神。

（5）学习成绩不理想。学习困难的学生在大学生群体中占的比例并不大，但他们产生的负面情绪对成长是极为不利的。有的学生上课注意力无法集中，加之个人约束力差，大学期间较为放任，因而学习成绩变差。尽管有些学生在学习上很努力，但学习成绩总是不理想，因而感到很自卑，也十分压抑。

（6）学习动机功利化。市场经济的利益杠杆直接影响着学生的学习，对于学习，有些学生表现出空前的功利意识。“考证热”正是学习功利化的直接表现。有些学生了解到就业市场对各种证书的青睐，因而放弃了专业课的学习而去追逐各种“有用”的证书。

3. 情绪问题

稳定的情绪、积极良好的情绪反应，是大学生成才的重要因素，也是大学生心理健康中必须重视的问题。大量研究发现，部分大学生的负性情绪高于正性情绪。这值得学校和老师给予重视。

（1）抑郁。抑郁表现为个体心中持久的情绪低落，常伴有身体不适、睡眠不足等，心情压抑、沮丧，无精打采，什么活动都懒于参加，什么事都提不起精神来。某高校连续 3 年对新生进行心理健康测试，结果表明，列在前几位的心理不适诱因是抑郁、家庭经济状况差、家庭亲和感差。连续考试失败、失去亲人、失恋、同学关系失和等也是抑郁的直接诱因。

（2）情绪失衡。大学生的社会情感丰富而强烈，具有一定的不稳定性与内隐性，表现为情绪波动大，喜怒无常，会因小小的胜利而沾沾自喜，也易为一次考试失败、情感受挫而一蹶不振，甚至无法控制自己的情绪，特别是负性情绪的控制相对较弱。个体负性情绪表现为情绪波动大、易怒，难以驾驭自己的情感，不能保持一种常态的情绪，如一次考试失败，有的学生很难从失利的阴影中走出；群体负性情绪又是校园事件的直接诱因。例如，某大学 71 例违纪处分中，打架的占到 45%，起因多为生活中的小摩擦，学生的群体情绪一旦激发，很难受到理性与校纪校规的约束，容易为“朋友而战”、为“义气而战”，当情绪稳定下来，又多是后悔不已。

（3）焦虑。大学生的焦虑具有一定的代表性，其来源并非现实的威胁，而是内心的担忧，主要表现为自我焦虑与考试焦虑。

① 自我焦虑。人在青年时期比任何年龄段都更关注自己在他人尤其是异性心目中的形象，大学生受很多因素的影响，如长相、胖瘦、高矮、能力、魄力、魅力，会产生各种各样的焦虑。有的学生担心自己长得不够漂亮，不能获得异性的好感，甚至部分女生因没有男生追求而苦恼；有的学生总感到自己的先天条件不够理想，因而非常自卑，不能建立自己的社交形象与公众形象。

② 考试焦虑。尽管所有的大学生都经过了高考的考验，但大学考试给学生尤其是基础较差、大学第一学期考试失败的学生带来巨大压力，他们非常担心考试失败，甚至产生了厌恶考试的心理状态。例如，某宿舍 7 名女大学生学习努力但成绩都不是很理想，一学期下来，有多门课程不及格，考试成为她们沉重的话题。她们坦率地承认，考试前基本都睡不好觉，一想到考试就非常紧张，总担心下一门考试依旧会失败，不能自我调节。

4. 人际关系问题

（1）人际关系不适。进入大学，远离原来熟悉的生活与学习环境，面对新的人际群体，大学生多少有些不适。一方面，部分学生对大学的师生关系、同学关系、异性之间的关系显得很不适应。一位新生感叹说：“在大学，没有一个可以谈得来的朋友，真的感到好孤独。”有的学生从未离开过家庭，一直在父母的呵护下成长，对于如何关心别人、得到朋友的关心想得较少。另一方面，学生又希望得到别人的认可。“心里话儿对谁说”成为大学生普遍的困惑。

（2）社交不良。大学生活在一定程度上给学生创造了一个小社会的环境，使学生可以充分地展示自我风采。部分学生缺乏在公众场合表达自己思想的能力与勇气，面对各种各样的活动，他们充满了兴趣，却又担心失败，只是羡慕，却并不积极参与，久而久之，开始回避参与，感叹“外面的世界很精彩，外面的世界很无奈”；特别是到了周末，学生普遍感到无处可去，甚至出现了“周末恐惧症”，“盼周末，又怕过周末，那种孤寂的感觉真难受”。这直接影响了学生潜能的充分发挥。

（3）个体心灵闭锁。学生从家门到校门，缺乏人际交往经验，而自身在人际交往中的不自信又不利于提升自身的人格魅力，妨碍了良好的人际交往圈的形成。与此同时，由于个体间的正常交往不够，又易引发猜疑、妒忌等，不利于学生的健康成长。

5. 情感问题

（1）爱情的困扰。爱情虽然在大学并非“必经之路”，但是部分学生仍然会开始自己的情感之旅，把恋爱当作大学生活的一部分。有的学生认为“爱是情感，不是规范”，有的学生“普遍撒网，重点培养，择优而谈”，有的学生认为“不在乎天长地久，只在乎曾经拥有”，这些都是不正确的恋爱观。

（2）亲情问题。调查发现：许多大学生觉得与家长没有太多的话讲，在与父母通电话中除了解决经济方面的问题，索要生活费外，就只会说“我一切都好”“不必牵挂”之类的套话。与之形成鲜明对比的是，朋友、恋人之间的电话越来越频繁。在某高校学生发出的数十张贺卡中，竟没有一张是给父母的。很多家长也感到亲情受到空前的挑战，发出了“难道与孩子之间仅是经济上的联系”的感慨。对父母给予的关心、爱护，有些学生认为是理所当然的。对家庭教养方式的调查结果也表明，学生对家长是基本满意的，也是肯定亲情的，但通常回报较少，甚至有些学生理直气壮地认定父母并不求回报。

6. 性健康问题

（1）性生理适应不良。青春期性生理的成熟，必然带来相应的心理变化，如渴望获得异性的好感与承认，产生性幻想、性冲动等，有些学生试图用自慰的方法解决自身的生理冲动，这是正常的心理反应。由于性教育的缺失，很多学生不能正确认识自我的性反应，产生了堕落感、耻辱感与性罪恶感，把性与不洁联系起来。一位大学生因做性梦产生性幻想不能自拔以至于萌发轻生的念头。由于对自身性生理欲望的放纵，与恋爱对象发生两性行为的事并不罕见。

（2）性心理问题。青春期性心理与性生理密切相关。大部分大学生希望在异性心目中树立良好的形象，获得对方的认可。但性生理的成熟与性心理的不够成熟的矛盾，使更多的大学生面临这样的选择：最初的恋人可能不是最终的选择，性关系无论从道德上还是从心理上都使对方多了一份沉甸甸的责任。“面对对方的性要求，如何选择既不伤双方感情又能够保持自身的尊严？”“既不破坏社会公德又不影响他人，健康的性行为为什么不可以呢？”性的好奇、性无知、性贞洁感的淡化，甚至对性与爱分离的困惑，以及由于性行为引起的后果和产生的心理压力，都是值得我们重视的问题。

7. 特殊群体学生的心理健康问题

（1）独生子女心理健康问题。独生子女大学生有着自身的特点，他们一般有较好的家庭条件，缺乏直接的竞争压力与经济压力，是大学生中“洒脱”的一部分学生。但是，由于在家庭中受到过多的呵护，有些独生子女的独立生活能力、自立能力、进取意识显得不足，对集体生活不适应，考虑他人较少，而考虑自己则很多；他们对生活质量的期待与要求较高，而对人生理想的追求则不够高。有的独生子女坚持“在家靠父母，在校靠保姆”，懒于从事与自身有关的简单劳动（如洗衣服），有的家长甚至千里迢迢赶到学校，只为了给孩子洗衣缝被。

（2）特困生心理调适。近年来，特困生的思想教育、生活受到社会各界的广泛关注，学校采取了“奖、贷、勤、免、补”等措施，广开渠道，解决困难学生的生活问题。不容忽视的是，对于困难学生不仅要解决他们的经济困难，他们的心理问题也值得高度重视。尤其是“双困生”，他们的学业成绩不理想，家庭经济又很困难，心理负担很重，经济条件影响与制约着他们的成长，过多的自卑、自责使部分学生不能走出家庭经济条件的阴影。一位女大学生说：“碍于面子，我不愿写困难补助申请，而拮据的经济又始终困扰着我，我不愿走在校园里像贴上标签一样让同学用特别的目光注视我。”

案例分析

健康心态助成长

小王来自偏远的农村。和其他上高中的农村孩子一样，他将主要精力放在了学习上，如愿考上大学后，他对大学生活充满了好奇和向往。他喜欢这个城市，它繁荣、美丽，和他的家乡很不一样。在经历过最初的孤单以后，他很快拥有了一些朋友。他和这些朋友一起爬山游湖、打球唱歌，业余生活丰富而充实。他还参加了一些学生社团，这些社团并没有他想象的那么有意思，但他还是通过社团认识了一些朋友。他把学习、生活安排得井井有条，张弛有度。每天早上，他会留一些时间来背英语单词。空闲的时候，他会看一些和专业相关的书籍来拓宽自己的视野。第一学期结束后，他获得了学校的二等奖学金。由于家境不富裕，他申请了助学贷款，并打算暑假留在学校勤工助学。他觉得自己有那么多的事情要做，有那么多的东西要学习，生活忙碌而充实。同时，他也觉得自己充满了活力，有信心迎接未来的挑战。

分析：只要保持积极健康的心态，心怀希望，努力寻找生活的方向和目标，有序地安排自己的生活，就会觉得生活充实而有意义，并不断有新的收获。

三、影响大学生心理健康的因素

人的心理健康是一个极为复杂的动态过程，导致心理异常的因素十分复杂，是生理、心理、社会诸因素共同作用于个体的结果。大学生心理问题的产生是其所处的特殊年龄阶段与特殊学习环境及社会诸因素相互作用的结果。

（一）社会因素的影响

影响心理健康、造成心理问题的社会因素是复杂的、多方面的，其中关系密切的有家庭环境、学校环境、社会环境等。

1. 家庭环境的影响

家庭环境的影响主要表现为父母对子女的态度和教养方式。研究表明，在个体的早期发展中，父母的爱、支持和鼓励容易使个体建立起对初始接触者的信任感和安全感。这种信任感和安全感的建立，一般可保证子女成年后与他人顺利交往。在儿童早期，这种信任感和安全感的缺乏，则会随着儿童的成长逐渐产生一种孤独、无助的性格，难以与人相处，从而容易产生心理异常，特别是人际交往方面的障碍。

同时，父母对子女的过分保护或过分苛责，也会影响他们的独立性与自信心的发展。这样的个体在日后的发展中，会增加自身的压力，出现过分的依赖或自我谴责。这些情况都会对大学生心理健康产生不良的影响。国内外很多学者对恐惧症、强迫症、焦虑症和抑郁症 4 种精神疾病患者的早期家庭关系的调查表明，这几种患者的父母与正常个体的父母相比，表现出较少的情感温暖、较多的拒绝态度或者较多的过分保护。

2. 学校环境的影响

在学校教育中，对大学生心理健康不利的因素主要包括以下几个方面。

（1）多年来，由于应试升学的影响，在学校教育中较长时间内普遍存在重智育，轻德育、体育、美育的现象，不重视素质教育，即使在智育中，也是偏重于分数而忽视能力，偏重于智力而忽视非智力因素的培养。学校教育没有把培养学生的心理素质作为一项必不可少的内容予以足够重视，这些都影响了学生的全面发展。因此，无论在大学里，还是走向社会后，大学生的困难集中反映在心理上不能适应。

（2）不少学生学习负担过重，难以完成繁重的学习任务。大学生的主要任务是学习，有相当多的学生每天学习时间在 10 小时以上，而睡眠时间严重不足。长期学习负担过重使大脑过度疲劳，大脑皮质活动机能减弱，注意力、记忆力、思维力、想象力受到限制，从而影响学习效率与学习成绩。学习负担过重可能与课程设置不合理、学生学习贪多求全、自我期望过高、家长及外界压力过大、学校引导不力等因素有关。

（3）有的大学生业余生活单调。大学生活环境主要为教室、食堂和宿舍，生活相对单调，缺乏足够的娱乐场所。大学生处在长知识、长身体的阶段，好奇心强，精力充沛，对业余生活的多样化要求迫切，但常常不能满足，因而缺乏生活的乐趣，感到枯燥无味和压抑。有的学生整天沉迷于网络，时间一长，严重影响身体和学习，这也影响了他们的心理健康。

（4）有些学生人际关系处理不好。不少大学生缺乏与人交往的勇气和方法，特别是不知如何与异性交往，有一种闭锁性的心理特征，加上大学人际关系与中学相比相对复杂，有的学生因人际关系处理不好引起心理不适应。

3. 社会环境的影响

社会环境对大学生心理健康的影响更是多方面的。

人是社会性动物，人必须生活在某种特定的社会环境中，在某种特定的人际关系和特定的集体中生活。社会对于生活在其中的个体有着巨大的影响，人们必须根据从社会中所获得的信息，不断地调节自己的心理和生理功能，调节自己的行为，使之适应社会的要求。然而这种适应性反应有时会出现某种程度的失调，从而给人们的心理造成不良影响，引起心理上的矛盾和冲突，带来情绪体验上的巨大变化，并影响中枢神经系统的功能，严重持久的心理失衡就会导致心理失常，还会影响生理状况。

当前，急剧的社会变革和知识爆炸、技术的高速发展，对现代人的生理、心理乃至社会都会产生一定的影响。随着改革开放的进一步深化和科学技术的进步，特别是互联网的普遍应用，整个社会的信息量在急剧膨胀，社会生活的节奏在加快，新技术革命已经影响到人们的思想、观念、心理、行为，人们面临着转变思想观念、选择价值体系坐标、适应新的生活方式等问题。此外，诸如国际政治风云的变幻、思想理论界的反思，乃至日常生活中的诸多变化，都要求人们与时俱进，及时进行自我调整以便适应新的社会环境。

社会在加速发展，生活在日新月异地变化，这对人们来说是一种心理上的考验。比起以往人的生理疲劳来，现在的人需要承受更多的心理疲劳。

大学生是社会上最活跃、最敏感和最有潜力的群体，他们常能敏锐地感觉到变化和冲击，又因为他们正处在人格和观念的形成期，生理和心理在迅速变化，处于成熟与不成熟之间，所以这些变化和冲击在他们的内心引起的波澜也最为明显、最为强烈和动荡。他们既欢迎这种变化，又对某些变化感到疑惑不解，无所适从。

美国精神分析学家认为，许多心理变态是对环境的不适应而引起的。根据系统论观点，系统内任何一方发生变化，系统内其他方面就要相应地进行调整，否则就会引起系统内部的混乱和失调。社会系统如此，人也如此。如果个体原有的心理定式不能随着外界的改变而做出相应的改变，个体的思想状况、态度情感、意志活动等内在诸多心理因素来不及协调，那么个体就会承受较大的生理和心理压力。如果社会中的某些部门、某些人没能做出相一致的调整，那么个体就会与社会、与他人发生矛盾和冲突。另外，大学生还未形成可以宣泄、解脱这种不安与焦虑的能力，因而易产生混乱、空虚、压抑、紧张或无所适从感。

当前，大学生面临的挑战很多，心理压力来自多方面：①来自社会责任的压力；②来自生活本身的压力；③来自竞争和就业的压力；④来自不断加快的社会节奏的压力；⑤来自不同文化、价值观的碰撞和冲突以及社会上错误思潮影响的压力。这些不利因素迫使大学生改变原有的生活方式，加快生活节奏。越是敏感、进取心强的大学生，其压力感也就越明显。这种压力感过于沉重，长时间的心理失调，必然带来心理上的冲突，出现难以适应的情况，阻碍大学生的健康成长。

（二）个体心理、生理因素的影响

1. 个体心理因素的影响

个体心理因素是影响和制约大学生心理健康的内因，主要表现在以下几点。

（1）自我同一性的危机。在大学阶段，许多学生不断反省自我、探索自我、思考人生，在确定自我同一性的过程中，他们会经历种种内心矛盾和迷惘，情感起伏大，容易诱发一些心理障碍。

（2）个性的缺陷。同样的环境，同样的挫折，不同的个体会有不同的反应。这与人的个性有直接关系。性格过于内向的人、心胸狭窄而过于斤斤计较的人、孤僻封闭的人、自卑忧郁的人、急躁冲动的人、固执多疑的人、爱慕虚荣的人、娇生惯养而感情脆弱的人，比个性开朗、大度、乐观的人更易患心理疾病。

（3）心理素质的不完备。大学生的心理素质不仅影响他们的成长发展，还影响他们的健康。从现实看，随着整个社会紧张性刺激增多而带来的应激和压力增加，不少大学生的心理素质已跟不上时代的要求。不少大学生自制能力差，对挫折缺乏必要的承受能力，惧怕失败，一遇到挫折就自责自怨或一味埋怨社会和他人，灰心失望、精神不振，由此造成恶性循环而陷入消极的心理状态，久而久之，就形成了心理疾病。

（4）情绪发展的不稳定性。大学生的情绪处在最动荡和最复杂的时期，鲜明的特征是情绪的两极性。大学生的情绪起伏过大，左右不定，而缺乏对事物的客观判断；强烈的情感需求与内心的闭锁，情绪激荡而缺乏冷静的思考，使大学生极易走向极端，使他们常常体验着人生的各种苦恼，由此产生内心的矛盾冲突而诱发各种心理障碍。

（5）性的生物性与社会性的冲突。大学阶段，人的生理发育基本成熟，由于性功能的发展，产生了性的欲望与冲动。但由于社会道德、法律和理智的约束，这种欲望常被限制和压抑。大多数学生可以通过学习、娱乐、社交等途径使生理能量得到正当释放、升华或补偿，但有一部分学生不能正确处理和调节，存在性压抑，因而出现焦虑不安等情绪，甚至以某种变态形式表现出来。

2. 个体生理因素的影响

对大学生的心理健康产生影响的生理因素主要有以下几个方面。

（1）生物遗传因素。一般来说，人的心理活动是不能遗传的。人的心理活动主要是在后天的社会环境中形成和发展起来的。但是，人作为整体（包括其身心两个方面）与遗传因素的关系却是十分密切的。尤其是一个人的体形、气质、神经系统的活动特点、能力与性格的某些成分等，都受遗传因素的影响。不少研究表明，在精神疾病中，尤其是在精神分裂症、精神发育迟缓、躁狂抑郁症等的发病因素中，遗传因素起着重要的作用。

（2）病菌、病毒感染造成的影响和大脑的器质性病变。例如，脑梅毒、流行性脑炎等中枢神经系统的传染病，就是由于病菌、病毒损害了神经系统组织结构而导致器质性心理障碍或精神失常。还有一些脑器质性病变、脑外伤等也会直接导致各种心理异常，造成意识障碍、智力障碍、严重遗忘症、人格异常等。

（3）某些严重的躯体疾病和生理功能障碍及化学中毒，也可能成为心理障碍和精神失常的原因。例如，内分泌功能障碍和某些慢性疾病，可使人出现敏感、易怒、急躁、情绪不稳定和自制力减弱等心理异常表现。

第三节　大学生健康心理的培养

大学生无论在生理上还是心理上都处在迅速变化的过程中，处于从不成熟到逐渐成熟的过渡时期。他们阅历浅，社会经验不足，独立生活能力不强，对自己缺乏正确而全面的认识，而且受到社会上各种思潮的冲击，很容易产生各种各样的心理矛盾和冲突，引发心理问题，影响他们的心理健康。大学生的心理健康问题关系到他们的生活、学习、工作和身心的健康成长，因此如何形成积极健康的心理、培养完善的人格已成为当代大学生急需关注的问题。

走进心理咨询室的人一定是有病的吗

心理故事

国王的梦

古时有一位国王，梦见山倒了，水枯了，花也谢了，便叫王后给他解梦。

王后说："大事不好。山倒了指山河要倒；水枯了指民众离心，君是船，民是水，水枯了，船也不能行了；花谢了指好景不长了。"

国王听完惊出了一身冷汗，从此患病，而且越来越重。

一位大臣觐见国王，国王在病榻上说出自己的心事。这位大臣一听，大笑说："太好了，山倒了指从此天下升平；水枯了指真龙现身，国王，您是真龙天子；花谢了，花谢见果子呀！"

听完大臣一番话，国王全身轻松，很快就痊愈了。

一、增强心理健康意识

1. 形成良好的校园氛围

大学校园是大学生生活、学习的最主要场所，校园文化、校园氛围对大学生心理健康有着重要影响。全体高校师生应共同努力创造一种良好、宽松的校园氛围。优美的校园环境、合理的作息安排、丰富的业余文化生活、和谐的人际关系，这些都能为大学生活增添许多情趣和色彩，有益于大学生的身心健康。相反，单调、呆板的生活，沉闷、压抑的校园氛围，则不利于大学生健康心理的培养。

2. 掌握心理健康知识

大学生应积极参加学校开设的有关心理健康知识的课程与专题讲座，阅读有关书籍与杂志，上网查询心理网站，收听与收看有关的广播和影视节目等。大学生通过这些方式可以尽快了解与自身心理健康有关的知识。

3. 寻求心理咨询帮助

一些大学生在产生心理问题后往往习惯于自我调节。自我调节对于解决症状较轻的心理问题比较适用，但当心理压力很大、内心冲突激烈时，自我调节往往难以奏效，这时大学生应主动、及时地寻求心理咨询。

一些大学生对心理咨询存在片面甚至错误的认识，不愿或不敢去心理咨询室，怕背上“心理有病”之名，被人议论，致使心理问题越来越严重，延误救治时机。心理咨询是受过专业训练的咨询人员提供的运用心理学的理论与技术，通过与来访者的交流、探询、解释、协商，对来访者施加心理影响，改变其认识、情感、态度、行为，维护和促进来访者心理健康，促进其人格发展和潜能发挥的一种服务，对于改善来访者心理状态很有帮助。

首先，心理咨询可以使大学生从不同角度去看待自己和社会，用新的方式去体验和表达自己的思想和情感，并产生新的思维方式，实现心理放松。虽然自我调节也可以减轻心理压力，但需要的时间较长，患者需忍受的痛苦也较大。其次，心理咨询可以深化来访者对自身的认识，引导来访者去发现真实的自我，解决心理冲突，恢复心理平衡。心理咨询的最终目的是助人自助，即帮助来访者自己解决问题，自己释放自己，避免来访者产生依赖心理。最后，心理咨询的基本要求是为来访者保守秘密。因为在心理咨询过程中，不可避免地要涉及来访者的个人隐私，保密不仅能使咨询人员获得来访者的信任，也是咨询人员职业道德的基本要求，同时还是咨询过程顺利进行的必要保证。

医院和社会机构设立的多为障碍心理咨询或门诊咨询，学校开设的多为发展性咨询，面向全体学生，针对学生在大学期间出现的一系列问题，包括适应性问题、学习问题、人际关系问题、求职就业问题、情感问题等，通过咨询培养学生良好的心理素质，减少由于心理冲突而引发的适应不良、心理疾病，提高学生心理健康水平，促进学生人格成熟与完善。

拓展阅读

认识“心流”

想一想，你是否曾有过这样的体验：

（1）注意力集中在一件事情上，不被外界所干扰。

（2）时间不知不觉过去了，自己沉浸其中，丝毫不觉疲惫。

（3）完成某件事情之后很有成就感，并且有很强的意愿继续全身心投入到这件事情上。

心理学家米哈里·契克森米哈赖将这种忘我的状态称作“心流”。他指出，个体将注意力完全投注在某活动上时，会产生一种高度的兴奋及充实感，此时，人的每一个动作、想法，都如行云流水般自如衔接，能力和潜质也会被发挥到极致。

心流，就是一个人成长道路上的加速器。当你高度专注，进入“心流”，会遇见一个无比强大的自己。

1. 增进效率，修炼专注力

选定一个目标，投入全部注意力，不论做什么事情都会觉得其乐无穷。人一旦体验过忘我的乐趣，就会自然而然地集中精力，试图一次次重温它的滋味。投入的专注度越高，你得到的满足感也就越强，从而进入一种正向的循环。久而久之，你会发现自己不会再被外界的纷繁所迷惑、被无关的信息所影响。由内而来的高级快乐，犹如一注强心剂，让你抵挡住喧闹，修炼出专注，能力也大有提升。

2. 激发潜能，实现自我突破

运动员乔丹说："心流状态下的人们，会经历一种自我超越的感觉，他们会感受到自己正在挑战自己的极限。"很多时候，面对充满不确定性的挑战，人们总是害怕失败，习惯退缩。心流就像一把钥匙，能打开禁锢你的牢笼，让你看见自身无限的可能性。在心流状态下，原本你怎么也想不通的难题，也许一下子就能找到答案；曾经你怎么也做不好的事情，也很有可能突然摸索到窍门。你会获得自信、勇气与动力，不断地尝试破圈，升级自我。

3. 调整心态，提升自愈力

每个人都会遭遇挫折，遇到坎坷，反复沉浸其中，只会备受折磨。心流可以为你搭建一个"庇护所"，帮你缓冲复杂的情绪，慢慢调整自己，强大自己。你会暂时放下那些不快，一心一意地丰富自我，充盈自我。在专注做事的过程中，为迷茫的灵魂找到寄托，让伤疤变成铠甲。只要你的心境足够稳定强大，无论何种境遇都能淡定从容。

4. 心流，是最好的成长内驱力

强大的心流，可以为每个艰难前行的普通人，注入无穷无尽的驱动力。那么，我们该如何在生活中造就心流呢？米哈里给出了以下几个建议。

（1）设定明确的目标。做任何一件事之前，先要设立一个与你自身能力匹配的目标。无论遇见多少岔路口，你都能精确辨别方向，不断靠近心流。

（2）尝试适当的挑战。一件事做久了，难免会令人心生厌倦，逐渐失去创造力与激情。不如多去尝试一些挑战，把散漫悠闲的散步升级成征服自我的登山。等你奋力站上巅峰，所有的疲惫与辛苦，都会化为内心的满足。

（3）找到自己的兴趣所在。现代社会中，分工越来越精细，很多人成了随着机器不停转动的螺钉。忙起来时焦头烂额，失去自我；闲下来又无所事事，虚度光阴。只有坚持做自己喜欢的事，才能全身心地投入其中，探寻到生命的丰度。

二、心理健康的自我调适

1. 养成健康的生活方式

生活方式对心理健康的影响已经被越来越多的人所关注，生活没有规律、随心所欲、懒散、放荡与过度学习等都是不健康的生活方式。为完成繁重的学习任务、提高身体素质，大学生一定要养成健康的生活方式，使自己身体强健、精力充沛、朝气蓬勃。大学生应注意以下几个方面。

（1）生活规律，合理安排时间。人们日常的生活、学习和工作都是通过一定的安排而有秩序地进行的。大学生应学会做生活的主人，安排好自己的生活与学习。要合理安排好时间，既不能荒废人生，也不能为了学习给自己施加不必要的压力，在学习上搞疲劳战术，应学会科学用脑。

（2）培养兴趣，丰富生活。大学生活应是丰富多彩的，大学生在校期间应积极培养自己的兴趣爱好，参加各种社团活动，增加生活情趣，调剂单调的学习生活。这样做，不仅能丰富自己的知识、提升自己的能力，还能广交朋友，满足社交需求。此外，大学生还要注意在学习之余多参加娱乐休闲活动。这样不仅可以消除疲劳，还能放松紧张情绪，增加生活乐趣，使自己的生活有节奏感，劳逸结合，提高学习效率。

（3）合理饮食，远离烟酒。饮食习惯也是生活方式的重要组成部分。合理的饮食包括三餐定时定量，不暴饮暴食或偏食，注意营养调节。不少大学生忽视早餐甚至不吃早餐，这是一种不良习惯。有些大学生还养成吸烟酗酒的不良习惯，这是有害身体健康的。医学证明，烟草燃烧后产生多种有害物质，对人体尤其是对呼吸系统危害很大，长期吸烟往往会导致慢性支气管炎、肺气肿、冠心病等疾病的发生，既影响自己也危害他人，还污染周围环境。为了自己与他人的身心健康，大学生应不吸烟、不酗酒，倡导文明的生活方式。

2. 提高心理调节水平

为了提高心理调节水平，大学生必须不断提高自己的认识水平，调节情绪，完善自我个性，开发自我潜能，实现自我价值。

（1）调整认知结构，逐步形成科学的思维方式。心理专家认为，人的大部分情绪困扰和心理问题，来自不合理或不合逻辑的思维方式，主要体现在对客观现实缺乏合理的认识。一些认识存在误区的大学生以自己的绝对意愿为出发点，形成固执、以点代面、以偏概全的不合理思维方式。例如，一次失恋，便全面否定自己，陷入自卑、焦虑、抑郁之中难以自拔，或从此不再与异性接触，仇视所有的异性。其实任何事物都具有两面性，"塞翁失马，焉知非福"，正如老子所言，"祸兮，福之所倚；福兮，祸之所伏"。大学生应学会客观、全面、理性地看待问题，摒弃主观绝对化的唯心主义认知；学会正视现实，"金无足赤，人无完人"，要接受自己和他人都有可能犯错误这一事实，不能过于求全责备。只有这样，才能摆脱不良情绪，提高心理健康水平。

（2）提升自我认知，完善自我意识。大学生是祖国的未来，他们渴望了解自己、把握自己，但往往容易在自我意识方面出现偏差。例如，有的大学生盲目自大，唯我独尊，过分自负，强调以自我为中心；有的大学生由于虚荣心、自尊心过强，往往不合理地提高自我要求，这样极易导致失败，造成情感挫败和内心冲突；还有的大学生由于自卑，表现为自我拒绝或自我否定，看不到自己的长处，不能容忍自身的弱点，常常自我指责和抱怨，没有自信，依赖性强，情感脆弱，退避行为明显，因为自卑往往会失去别人的信赖，自己也极易陷入孤独、焦虑和痛苦之中。

（3）调节控制情绪，培养乐观精神。心理学家认为，情绪长期处于压抑、失衡状态或其他不良状态极易引起心理障碍，因此要学会宣泄不良的情绪，调节并控制自己的情绪。大学生常见的情绪困扰有焦虑、抑郁、恐惧、嫉妒、冷漠等。这些不良的情绪不仅使大学生学习效率、生活质量下降，也会导致一些身心疾病，如胃溃疡、偏头疼、神经衰弱等。要培养良好的情绪就应做到豁达开朗、宽容大度，保持乐观心态，学会宣泄不良情绪，如倾诉、哭泣、运动、娱乐等。

（4）锻炼意志品质，树立远大理想。爱因斯坦曾说过，优秀的性格和钢铁般的意志比智慧和博学更重要。一个人如果没有顽强的意志，做什么也不会成功。大学生的意志品质显现出较高水平，但发展不平衡。相当多的大学生存在不同程度的意志缺陷，如盲从，懒惰，缺乏恒心、毅力，胆怯、懦弱，优柔寡断等。意志不坚定的大学生在挫折面前往往知难而退，或不战自败，致使他们的理想、计划半途而废或功亏一篑。要培养良好的意志品质，应做到以下几点。①树立远大理想，明确目标指向。“有志者，事竟成”“苦心人，天不负”，远大的理想和目标是人克服艰难险阻、勇往直前的强大动力。正如俄国作家车尔尼雪夫斯基指出的，“人的活动如果没有理想的鼓舞，就会变得空虚而渺小”。②在实践中锤炼坚强意志。一个人尽管志存高远，但若不付诸实践，就是空谈。大学生要培养坚强的意志品质，就应当在实践中和与困难的斗争中去锻炼、去摔打。居里夫人说过：“我最重要的原则是不能让人打倒自己，也不能让事打倒自己。”③从小事做起，有意识地锻炼自己的韧性，如坚持写日记、坚持早起晨练等。这些看似平凡的小事有助于大学生培养做事的韧性与坚韧不拔的个性。

（5）塑造健康人格，促进个性完善。人格统一是大学生心理健康的一个重要标准。当代大学生一般具有聪慧、机敏、乐观、自信、敢于竞争、积极进取等人格特点，但一些大学生也存在人格缺陷，如偏执、多疑、狭隘、鲁莽、急躁、孤僻等。要培养良好的个性品质，应做到以下几点。首先，学会认识自己的个性，扬长避短，发挥主观能动性，优化个性品质。其次，努力学习，博学多才。学习的过程既是增长才干的过程，也是完善人格的过程。很多性格缺陷源于知识的贫乏。知识就是力量，其中也有性格的力量。正如培根在《论读书》中所说的：“读史使人明智，读诗使人灵秀，数学使人周密，科学使人深刻，伦理学使人庄重，逻辑修辞之学使人善辩：凡有所学，皆成性格。”最后，积极交往，勇于实践。个性的培养是社会化的过程，学习活动可以培养性格，但不是唯一的途径。大学生积极参与人际交往、社会实践活动，对培养其独立性、创造性及自信、宽容、热情、开朗、果断、民主等性格品质有积极作用。

（6）克服社交障碍，改善人际关系。大量研究表明，大学生心理问题大多源于人际交往中产生的障碍或挫折，这导致他们出现自卑、孤僻、恐惧、自傲、逆反、敌意等心理，其具体表现如下：①遇事总感到自己不行，缺乏交往的勇气和信心；②孤芳自赏，言行乖僻，使人无法接近；③爱打听与传播小道消息、个人隐私，引起人际关系矛盾与冲突；④办事过于鲁莽、冲动，不能自控等。要培养人际交往能力，首先要调整认知结构，对人际关系要有积极、全面、客观的认知，不能戴“有色眼镜”看人；其次要完善个性品质，培养热情、开朗、真诚、善良和乐于助人的优秀品质；最后要克服情绪障碍，恐惧、嫉妒、焦虑、抑郁等情绪往往会成为交往障碍。要掌握人际交往的原则与技巧，最重要的是要学会真诚地赞赏对方，学会倾听，学会主动交往，学会表达自己的感情。

（7）不断开发自我潜能。歌德曾说过：凡是自强不息者，终能得救。大学生要想适应环境，就应积极进取、开拓创新，不断开发自我潜能，最大限度地实现自己的人生价值。面对瞬息万变的信息社会，墨守成规、故步自封、不思进取已越来越不合时宜。当今社会需要的是开放的思想和进取心，更需要创造的精神和无畏的勇气。大学生要相信自己的潜能，不断追求，敢于实践，不怕困难，全面发展自己。如果说走出心理误区、防治心理疾病是心理健康的最低层次，完善自我、增强人际关系和社会适应能力是心理健康的中等要求，那么认清自己的潜力所在，保持良好的心理状态和积极的生活方式，高效率地学习与工作，全面而充分地发展自己，科学而有创造性地生活，便是心理健康的最高境界。

3. 掌握心理调适方法

对当代大学生比较适用的心理调适方法主要有以下几种。

（1）自我暗示法。林肯曾说过：“人只要心里决定要快乐，大多数都能如愿以偿。”其实他讲的就是自我暗示。所谓自我暗示，就是个体通过语言动作影响自己心理的过程。积极的自我暗示可以调节情绪，缓解心理紧张，改善消极心境，改掉不良习惯。世界著名演员奥黛丽·赫本从影几十年，到了晚年仍仪态万方。有人曾问她保持美丽的秘诀是什么，她回答：“每天起来，我总把自己想象成一篮子鲜花。”这种积极的心态使赫本忘记衰老，忘掉忧愁，充满自信。

（2）自我激励法。自我激励是精神生活的动力源泉之一，主要指用生活哲理、榜样力量或明智的思想观念来激励自己。首先要相信未来是美好的，热爱生活，相信“太阳每天都是新的”，学会从零开始，心向未来；其次要正确对待意外事件，长存一颗平常心，临危不惧，处变不惊；再次，知足常乐，自强不息，物质上的追求是永无餍足的，要学会知足，但精神上的追求永无止境；最后，要相信自己，接受自己，不要被挫折吓倒。例如，失恋后“天涯何处无芳草”，找不到工作时“天生我材必有用”，与朋友离别时“莫愁前路无知己，天下谁人不识君”，遇到棘手的问题时“车到山前必有路”，不要被困难击败，时时激励自己，以实现自己的既定目标。

（3）情境迁移法。在遇到挫折时，可以转移环境，即离开引起苦闷或愤怒的环境，把注意力从消极情绪上转移到积极方面去，使自己的情绪恢复稳定。例如，出去散散步，听听音乐，做一些其他有益的事，对消除烦恼、愤怒情绪非常有效。

（4）情绪宣泄法。把自己的委屈、烦恼、痛苦向好友倾诉，或大声地哭泣，或通过唱歌、剧烈的运动，或通过写日记把心中的感受写出来，或在空旷地带大声地叫喊来发泄，通过这些方式可以减轻、释放心理压力，维护心理平衡。

总之，大学生心理素质的培育过程和心理健康的实践过程，既是其认识自己、实现自身价值的过程，也是其不断地与社会相互影响、为社会做贡献的过程。在这个过程中，大学生的人生必将会经受一次洗礼，达到一个崭新的境界。

拓展阅读

突围心理困境之“三步走”

1. 心理自助

（1）积极进行体育锻炼。

（2）深呼吸。

（3）参加心理健康教育。

（4）积极参与有益于心理健康的活动。

2. 同学互助

如果感觉自己无法很好地调适心理状态，不必焦虑，班里的心理委员一直在你身边，只要你愿意，就可以主动跟他聊一聊。你们年龄相仿、价值观相近、学习生活内容相同，共同生活、联系密切，更容易沟通。相对于老师，面对同是学生的心理委员，你可能会更容易放下戒备和紧张心理，倾诉内心的痛苦。

3. 心理咨询

心理咨询正逐渐被人们所接受。同时也要看到，由于对心理咨询缺乏充分的了解，有的大学生在遇到心理问题，自身又无法解决时，总是宁愿忍受痛苦也不愿意到心理咨询机构寻求帮助，他们害怕被人认为是精神病，害怕被人发现自己的秘密和隐私，等等。其实，这是对心理咨询的误解。我们有必要对心理咨询做一些了解。

（1）寻求心理咨询的人大多是心理健康的正常人。

（2）谈话是心理咨询的主要形式，但它不是一般意义上的聊天。

（3）心理咨询工作的基本理念是“助人自助”，是为了纠正求助者错误的认识观念和提高求助者的认识能力，通过求助者自身认识和观念的改变来帮助求助者解决问题。

（4）心理问题的解决是一个循序渐进的过程，不能期望一次咨询就可以解决问题，要坚持。

（5）心理咨询工作是通过心理咨询技术启发求助者自己找到解决问题的办法，而不是给求助者以具体的指导。

心理测试

纽苏兰纪念大学幸福度量表

请仔细阅读下面每一道题，根据自己的实际情况作答。在做题过程中不漏题，在同一题上不斟酌太多时间，根据自己的第一反应回答。建议整个测试过程花费 10～15 分钟。

1. 最近几个月里，你处于巅峰状态吗？（　　）

A. 是　　B. 否　　C. 不知道

2. 最近几个月里，你情绪很好吗？（　　）

A. 是　　B. 否　　C. 不知道

3. 最近几个月里，你对自己的生活特别满意吗？（　　）

A. 是　　B. 否　　C. 不知道

4. 最近几个月里，你感到很幸运吗？（　）

A. 是　　B. 否　　C. 不知道

5. 最近几个月里，你烦恼吗？（　）

A. 是　　B. 否　　C. 不知道

6. 最近几个月里，你非常孤独或与人疏远吗？（　）

A. 是　　B. 否　　C. 不知道

7. 最近几个月里，你忧虑或非常不愉快吗？（　）

A. 是　　B. 否　　C. 不知道

8. 最近几个月里，你会因为不知道将会发生什么事情而担心吗？（　）

A. 是　　B. 否　　C. 不知道

9. 最近几个月里，你为自己目前的生活状态感到哀怨吗？（　）

A. 是　　B. 否　　C. 不知道

10. 最近几个月里，总的来说，生活处境变得使你满意吗？（　）

A. 是　　B. 否　　C. 不知道

11. 最近几个月是你一生中最难受的时期吗？（　）

A. 是　　B. 否　　C. 不知道

12. 最近几个月里，你像以前一样高兴吗？（　）

A. 是　　B. 否　　C. 不知道

13. 最近几个月里，你所做的大多数事情单调或令你厌烦吗？（　）

A. 是　　B. 否　　C. 不知道

14. 最近几个月里，过去你感兴趣做的事情，现在仍然乐在其中吗？（　）

A. 是　　B. 否　　C. 不知道

15. 当你回顾一生时，感到相当满意吗？（　）

A. 是　　B. 否　　C. 不知道

16. 随着年龄的增加，一切事情更加糟糕吗？（　）

A. 是　　B. 否　　C. 不知道

17. 最近几个月里，你感到很孤独吗？（　）

A. 是　　B. 否　　C. 不知道

18. 今年有一些小事使你烦恼吗？（　）

A. 是　　B. 否　　C. 不知道

19. 如果你能随便选择自己的住处，你愿意选择哪里？（　）

A. 现在的住地　　B. 别的住地

20. 最近几个月里，有时你感到活着没意思吗？（　）

A. 是　　B. 否　　C. 不知道

21. 你现在和年轻时一样快乐吗？（　）

A. 是　　B. 否　　C. 不知道

22. 最近几个月里，大多数时候你感到生活是艰苦的吗？（　）

A. 是　　B. 否　　C. 不知道

23. 你对你当前的生活满意吗？（　　）

A. 满意　　B. 不满意　　C. 不知道

24. 和同龄人相比，你的健康状况与他们差不多，甚至更好吗？（　　）

A. 是　　B. 否　　C. 不知道

[计分标准和说明]

第 19 题选择“A”记 2 分，选择“B”记 0 分，其他各题选择“A”记 2 分，选择“B”记 0 分，选择“C”记 1 分。

（1）正性情感得分：第 1、2、3、4、10 题的得分总和。

（2）负性情感得分：第 5、6、7、8、9 题的得分总和。

（3）一般正性体验得分：第 12、14、15、19、21、23、24 题的得分总和。

（4）一般负性体验得分：第 11、13、16、17、18、20、22 题的得分总和。

（5）总的幸福度：正性情感得分−负性情感得分+一般正性体验得分−一般负性体验得分。分值在 0～24 范围，表明“幸福度显负性，幸福感低”；分值在 25～50 范围，表明“幸福度显正性，幸福感正常或高”。

心理训练

求助训练

请把以下事件中的主角当成是你自己进行角色模拟分析，以帮助你掌握心理问题发生后的处理方式。

“我”，19 岁，大学一年级学生。今年 9 月，“我”以比较好的成绩考入某校，来到这个陌生的城市开始独立生活已经 2 个多月了。“我”是家里的独生女，父母都比较宠“我”，他们只要求“我”把学习搞好，其他的一律都不要我管，生活上的事“我”从来都不做。所以，现在在学校，不仅每日的学习很紧张，还要料理自己的生活，有些手忙脚乱、疲惫不堪，感到不适应，非常想家。有时睡不着，常常梦到父母。一听到广播里放的音乐有“妈妈”的内容就想哭。在街上、校园里听到的都是当地的口音，自己作为外乡人，内心很孤独。上课经常走神，学习效率不高。无心参加班上组织的活动，总盼望着早点放假回家。“我”与同学的关系一般，因与宿舍室友关系紧张，想调换宿舍，学校没同意，心情不好，内心很痛苦。

1. 你的情绪表现有哪些？持续多长时间了？

____

____

2. 你在躯体（生理）上有什么反应或变化？持续多长时间了？

____

____

3. 你的行为结果有哪些？

____

4. 这些情绪和情感上的困扰、躯体上的变化以及行为结果是你能接受的吗？可以通过哪些方法来自行调适解决？请列举出来。

5. 自己调适之后有没有效果？请描述出来。

6. 如果没有什么改善，是否想过向好朋友或自己信任的人倾诉，寻求认同或安慰？为什么？

7. 如果自我调适、向他人倾诉的效果都不理想，是否考虑找专业心理咨询机构（专业心理咨询老师）进行求助？若为肯定回答，请按以下步骤实施：

（1）如何与心理咨询老师取得联系？

A. 电话预约

B. 登录学校心理咨询网站预约或网上咨询

C. 直接找到心理咨询中心（室）预约或咨询

D. 由好友或老师陪同前往咨询

学校心理咨询网站的网址是：________

（2）你是如何了解到专业心理咨询机构的服务电话及地址的？

A. 平时有意识地记录下来　　B. 通过询问朋友或班级心理委员等知道

C. 关注学校心理健康网站得知　　D. 通过其他渠道得知

你准备联系的专业心理咨询机构的服务电话是：________

你准备联系的专业心理咨询机构的地址是：________

（3）想好咨询时的开场白怎么说了吗？请写下来。（注：有的求助者见到心理咨询老师后情绪波动很大，不知从何谈起，浪费了许多宝贵时间。应事先想好开场白，几句话就能进入主题）

（4）第一次咨询结束后，你有什么心得？

助人训练——倾听

人生来有两只耳朵、一张嘴，其实就是要我们多听少说。多听少说，善于倾听别人讲话是一种高尚的素养。因为认真倾听别人讲话，表现了对说话者的尊重，人们也往往会把忠实的听众视作可以信赖的知己。而且，对于被心理问题困扰的人来说，你的善于倾听也许就是一剂良药，甚至是一根救命稻草。

学生三人一组，一人听，一人说，一人观察。说的人要向倾听者诉说困惑、苦恼、痛苦等，可以是亲身经历的一件事，也可以是看到别人经历的事。倾听的人要注意倾听时的表情、姿势、语言等方面，表现出对倾诉者的接纳、尊重和理解。一轮结束后，小组思考并讨论，调换角色进行练习。

讨论：

1．作为倾听者，你刚才的注意力有集中在倾诉者的身上吗？倾诉者说了什么？有什么感受？你从哪些方面努力表现出对倾诉者的接纳、尊重和理解？

____

____

____

2．作为倾诉者，你在诉说的时候心情有什么变化？觉得倾听者的反应如何？他有哪些反应让你有舒服的感觉？又有哪些反应让你感觉不舒服？请列举出来。

____

____

____

3．作为观察者，倾诉者的倾诉让你有什么感觉？要注意什么问题？倾听者的表现如何？要注意什么问题？

____

____

____

4．要做到良好的倾听，应该做到以下几点。

（1）目光、眼睛：______________________________

（2）面部表情：______________________________

（3）身体姿势：______________________________

（4）语言语气：______________________________

（5）其他：______________________________

自主训练营——冥想放松法

冥想放松法其实是一种积极的自我暗示法。自我暗示就是通过自言自语或冥思，对自己施加影响以达到心理卫生、心理预防和心理治疗目的的方法。自我暗示可以对个人的心境、感情、爱好、意志乃至工作能力起到非常积极的作用。例如，面临紧张的考试，反复告诫自己“要沉着”；在荣誉面前，自敲警钟“谦虚”；在遭遇挫折时，安慰自己“要看到光明，要勇往直前”等。

一、准备

（1）暂时将所有的事搁置起来，引导自己达到一种放松、放空的境地。

（2）伸展全身的筋骨，至少3次，让气血顺畅，从而更易放松自我。

（3）躺着或舒服地坐着，先做3个深呼吸，然后慢慢地引导自我放松。

（4）练习时间：15～20分钟。

（5）练习时可播放舒缓、柔和的冥想音乐。

二、步骤

（1）眼睛向上看（约8秒），慢慢闭上眼睛，然后深呼吸，吸气吸到极致，屏住呼吸3秒，然后吐气，闭眼，让眼睛和身体放松，想象全身的力气都蒸发掉了。

（2）想象全身轻飘飘的，身体飘浮起来，飘浮在一大朵安全、舒适的白云里，同时也感觉全身软绵绵的，觉得非常舒服、非常轻松，自觉进入了深沉的放松状态。

（3）想象白色的光由头部进入身体，感觉有一股暖流进入自己的额头，白色的光笼罩着眼睛、鼻子、嘴巴，整个头部都充满了这股暖流，自觉更加放松。

（4）白色的光往下扩散到颈部、肩膀、双手，使颈部、肩膀、双手都温暖了起来，从而更加放松。

（5）白色的光进入胸腔，感觉肺部与心脏都温暖了起来，白色的光随着血液循环，扩散到全身，感觉扩散到的部位都温暖了起来，上背部、下背部、腹部、腰部、臀部、骨盆腔、双腿、双脚都充满了白色的光，也依次温暖了起来。此时，身体的每个细胞都充满了白色的光，所有的压力完全消失。

（6）全身都笼罩在白色的光里，全身的肌肉、神经、皮肤完全放松，你越来越放松，越来越平静，越来越舒服，这时候自觉进入了深沉的潜能状态。

（7）自行从十倒数到一，数到一的时候，你就进入了潜能状态。

（8）在潜能状态下，你可以什么都不想，此时是一种无念无想的状态，想象白色的光不断地进入体内，开启无限的潜能与智慧。

（9）想结束练习时，自行从一数到五，数到五的时候，大大地睁开眼睛，然后就完全清醒了，感觉非常舒服。

三、注意事项

（1）最好选择精神状况良好且无外界干扰的时段，通常早上刚起床时练习效果较佳。若不行，也可利用午休时段。

（2）练习时，四肢会有酥麻感或沉重感，这是正常现象；刚练习时，偶尔有头晕或头皮发麻的感觉，这也是正常现象。

（3）若感觉有任何不适，可以随时停止练习，睁大眼睛完全清醒过来即可。

（4）练习完毕，若能按摩全身，则更有利于健康。

感悟成长

1．学完第一章，你有什么体会和收获？

____

____

____

2．审视内心，自己当前的心理状态如何？今后将如何做？

____

____

____

知识链接

[书籍推荐]

韦志中. 积极心理学：中国人的68堂幸福实践课[M]. 北京：台海出版社，2020.

推荐理由：该书系著名心理作家韦志中根据20多年的研究与创新成果，扎根我国心理学本土特色，打造出以68个积极心理学技术为核心的幸福实践课。全书从积极情绪表达、积极品质训练、积极意义转换、积极人际建设四个方向进行系统归类，通过具体化的理论指导和理念分析，有针对性地帮助人们解决实际问题，培养积极情绪，真正提升全民幸福感。

[影片推荐]

纪录片《幸福实验室》，中国，2020年，每集45分钟，共6集。

内容简介：该纪录片分别关注婚姻、财富、教育、人性等社会话题，深度剖析“幸福”。纪录片共设置了5个不同的实验，采用实验室+观察室双重空间，设计有剧情的社会情境，引导被试者进入该情境，利用磁共振、脑电等实验装置，通过监测人体结构功能、血压、心跳、脑电波等生理数据，观察并记录被试者的反应，来研究情绪和心理产生的原理。整个实验过程充满悬念和未知，引导观众获得关于如何幸福的答案。

第二章　迎接挑战与转变
——大学生的心理适应

心语引导

智慧的本质就是适应。——皮亚杰

社会犹如一条船，每个人都要有掌舵的准备。——易卜生

进入大学校园后，新的生活就开始了。小小的校园俨然一个小小的社会，也是一个万花筒，有着丰富的内容。与单纯的中学校园相比，大学校园略显喧闹。面对生活环境的转变、学习方式和知识结构的变化、理想和现实的落差，很多大学新生产生了困惑。我们应该如何尽快适应大学的生活和学习呢？

案例分析

我该怎么办？

小刘是某高校大一新生，入学两个多月，不能很好地适应大学校园的生活。她说："我不喜欢现在学校的环境，我想象的和期待的大学不是这样的。来到这里我感觉好像走错了地方，我们身为学生，除了学习还要参加各种各样的活动，我每天都在写各种活动的策划、总结，还要排各种节目，我没有什么特长，唱歌会一点儿，跳舞纯粹不会，可是我不能每次都唱那两首歌吧。来到这里很迷惑，各种制度都不清楚，每天光打扫卫生就让我焦头烂额。说真的，我在想我是不是不应该来这里，我是不是应该回去复读，但是又担心自己来年考不好，可是在这里待下去觉得很烦。其实，我以前的学习成绩还是不错的，老师也挺喜欢我的，到这里来再也没人关注我了，因为住在大二的混合宿舍，和宿舍同学关系也不是很好，感觉很孤独。我来这里有一个愿望，就是想专升本，可是现在没时间，也没办法静下心学习，开学两个月来我一直是这样，真不知道该怎么办，觉得好难受，再加上饮食和气候方面的不适应，感觉不想在这儿待下去了，怎么办呢？"

第一节　心理适应概述

心理学通常从三个角度来理解适应：一是生物学意义上的适应，即生理适应，如感官对声、光、味等刺激物的适应；二是心理上的适应，通常指遭受挫折后借助心理防御

机制来减轻压力、恢复平衡的自我调节过程；三是对社会生活环境的适应，包括为了生存而使自己的行为符合社会要求的适应和努力改变环境以使自己能够获得更好发展的适应。

一、心理适应的概念

《心理学大辞典》中对适应的定义是："适应是来源于生物学的一个名词，用来表示能增加有机体生存机会的那些身体上和行为上的改变。"这一定义至少从以下三个方面说明了适应这一心理现象的特点：第一，适应是主体对环境变化所作出的一种反应；第二，适应是一个重建平衡的动态变化过程；第三，适应的内部机制是同化与顺应的平衡。由此，我们可以对心理适应作出以下表述。

心理适应是指一种积极的、适应性的心理反应，它会自然地对外界的突变作出适应性的反应。它可以让我们更好地应对改变的环境以及新的挑战，也可以使我们获得新的自信、智慧和耐心。

心理适应促使我们不断尝试新的事物，不仅能帮助我们更好地适应变化的环境，还可以帮助我们学会新技能，改变旧习惯，甚至摆脱情绪化的反应，让自己保持良好的心理健康状态。

二、适应的心理过程

从心理发展的角度看适应的过程，可以看到以下四个环节是最基本的。

1. 需要：发展的内部动力

个体原有发展水平与新的需要之间的矛盾，是推动人类从事各种活动的最原始的动力源泉。需要本身的产生离不开外部环境的刺激和影响。根据马斯洛的需要层次理论，可以将其分为生理的需要、安全的需要、归属的需要、尊重的需要和自我实现的需要五大类。按照马克思主义的有关论述，又可以分为自然性需要、社会性需要和精神性需要三种。从适应的角度看，通常可以分为生存性需要和发展性需要两种。然而，不管怎样分类，适应的过程始终是从需要的产生开始的。实际上，适应本身也是人的一种需要，是人终其一生都不可缺少的一种基本需要。

拓展阅读

需要层次理论

美国心理学家马斯洛在《人类激励理论》一书中提出了人的需要层次理论。他把人的需要分成5个层次，即生理的需要、安全的需要、归属的需要、尊重的需要、自我实现的需要，并从低到高依次排序。

第一层次：生理的需要，包括呼吸、水、食物、睡眠、性等，是人最基本的需要。

第二层次：安全的需要，包括人身安全、财产所有权、健康保障、工作职位保障、家庭安全等。

第三层次：归属的需要，也称社交需要，指个人渴望得到家庭、团体、朋友、同事的关怀、爱护和理解，是对友情、信任、温暖、爱情的需要。

第四层次：尊重的需要，包括自我尊重、受到他人尊重及尊重别人。

第五层次：自我实现的需要，指个人潜能得到最大限度开发，理想、抱负得到最大程度实现，成为自己所期望的人。

2. 阻挠：适应状态的破坏

阻挠是指个体不能利用已有的行为习惯来满足自己某些需要的情况。这种情况通常都出现在环境发生了变化，主体遇到了新的问题情境的时候。当阻挠现象出现时，人们一般会产生不同程度的紧张与焦虑感。阻挠的产生实际上意味着主体原有的适应状态已被打破，其原有的行为模式与新的需要之间发生了矛盾，从而产生了新的不适应现象。在这种情况下，主体改变自己原有行为模式的动机便会应运而生。

3. 尝试：满足需求的努力

为了改变不适应的被动局面，人们在没有现成模式可以参照的情况下，便会做出各种努力，采取各种方式来进行积极的尝试。这一过程实际上是一个解决新问题的过程，基本上属于试误学习的性质，是适应过程中的关键环节。但人的试误学习与动物的试误学习有本质的不同：动物的试误学习只是一种盲目的尝试，充其量也只是得到及时强化以后才能形成的稳定的条件反射；而人的试误学习则是经过认真思考、有一定理论假设作指导的理性行为，同时也带有明显的创新色彩。在尝试过程中一旦取得了成功，被肯定和巩固下来的就不仅是解决问题的行为本身，而且包括行为背后的理性思考，特别是对事物本质与规律的概括与升华。

拓展阅读

桑代克迷笼实验

桑代克迷笼实验是心理学家桑代克为研究动物的学习即问题解决过程而进行的实验。桑代克将饥饿的猫禁闭于迷笼之内，饿猫可以用抓绳或按钮等三种不同的动作逃出笼外获得食物。饿猫第一次被关进迷笼时，开始盲目地乱撞乱叫，东抓西咬，经过一段时间后，它可能做对了打开迷笼门的动作，逃出笼外。桑代克重新将饿猫关入迷笼内，并记录每次从实验开始到猫做出打开迷笼门的正确动作所用的时间。经过上述多次重复实验，桑代克得出饿猫的学习曲线。该曲线表明了猫逃脱迷笼潜伏期与实验次数的关系。桑代克认为饿猫是在进行“尝试错误”的学习，经过多次的尝试错误，饿猫学会了打开笼门的动作。因此，有人将桑代克的这种观点称为学习的“尝试错误说”，或简称为“试误说”。

动物有机体为了满足自己的本能需要，会通过一系列的反应方式进行尝试，一直到能达到需要满足、重新适应为止。如果不能适应，便遵循大自然“物竞天择，适者生存”的法则。人们在面对不适应时，一方面要积极尝试，寻找成功解决问题的反应方式，另一方面要保持一种积极的心态，消极的心态不利于思考新的解决问题的方式。

4. 重新适应：恢复新的平衡

经过一番尝试，找到了新的解决问题的方式，人们新的需要就可以得到满足，原有行为模式与新的需要之间的矛盾基本上得到解决，曾经有过的不平衡状态重新恢复平衡。这意味着，一次不适应的问题已经解决，主体可以重新回到适应状态之中。只是这种状态仍然是短暂的，很快就会被新的不适应现象重新打破。这种不适应—适应—不适应状态的循环往复，就是适应过程的规律性表现。

三、适应的心理机制

心理学家让·皮亚杰（Jean Piaget）认为，心理适应的内部机制就是同化与顺应的平衡。但只用同化和顺应这两个过程来说明适应似乎过于简单了些。在解释社会适应中一些复杂的适应过程时，有必要对此做出进一步的说明。结合认知心理学和社会心理学的有关理论，我们认为，心理适应的内部机制可表述为如图 2-1 所示的模式。

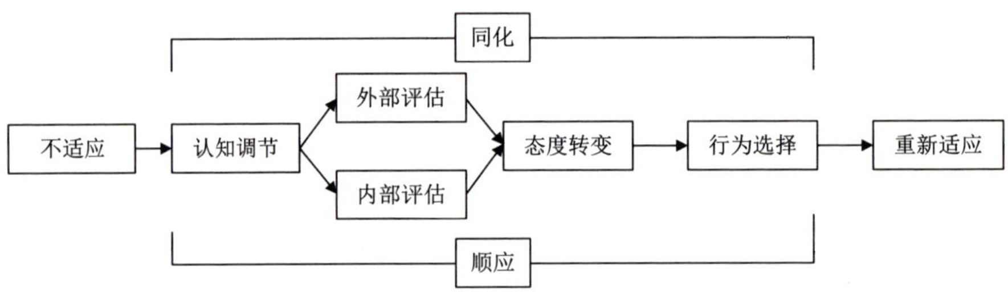

图 2-1 心理适应的内部机制

这一模式表示，从出现不适应现象到重新适应中间，一般要经历认知调节、态度转变和行为选择三个环节。

1. 认知调节

认知调节是适应过程的起始阶段，它包括外部评估和内部评估。

外部评估是认知调节的第一个阶段，指主体对变化了的外部环境及其对自身发展所具有的影响作用进行全面了解并做出新的判断的过程，主要任务是确定外部环境中发生了哪些新变化，提出了哪些新要求，这些变化和要求对自身发展具有哪些影响，在此基础上应能对发展中遇到的困难做出准确的判断，对新的角色期待形成正确的理解与把握。

内部评估是指主体在对外部变化做出正确判断的基础上，对自身内部状态进一步的了解与判断。实际上这是一种在自我监控系统的参与下，自我评价和自我意向重新调整的过程。具体包括对因外部变化引起的内部不平衡状态的估计，对不适应现象的归因分析，对已有经验的检索与比较，对原有行为模式应对效果的审视与判断等。

由外部评估到内部评估，这是认知调节发展的必然过程。在这一过程中，主体的理解力、判断力和自我评价的水平对认知调节的效果具有直接的影响。

2. 态度转变

认知过程的变化必然会引起情绪体验的变化，同时也会导致行为意向发生相应的变化。当认知、情感和行为意向都发生了变化时，就会引起态度的改变。态度的转变实际上是对动力系统和反应倾向的调节，这是适应新环境的变化、保持和恢复心理平衡的一种背景条件。

3. 行为选择

行为选择实际上是一个比较与决策的过程，其核心是对原有行为模式的调整与改变。行为模式的重新选择是以认知的调节与态度的改变为基础的，受思维方式与态度倾向的直接制约。如果思维方式与态度倾向是积极的，那么主体的行为模式也会是积极的；如果思维方式与态度倾向是消极的，那么行为模式也会是消极的。在这一过程中，同化与顺应这两种调节方式始终在发挥着作用。

第二节　大学生的角色转变

所谓角色，是人在社会行为系统中与一定社会位置相关联的、符合社会要求的行为模式。它客观地规定了一个人的活动范围、享有的权利、承担的义务及行为方式等。

大学不是与世无争的世外桃源，而是现实社会的一个缩影。当走出家门、跨入校园的那一刻，大学生就已经有一只脚踏进了社会。大学生应该更加自立、自律，主动承担起相应的责任，要学会对自己的行为负责。在校园里，大学生从幼稚走向成熟，不断探索未来的人生道路。

拓展阅读

青蛙实验

19世纪末，美国康奈尔大学做过一次有名的青蛙实验。他们突然把一只青蛙丢进煮沸的开水锅里，青蛙因受不了突如其来的高温刺激立即奋力从开水中跳出来，并成功逃生。半小时后，他们把青蛙先放入装着冷水的锅里，然后慢慢加热锅里的水。青蛙因为刚开始时水温舒适而在水中悠然自得。当青蛙发现无法忍受高温时，已经心有余而力不足，最终死于热水中。

人的生活环境总是处于不断变化之中，“变”是永恒的真理，有变化才有发展。大学生进入新的环境，开始独立生活，面对新的环境和事物，需要培养积极意识，乐观向上，勇于挑战，主动地适应和改造现实环境，培养和提升自己的适应能力，最大限度地发展自己、完善自己。

一、社会角色的转变：从中学生到大学生

在社会生活中，每个人都处在一定的位置上，以不同的身份拥有相应的权利，承担着一定的社会职责和社会义务，即扮演着不同的社会角色。社会对不同的角色寄予的不同希望和要求称为社会期待，也称社会期望。每一种社会角色都应该符合当时的社会对这种角色的期望。大学新生从中学到大学，身份变了，位置变了，社会角色变了，社会期望也提高了，每个大学生都承担着潜在而又崇高的社会使命。这种社会角色的转变，导致大学新生在角色变化的过程中出现角色适应问题。

由中学生转变为大学生，成为真正意义上的成人，这种角色转变是大学新生首先要面对的。一般来说，中学生的心理和思想仍不成熟，职业方向仍不确定，他们是潜在的人才；而大学生作为“准人才”，职业方向逐渐确定，社会对其期望和要求也比中学生高得多。大学新生的思维方式也要由非成人化向成人化转变，由感性向理性转变。

大学新生还必须适应由中心角色到普通角色的转变。进入大学，每个人都会面临重新评估自己的问题。在中学阶段，不少人在校内和班级内担任一定的职务，成绩优秀；而在人才济济的大学校园里，他们中的大多数人发现自己变得平庸了。这种变化一方面是因为比较对象改变了，原来在中学几百个同学中属于优秀者，到了大学，比较对象的范围扩大到了成百上千的优秀者；另一方面，进入大学后与他人比较的内容越来越丰富，除学习成绩外，还有体育锻炼、文艺修养、组织能力等方面，这很容易导致角色转变的不适应。

因此，要顺利实现由中学生到大学生的转变，就要处处以大学生的标准严格要求自己，客观地审视自己，正确地评价自己，找到适合自己的位置，做一名高素质的大学生。

二、奋斗目标的转变：从升学到就业

目标具有动力、导向和激励的作用。中学阶段，大家的奋斗目标很明确也很单一，即一切围绕高考而拼搏。面对严峻的升学压力，每个学生的生活都是高效、专注、充实的。进入大学后，原有的目标达到了，新的目标尚未确定，有的大学新生就像站在十字路口迷茫的路人，失去了前进的动力和奋斗的目标，感到无所适从，学习缺乏动力和激情。对于大学新生的这种感觉，有一个非常生动的比喻：高中三年就像在黑夜中走路，只能看到远方的一点儿灯光（高考），就向着那个方向走去，心无旁骛；等到走到灯火辉煌的地方考上了大学，却发现这个时候天亮了，周围的一切都能看得清清楚楚，远处没有灯火了，这个时候反而不知道该往哪里走了。

大学的教学目标是培养各类专业技术人才，专业课的教学直接指向就业，传授各种专业知识和技能，具有很强的专业性、实践性和针对性。一名合格的大学生应该学有所

长，毕业后能适应社会的发展，因此要确定更高的目标和理想，尽快将目标转变为提高自身综合素质和职业能力。

拓展阅读

大学生如何做好职业生涯规划

（1）培养职业所需的实践能力。包括运用知识的能力、适应环境的能力和实际操作能力。

（2）进行自我认知和职业探索。了解自己的兴趣、价值观、优势和能力，积极探索不同的职业领域和行业。

（3）设定明确的职业目标。根据个人兴趣和能力，设定短期和长期的职业目标，明确想要达到的地位、薪水水平、技能发展等。

（4）学习与发展。为了实现目标，制订学习和发展计划，了解所需技能和知识，选择合适的学习方式。

（5）寻求指导。寻求职业规划顾问、导师或行业专家的指导和建议。

（6）持续调整与适应。职业生涯规划是一个动态过程，需要持续评估和调整，以适应变化和反映个人成长。

（7）积极参与实习和实践。通过实习和实践活动获取实际工作经验，发展关键技能，建立专业网络。

（8）建立和维护职业网络。与同学、教授、导师、行业专家等建立联系，以获取建议和工作机会。

（9）自我营销。学习如何有效地展示自己的优势和能力，包括简历撰写、面试技巧等。

（10）持续学习和自我提升。通过参加培训、进修课程等，不断更新知识和技能。

（11）职业平衡。在职业发展的同时，关注个人生活和健康，保持工作与生活的平衡。

三、生活方式的转变：从依赖到独立

大学生活方式的转变主要包括两个方面：一是生活的自理，二是对钱财的管理。

在中学时期，学生大部分的时间和精力用在学习上，而生活上的事情绝大多数由父母包办，包括饮食起居。进入大学后，原来的生活方式几乎完全颠覆了，自主、自立、自律是大学生活的特征。衣、食、住、行，看似最平常、最简单的生活内容，突然脱离了原来的轨道，独立生活的喜悦中夹杂着艰辛，没有了父母的悉心照料，凡事都要自己处理。大学生要住集体宿舍，要到食堂买饭，要自己整理床铺、换洗衣物，生活中的每一件事都要自己处理，因而会感到不习惯、不适应。而且大学课余生活与中学相比也更加丰富多彩，各种比赛、晚会、讲座，既让大学生感到新鲜，又会让他们感到无所适从。

中学时期，很多学生无须在理财这方面考虑过多，进入大学则要自己独立计划如何消费。拿着父母给的钱，就要考虑每月的吃穿用度，有计划地安排经济开支。计划不当甚至没有计划往往就会出现“月初当富翁，月底做乞丐”的情况。还有些大学生受不良社会风气的影响，赶时髦、讲排场，一味地与人攀比，这样就会养成不良的消费习惯。

案例分析

走上“校园贷”的不归路

某天下午，辅导员王老师突然接到某网络贷款平台的电话，称所在学院的学生小张办理了贷款却未按期还款，电话一直关机，希望学校能联系上他并督促其按时还款。随后，辅导员立即赶往宿舍，向小张了解具体情况。通过与小张的谈话，辅导员了解到小张在与女朋友交往的过程中，经常为女朋友购买衣服、化妆品等作为礼物，自己在网络游戏上的花费也很大，最多的一个月消费高达 3 万元。对于家庭经济条件一般的他来说，根本负担不起。经朋友介绍，他开始接触“校园贷”。他经常在一家借贷机构贷款几千元，到期无法还款时再向另一家借贷机构借更大数额的现金还上之前的贷款。长此以往，小张最终走上了“校园贷”的不归路。

分析：小张因其错误的消费观和价值观，向多家网络贷款平台借款，陷入恶性循环，并欠下巨额债务。小张在与女友的交往过程中爱慕虚荣，攀比消费、超前消费、盲目消费。

对于大学新生而言，正确理解大学生活，早日学会理财，做到自立自强，是进入大学后的一门必修课。

四、学习方式的转变：从被动到自觉

大学学习方式的转变集中体现在学习态度和学习方法的转变上。中学生主要从课堂教学中获取知识，学习途径和渠道相对单一，大多处于被动学习状态，习惯在老师的督促、检查和具体指导下进行学习，对老师的依赖性较大。大学学习的主要特征是自学，这是与中学阶段的学习方式很不同的地方。大学的学习具有较强的专业定向性和实践性，教学模式从中学的以老师讲授为主转变为以学生自学为主，老师在课堂上大多只讲重点，学生处于相对中心的地位，强调学生在广泛的课外阅读的基础上进行独立思考、动手实践，真正是“师傅领进门，修行在个人”。因此，大学阶段的学习需要学生有更自觉的学习态度、更强的自主意识，学会“怎样学习”，培养较强的自学能力和分析能力，养成良好的学习习惯。

案例分析

成为懒散学习态度的“俘虏”

小陈，男，18 岁，某高校大一学生。他对大学的学习一直抱着“无所谓”的态度，经常在上课铃声响过后 5～10 分钟才赶到教室，也不带教材和必要的文具，到了教室后直奔最后一排，倒头就睡，根本不听老师在讲什么，在他看来上课就是为了应付老师的点名。他对大学生活没有规划，对学习没有目标、没有兴趣。在学习的时候，他极易被外界事物所干扰，比如在听课时，操场或走廊上一有声响，马上就能吸引他的注意力。

小陈在大一第一学期期末考试时挂科，成绩处于班级末尾。

分析：学习态度是指学习者对学习的较为持久的肯定或否定的内在反应倾向，通常可以从学习者对待学习的注意状态、情绪反应与意志状态等方面来加以判定和说明。学习态度受学习动机的制约，是学习者在学习活动中通过获得一定的经验而习得的，也是可以改变的。它是影响学习效果的一个重要因素。

部分学生在高考之后卸下了“重担”，认为自己的学习使命已经完成。进入大学后，学习强度减弱，可供自由支配的时间增多，许多学生心理上会存在反差，对自己的要求开始降低，抱着得过且过的态度。一个人对学习的认知决定了其学习态度，学习认知一旦出现偏差，学习态度就会受到影响。案例中，小陈习惯了高中时期那种有人看着、有人管着的被动学习方式。到了大学后，随着自主时间的增多，他变得自由散漫，没有意识到大学的学习方式、学习方法不同于高中，没有形成正确的学习认知，对自己的错误行为认识不够，导致学习和生活放松，逐渐形成懒散的学习态度。

五、交往方式的转变：从旧友到新朋

进入大学后，新生们普遍感受到了人际关系的转变。中学时代，学生生活单调，主要任务是学习，他们很少接触社会，主要是和父母、老师、同学打交道，人际环境相对简单。他们的交往没有语言的障碍、乡土的差异，可能很少考虑和谁交往，甚至不会在这方面花费大量时间。

大学生之间的人际关系具有多元性，做任何事情都可能涉及其他人，所以与周围人建立和保持良好的人际关系是拓展大学生的生存发展空间、促进成长必不可少的重要因素，也是一种资源和财富。大学的人际交往与中学时期有着明显的不同。

（1）人际交往的范围扩大了。学生不仅要和来自不同地域、有着不同习俗的同学打交道，还要与学校行政部门、服务部门、医疗机构等的工作人员打交道；参加社团和社会活动，还要与不同年级、不同专业、不同院系的同学打交道；参加勤工俭学、实习实践等，需要广泛接触社会，尝试各种错综复杂的社会交往。

（2）人际交往的难度增大了。同学之间在语言、生活习惯、家庭背景、价值观、思维模式等方面存在差异，彼此之间的磨合需要一定的时间，这增加了交往的难度。一些大学生习惯以自我为中心，缺乏容忍、谦让、合作的品质，待人接物缺乏多角度考虑的共融性，容易造成交往障碍。另外，有些大学生的某些性格特征，如自卑、怯懦、鲁莽和孤僻等也会阻碍人际交往。一些大学新生会因人际关系紧张而产生困惑和烦恼，一方面渴望与他人交流沟通，另一方面却屡屡失败。他们日益感到压抑郁闷，越来越不愿意与其他同学交往，甚至逐步迷失在网络世界里，希望在虚拟的网络世界里觅到知音良友，对现实世界却用冷漠的态度加以对待。

心理故事

猫头鹰搬家

一只斑鸠看到一只猫头鹰正背着包低头飞行。斑鸠问道：“你要到哪里去？”猫头鹰回答说：“我准备搬到东方去。”斑鸠问：“为什么呢？”猫头鹰说：“在这儿村里人都讨厌我的叫声，所以我要搬到东方去住。”斑鸠说：“如果你能改变你的叫声，搬到东方去是可以的；如果你不能改变你的叫声，即使搬到东方去，那里的人们也会讨厌你的。”

第三节　大学生适应环境的策略

进入大学校园，环境的变化、知音难觅的孤独、中心地位的丧失和强烈的自卑心理是导致大学新生难以适应环境的重要因素。这些矛盾和冲突在大学生身上都有不同程度的表现。

一、转变角色，正确评价自我

离开中学的小天地，进入人才济济的大学，以往的自我评价会受到不同程度的冲击。在大学里，人们越来越多地把特长作为评价个人能力的重要因素，知识面宽、社交能力强或有文化专长的学生备受关注。这会使那些只看重学习成绩而缺少特长的学生在心理上产生困惑和迷茫。在这种情况下，千万不要消极否定、自认“我不行”、遇到竞争就放弃、不敢在公共场合表现自己，否则就可能会变成真正的平庸者。正确的做法应该是：正确认识角色转变，从客观的角度重新认识自己，正确评价自己。

适应需要改变自我。人的社会角色变化了，相应的角色心理就应该跟着转变，让自己在心理上实现从中学到大学的转变，经常告诉自己“我是大学生了”会促进这种转变。同时，还要学会正确评价自我。一是消除优越感，正视“大学生的相对平庸化”现象，以平常心面对新的生活；二是消除自卑感，正确看待与同学的差距；三是优化学习动机，树立新的理想和奋斗目标，把大学生活作为人生新的起点，这样才能获得经久不衰的学习动力；四是调节失落心理，面对适应期的失落感，要持有乐观豁达的态度，积极进行调适和补偿。例如，学习成绩不尽如人意，应注意调整学习动机，改进学习方法；没有当选为学生干部，就要把时间用在多读书和多参加社会实践活动上，从而获得补偿；有想不通的不快之事，主动找老师、同学谈心，可以得到放松和调适，必要的话，还可以求助专业的心理辅导老师。

二、熟悉校园环境，适应大学生活

大学是一个小型的社会，新生入学后，要尽早学会独立，适应大学校园的生活。

1. 调整生活方式，尽快培养生活自理能力

对绝大多数新生来说，进入大学是真正意义上独立生活的第一步。因此，学会自我管理，培养生活自理能力是大学生活的重要一课。

（1）学会打理日常生活。入学旅程是大学生独立处理事务的开端，所以首先应快速熟悉校园环境和各种生活信息：教学楼、图书馆、食堂、商店等场所在哪里，学校几个大门在什么地方，宿舍里的各种生活服务设施有哪些。了解了上面的信息，就可以在短时间内更顺利、更快捷地办理各种手续、解决各种问题。

（2）学会理财。家长一般每个月或每几个月给一次生活费，大学生要自己独立计划如何消费，要有理财观念，要根据父母的经济能力和自己"勤工俭学"的能力来制订每个月的消费计划，并且要尽量按照计划执行，要学会把钱花在刀刃上。

2. 转变学习方式，化被动为主动

（1）培养学习的独立性。大学要求学生自主规划未来，以及根据规划来选择应该学什么、学到什么程度，并摸索出适合自己的学习方法。据心理学家测定，一个优秀学生所获得的知识，约60%是靠教师的讲授和辅导获得的，约40%是依靠学生自己独立获取的。因此，大学生要克服依赖性，逐步学会主动学习，自己确定学习目标，制订学习计划，检查学习成果，主动找老师征询意见，向老师请教问题，变"要我学"为"我要学"，变被动为主动。

（2）实现由应付升学考试到提高自身素质能力的转变。进入大学以后，由于专业设置的不同和个人发展目标的不同，原来学习名次上的竞争逐渐淡化，逐步形成了基于"大学习"观念的综合评价体系。在这个体系里，竞争是潜在的、全方位的。所以，在打牢理论基础、拓宽知识面的同时，学生要通过做实验、参加第二课堂活动、参加社会实践等多种渠道获取知识，开阔视野，注意培养动手和创新能力，努力提高自己的综合素质。同时，要注意计划性，每天的学习生活要有规律，克服随意性。

（3）培养学习的选择性。每个大学生都要努力学好公共课和专业课，保证专业知识的精深。此外，还要根据专业需要和个人兴趣选修其他课程。对专业课的学习，应目标明确、具体，主动克服各种困难，不断提高学习兴趣。对选修课的学习，应注意避免仅仅根据浅层的了解而盲目选修课程。无论选择什么课程，涉及什么知识，都要精心筛选。

3. 培养人际交往能力，积极融入新环境

每个人都有缺点，应该彼此包容，取长补短。下面的人际交往原则，会帮助新生构建良好的人际关系。

（1）主动原则。要培养良好的交往意识，要做到相互了解、相互适应，在渴望别人

接受自己的同时，要善于悦纳他人。

（2）真诚原则。同学间要相互尊重理解、相互关心，律己严、待人宽，光明磊落，要有合作意识和团队精神。同学间大事讲原则，小事讲风格，不要斤斤计较，要多进行自我反思。

（3）与人为善原则。既要培养竞争意识，又要注意人际关系的和谐，善于理解和宽容他人，掌握交往之道，注意提高个人修养，养成良好的行为习惯，培养全方位的交际能力和处事艺术。

三、适应大学环境的方法

大学第一年是学生心理调适的重要阶段，适应程度会直接影响以后在大学阶段的发展，因此，大学生要通过多种渠道、采用多种方法进行心理调适，优化和调节自己的适应状态，以促进自己尽快适应大学的学习和生活。

（1）顺其自然法。这种调适法的核心是要在整个适应过程中保持一种自然、宁静、平常的心态，主动面对各阶段出现的得失成败，特别是要坦然面对在适应过程中产生的困难、问题，并认为这些困难、问题是适应过程中的正常现象，不抵制、反抗、回避、压制，尤其要做到情绪不剧烈变化。新生使用顺其自然法，不仅有助于避免或减轻在适应过程中产生的焦虑、急躁和抑郁情绪，提高心理承受能力，而且有助于提高生活情趣。

（2）积极暗示法。积极暗示是指在特定条件下，通过语言、表情、信念等对自己的心理活动和行为施加积极影响，按所暗示的方法去活动。例如，经常照镜子反复对自己说："我是一个受欢迎的人，我具有良好的人际交往能力，我喜欢与人交往。"然后在大脑中把自己想象成一个成功的交际者，直到这种形象在头脑中能够栩栩如生地浮现出来，并根深蒂固。这样坚持下去就会发现，自己确实很受欢迎。

（3）再定目标法。新生进校后不久，对大学的美好期望、无限向往可能会与现实有明显差异。上大学前后，各种目标在实现过程中发生了不同程度的变化，主要表现为目标迷茫化、目标丧失化和目标冲突化。在新的环境里，为使自己的学习、生活有明确的动力和努力的方向，每个新生应结合自身特点，重新设定目标。

（4）参加实践法。人的心理是在社会文化交往、社会实践中形成和发展的，新生参加人际交往、社会实践、校园文化活动和体育运动等，有利于锻炼心理承受力、增强意志、丰富经验、发展才智，从而促进心理的健康发展。新生作为社会一员，无论是为了增强环境适应性、提高技能，还是实现目标、满足情感，都需要主动参加学校组织的各种实践活动，在实践活动中体验生活、感悟人生、了解社会、知晓他人、展现自我、赢得认可、体验成功、获得自信。

（5）宣泄情绪法。新生应形成张弛有度的生活方式，学会及时调节情绪和宣泄不良情绪。新生在适应过程中不可避免地会产生各种不良情绪，为防止长期被不良情绪困扰，应及时、适度、合理地宣泄不良情绪，从而获得心理平衡，恢复正常心境。

（6）交流沟通法。适应期间，新生在学习、生活、人际交往、环境适应等方面产生困惑苦闷时，应针对不同问题，及时主动与父母、专业课教师、辅导员或班主任、同专业高年级的学生、其他新生或同乡交流和沟通，向他们倾诉苦闷，寻求心理帮助，与他们共同探讨对策，倾听他们的建议和意见，寻求他们的支持。这不仅有助于新生消解消极情绪，丰富社会、人生经验，而且对顺利适应大学生活也有非常重要的促进作用。如果精神压力过大，各种负向情绪和消极心理在经过自我调适、交流沟通后仍无法消除，新生应及时向心理咨询机构专业人员寻求帮助。

心理测试

大学生心理适应能力测量

下面的这些问题能帮助你进行心理适应能力的自我判别。请认真阅读，从三个备选答案中选出与你实际情况相符的一个。有些题目可能与你不符或你从未思考过，如有这种情况请尽可能选出你个人倾向的一个答案。

1. 我最怕转学或转班级，每到一个新环境，我总要经过很长时间才能适应。（　）
A. 是　B. 无法肯定　C. 不是

2. 每到一个新地方，我很容易同别人接近。（　）
A. 是　B. 无法肯定　C. 不是

3. 在陌生人面前，我常无话可说，时常感到尴尬。（　）
A. 是　B. 无法肯定　C. 不是

4. 我最喜欢学习新知识或新学科，它给我一种新鲜感，能调动我的积极性。（　）
A. 是　B. 无法肯定　C. 不是

5. 每到一个新地方，我第一天总是睡不好，就是在家里，只要换一张床，有时也会失眠。（　）
A. 是　B. 无法肯定　C. 不是

6. 不管生活条件有多大变化，我都能很快习惯。（　）
A. 是　B. 无法肯定　C. 不是

7. 越是人多的地方，我越是感到紧张。（　）
A. 是　B. 无法肯定　C. 不是

8. 我的成绩多半不会比平时练习差。（　）
A. 是　B. 无法肯定　C. 不是

9. 全班都看着我，我的心都快跳出来了。（　）
A. 是　B. 无法肯定　C. 不是

10. 即使对他（她）有看法，我也能同他（她）交往。（　）
A. 是　B. 无法肯定　C. 不是

11. 我做事情总有些不自在。（　）
A. 是　B. 无法肯定　C. 不是

12. 我很少固执己见，常常乐于采纳别人的观点。（　）
A. 是　B. 无法肯定　C. 不是

13. 同别人争论时，我常常感到语塞，事后才想起来怎样反驳对方，可惜已经太迟了。（　　）

A. 是　　B. 无法肯定　　C. 不是

14. 我对生活条件要求不高，即使生活条件很艰苦，我也能过得很愉快。（　　）

A. 是　　B. 无法肯定　　C. 不是

15. 有时自己明明把课文背得滚瓜烂熟，可在课堂上背的时候，还是会出差错。（　　）

A. 是　　B. 无法肯定　　C. 不是

16. 在决定胜负成败的关键时刻，我虽然很紧张，但总能使自己很快镇定下来。（　　）

A. 是　　B. 无法肯定　　C. 不是

17. 我不喜欢的东西，不管怎么学都学不会。（　　）

A. 是　　B. 无法肯定　　C. 不是

18. 在嘈杂混乱的环境里，我仍能集中精力学习，并且效率较高。（　　）

A. 是　　B. 无法肯定　　C. 不是

19. 我不喜欢陌生人来家里，每逢这种情况，我就有意回避。（　　）

A. 是　　B. 无法肯定　　C. 不是

20. 我很喜欢参加社交活动，我认为这是交朋友的好机会。（　　）

A. 是　　B. 无法肯定　　C. 不是

[计分与评价方法]

凡是单数题号，选“A”得 0 分，选“B”得 1 分，选“C”得 2 分；凡是双数题号，选“A”得 2 分，选“B”得 1 分，选“C”得 0 分。各题得分相加，得出总分。

35～40 分：心理适应能力很强，能很快适应新的学习、生活环境，与人交往大方得体；给人的印象极好，无论进入什么样的环境，都能应对自如、左右逢源。

29～34 分：心理适应能力良好。

17～28 分：心理适应能力一般，在进入一个新的环境时，经过一段时间的努力，基本上能适应。

6～16 分：心理适应能力较差，依赖于较好的学习、生活环境，一旦遇到困难则易怨天尤人，甚至意志消沉。

5 分以下：心理适应能力很差，在各种新环境中，即使经过相当长一段时间的努力，也不一定能够适应；常常困惑，因与周围事物格格不入而十分苦恼；在与他人交往中，总是显得拘谨、羞怯，以致手足无措。

如果你的得分较高，说明你的心理适应能力较强。如果你的得分较低，也不必忧心忡忡，因为一个人的心理适应能力会随着年龄的增长、知识经验的丰富而不断增强，只要你充满信心，刻苦学习，虚心求教，加强锻炼，你的心理适应能力就一定会增强。

心理训练

成长三部曲

目的：引导学生体会成长的过程，激发学生对自己进行探索。

时间：15～20分钟。

人员与场地：20～50人均可，宽阔的室内或室外。

规则与程序：

（1）所有学生需要完成“蛋—小鸡—人”的三级进化过程。

（2）每级生物都有自己独特的代表性动作：“蛋”是蹲下抱头；“小鸡”是半蹲，左右舞动双手；“人”是直立行走。

（3）活动过程中，学生要以身体姿势代表生物所处的阶段，不能用语言交流。

（4）每一次进化用“石头、剪刀、布”猜拳的方式进行，首先两个同类的“生物”猜拳竞争，谁赢了谁就进化一级。输的一方退回到“蛋”，再找同级的“生物”进行猜拳，赢的一方进化一级，直至进化为“人”。任何阶段，输的一方都要退回到“蛋”，再找处在“蛋”这一阶段的“生物”进行猜拳，逐步进化。

（5）进化到“人”的学生继续猜拳，输的人站到赢的人背后，双手搭在赢的人肩膀上，最后形成一条人龙。在活动的结束阶段，总会留下个别学生没有完成进化，可以有惩罚措施，如进行自我介绍、才艺展示等。

讨论：

（1）在游戏过程中，学生的自我表现怎样？

（2）不同自我表现后面隐藏的自我状态如何？

我眼中的大学

1．自我剖析。

（1）大学是什么？

____

____

（2）我眼中的大学是什么样的？

____

____

（3）我上大学的原因是什么？

____

____

（4）我上大学的目标是什么？

____

____

（5）我对目前所在的学校和所学专业是否喜欢？

____

____

（6）我对这个专业是否有深入的了解？

____

____

（7）我的兴趣和能力与所学专业的要求是否匹配？

____

____

（8）我打算在大学里做些什么？

____

____

2．我的大学梦。

你希望自己如何度过大学生涯？给自己的大学生涯做一个“梦”，并和同学分享。

我希望：______________________________________

我希望：______________________________________

我希望：______________________________________

我希望：______________________________________

我希望：______________________________________

我希望：______________________________________

我希望：______________________________________

我希望：______________________________________

感悟成长

大学生活对你来说既新鲜又具有挑战性。通过学习，你将以怎样的态度或方式来面对大学环境中的机遇和挑战？试着写下来，并与同学分享。

____

____

____

知识链接

[书籍推荐]

覃彪喜．读大学，究竟读什么[M]．广州：南方日报出版社，2012．

推荐理由：作者以一名成功的创业者，以及一个大学毕业不久的过来人身份，结合自己的求学、求职和创业经历，全面、深入地讲述了大学生在学习、生活、考研、留学、求职和创业等方面需要注意的问题。

[影片推荐]

故事片《大学新生》，美国，片长 108 分钟。

内容简介：悉妮的妈妈在她很小的时候就去世了，为了寻找妈妈曾经的足迹，她进入了妈妈当年的大学——南太平洋大学。悉妮一入学就申请加入了姐妹会，但受到了排斥。无奈之下，悉妮只好退出姐妹会，加入了兄弟会。在这里，她遇到了 7 名同样遭到排斥的稀奇古怪的男生，他们很快就打成了一片。在兄弟会成员的帮助下，悉妮和 7 个伙伴正式向姐妹会下了战书，抵制所有不合理的制度。由此掀起了一场轰动校园的革命，对学生会的制度进行了改革，让它能够为大多数学生服务……

第三章　做最真实的自己
——完善自我意识

心语引导

知人者智，自知者明。胜人者有力，自胜者强。　　——老子

大学生的自我意识受到了越来越多人的重视和关注，正确认识自我是个体发展的重要前提。进入大学以后，每个大学生可能都会不由自主地提出许多关于自身的问题，如“我究竟是一个什么样的人？”“我为什么是这样一个人？”“为什么有的时候感觉自己很陌生，甚至自己都不了解自己？”“人为什么活着？”。这些涉及认识自我、评价自我及看待人生的问题，是每个大学生都非常关心的问题，而认识自我的过程是复杂的，如果大学生不去尝试揭开谜底，那将永远不能对自我、人生有清晰的认识，就会糊里糊涂地走下去。

成长案例

做真实的自己

小章是某高校学生，来自偏远山区，家庭生活困难。他凭着刻苦努力和聪明才智考上了大学。他满怀希望地开始新的学习和生活，可是入校一段时间后，他开始悲观失望起来。

原来他把自己与周围的同学加以比较，发现自己在很多方面与他们有差距。例如，某同学英语基础较好，而他在家乡没有条件接受英语的听说训练，口语和听力很差，学得十分吃力；某同学善于交际，与许多人都能交朋友，而他的交际方式单一，很少与别人交往，感到孤独；某同学多才多艺，打球、唱歌、跳舞等学起来都很快，而他从身体到大脑接受这些事物要慢得多。

小章逐渐认为自己永远无法与别人相比，没有能力在各方面令自己满意，无论怎样努力也难以获得成功。大学的学习和生活成为他沉重的负担和令人窒息的压力，小章逐渐失去了以往的自信。

第一节　了解自我意识

心理故事

了解自己

在古希腊的奥林匹斯山上，有一座特尔斐神殿，神殿门口有一块石碑，上面写着“人，认识你自己”。众神认为人类没有真正认识自己，就派了怪兽斯芬克斯来到人间，它整天守在众人必经的路上，重复让众人回答一个问题：“什么动物早上用四条腿走路，中午用两条腿走路，晚上用三条腿走路？”如果行人能够答对，它就放他过去，否则就把他吃掉。这样，一天一天过去，没有人答出来，很多人成了它的口中餐。终于有一天，一个叫俄狄浦斯的年轻人来到它的面前，说出了谜底：人。斯芬克斯听到这个回答后就跳崖自杀了。这就是著名的“斯芬克斯之谜”。

人在“早晨”——很小很小的时候，是用“四条腿”走路的，即在地上爬；到了中午——长大了，就能够站立起来，用“两条腿”走路了；到了“晚上”——老年，人会用一根拐棍来帮助自己走路，也就变成了“三条腿”。

我们常常认为，最了解自己的，当然是自己。但实际上，人最难认识的，恰恰是自己，这是为什么呢？由于人们习惯自以为是，常常把自己的主观愿望强加于客观事物上，于是就会出现好心办坏事的现象，而人们又经常会被社会中各种各样的外部评价影响而不能真正认知自己的内心，结果被所谓的潮流左右，在纷繁的大千世界中迷失了自己。怎样才能像庖丁解牛那样正确全面地看清世界上的事物呢？怎样才能做到有自知之明？又怎样才能不受外界评价的影响而正确地认知自己呢？

一、自我意识的内涵

自我意识也称自我，是个体意识发展的高级阶段。

早在古希腊时期，哲人苏格拉底就提出了“认识你自己”的主张，这标志着人类自我意识的觉醒，人类开始关注现实人生，开始将目光从神的光彩投向人类自身。人类对自我意识的真正研究始于文艺复兴时期，人文主义者针对中世纪神学对人性的扼杀、对个性自我的否定进行了尖锐的批判，并喊出了“我是凡人，我有凡人的要求”的人性解放之声。此后，法国哲学家笛卡儿最先使用了“自我意识”这一概念，提出了“用心灵的眼睛去注意自身”的精辟论断。笛卡儿之后，有关自我意识的研究得到空前的发展。

成长案例

学生甲：我常常不清楚自己是什么样的人，有人说我是“阳光女孩”，也有人说我是“冰冻美人”，我有的时候很自信，有的时候又很自卑。我常有一种找不到自己的感觉，我很想搞清楚自己到底是什么样的人。

学生乙：我一向都觉得自己是一个很自卑的人，好像做什么事情都不会成功。虽然我渴望发光，但是凡事都让我泄气，因为有好多不顺。

学生丙：19年来我一直在爸爸、妈妈、爷爷、奶奶的呵护下长大，没有经历过大风大浪，遇到一点点小挫折，就觉得自己是世界上最不幸的人。我在情绪好时开朗活泼，情感受挫时便消沉冷漠。我觉得有“两个我”。

“我是谁”是每一个对自我探寻有兴趣的人都逃避不了的话题，也是每个人在人生重要转折时刻不断追问自己的问题。

1. 自我意识的定义

自我意识是意识的核心部分，就是对自我的认知。它包含自我认知、自我评价和自我控制。进一步简化，自我意识是对自己及自己与周围环境关系的认识，包括对自己存在的认识，以及对个体身体、心理、社会特征等方面的认识。这种认识是个体通过观察、分析外部活动，以及通过情境、社会比较等途径获得的，是一个多维度、多层次的心理系统。

2. 自我意识的作用

（1）目标导向作用。一个人要想成就一番事业，就必须从自身的实际出发，确定目标，只有如此才会调动自身的潜能，激发强大的动力。人通过正确的自我认识，确立较为合理的理想自我的内容，就为个人将来的发展确定了目标，其对个人的认知、情感、意志和行动会产生巨大影响。自我意识健全的个体在参加一项活动之前，活动的目的和结果就以观念的形式存在于头脑之中了，并依此做出计划，指导自己的活动，从而达到预期的目标。

（2）自我控制作用。一个人要获得发展，取得成就，光有目标是不行的，还必须具备自我控制的意识，对自己的情感、行动加以调节和控制。自我意识健全的个体在对自我做出正确认识、合理规划的基础上，能够对自己的注意力、情感、行为等加以控制，以实现自己的目标。自我控制是自我意识发挥能动作用的一个重要方面，它是目标的守护者，是成功的卫士。在成功的道路上，很多人并不缺乏机会和才华，而是缺乏自我控制的意识和能力。

（3）内省作用。自我意识健全的个体，不仅能够确立理想自我的内容，为自己将来的发展做出规划，而且能够通过自我控制来实现预期目标。此外，由于主客观条件的制约，理想自我的实现常常会遇到各种障碍，致使个体产生不同程度的挫折感。这时，自我意识就会对自己的认识、情感、意志、行为等进行反省，找到受挫的主客观原因，并重新调整认识，形成新的理想自我的内容，使其与现实自我趋于统一。内省是个体成长中所进行的自我监督和自我教育，一个人要想使自己的天赋和才能得到充分的开发和利用而成为自我实现的人，就需要有积极的自我意识，随时对自我的认识、情感、意志和行为加以反省和审查。

（4）激励作用。正确的自我意识，可以帮助个体形成准确的自我认知和自我评价，并在此基础上，建立自立、自主、自信的良好心理品质，激励个体去大胆尝试，积极进取，最大限度地调动个体的潜能，激发思维活动功能，获得成就。在这一过程中，要不断克服个体负性的自我意识，强化正性的自我意识，形成个体自我意识的良性循环。因此，往往是自我意识越健康、越积极的人，越能获得成就，而不断取得的成就又反过来进一步促进健康的自我意识的形成。

二、自我意识的结构

乔韩窗口理论

自我意识是一个多维度、多层次的心理系统或心理结构，是知、情、意三个方面的统一。自我认知、自我体验和自我控制三种心理成分相互联系、相互制约、相互统一于个体的自我意识之中。自我认知是基础，决定着自我体验的主导心境以及自我控制的主要内容；自我体验又强化着自我认知，决定了自我控制的行动力度；自我控制则是完善自我的实际途径，对自我认知、自我体验有着调节作用。三者整合一致，便形成了完善的自我意识。

1. 自我认知

自我认知是主观自我对客观自我的评价，包括自我感觉、自我观察、自我印象、自我分析、自我评价等。其中，自我评价是主要方面，它集中反映了自我认知乃至整个自我意识的发展水平，并且是自我体验和自我控制的前提。自我认知解决了“我是一个什么样的人”的问题。

自我认知是一个复杂的、终身的过程，人的自我发展也是一个连续的、终身的过程，对自我的认识是人类永恒的话题。

2. 自我体验

自我体验是主观自我对客观自我产生的情绪体验，是在自我认知基础之上产生的。自我认知决定自我体验，而自我体验又强化着自我认知，主要集中在“能否悦纳自己”“对自我是否满意”等方面。自我体验的内容十分丰富，可以包括自尊感、义务感、责任感、优越感、荣誉感、羞耻感等。自我体验解决了“我是否喜欢自己”的问题。

案例分析

自尊不是金钱能买到的

某大学生家庭经济困难。她做家教挣来的钱不仅要养活自己，还要养活在读高中的弟弟，因此她很自卑，总觉得同学都瞧不起她，感觉很痛苦。其实，该生成绩不错，大一时曾获二等奖学金，同学对她评价还可以。可她却固执地认为同学都因她家庭经济困难而“鄙视”她。为了改变现状，她常常连续一个月不吃肉，节约伙食开支，去购买漂亮衣服，以获得同学的羡慕与“尊重”。这样的“牺牲”，并没有让她感觉到自己的处境有任何好转，反而发现同学投来异样的眼光，以致心情越来越糟。由于营养不良，她患上了严重贫血，常常头晕目眩，上课注意力难以集中，记忆力减退，学习成绩大滑坡，补考多门，成为班上的学习困难学生。自卑、懊恼时刻在吞噬着她不甘人后的自尊心，但此时的她已感到力不从心。

分析：自我认知的偏差会导致自尊与自卑的矛盾体验，为了掩饰自己的自卑，有的同学常常拒绝帮助、语言刻薄、防御多疑、封闭自我，就其内心体验而言，是痛苦不堪的。他们在自卑与自尊的矛盾中挣扎，最后以偏激的方式来解决问题，使自己越陷越深。就如上述案例中的女生，自以为穿上几件漂亮衣服，就能得到同学的尊重。事实上，并非如此。她的自我认知有了偏差，才导致后来出现一系列问题。由此可见，自我认知基础上的自我体验直接影响着人的心理健康。

3. 自我控制

自我控制是指对自己的行为和思想、言语进行控制，以达到自我期望的目标。自我控制包括自我激励、自我暗示、自强自律，核心内容是“我将如何规划自己的人生”。自我控制是自我意识的最高阶段，其主要解决“我应该做什么？”“我应该成为什么样的人？”“我可以选择如何做？”的问题。人们经常讲的自制力其实就是自我控制的能力。心理学研究表明：自我控制与大脑前额叶的发展紧密相关，当生理正常时，自我认知与自我体验决定了自我控制。大学生应通过主观能动性，选择认识角度，转变认知观念，调整自我认知评价体系，感受积极自我。

自我控制是自我意识的关键环节，知与行之间有很长的路，大学生常常心动而不行动。事实上心动是一件容易的事，而行动则需要更多的自我控制。我们不妨打一个比方：早晨起床，应当是一件最简单不过的事，但对懒惰者而言，也是需要意志的，特别是寒冷冬天的早晨，想想被窝里的温暖，再面对起床的痛苦，都要进行思想斗争，而当早起成为一种习惯时，自我控制便转变为“自动化”。成功的人都有较高的自我控制力。但并非所有的自我控制都是积极的，有的大学生对自己的要求非常高，自我控制能力强，而在实际中却因为主观或客观原因没有能够达到，这样容易对自我产生怀疑与否定。

三、自我意识的内容

自我意识不是与生俱来的，而是伴随人的成长过程逐步形成和发展起来的。人首先认识外部世界、认识他人，然后逐步认识自己。自我意识就是在与他人交往过程中，根据他人对自己的看法和评价逐渐形成的。这个过程大体经历下述 3 个阶段。

1. 生理自我

生理自我是个体对自身生理状态的认识和体验，如对自己身高、体重、容貌、身材、性别、健康状况等生理特质的意识等。个体对自己躯体的认识，包括占有感、支配感、爱护感。有时也将个体对某些与身体特质密切相关的衣着、打扮，以及外部物质世界中与个体紧密联系并属于“我的”人和物（如家属和所有物）的意识归属于生理自我范畴。生理自我在情感体验上表现为自豪或自卑等；在意向上表现为对身体健康、外貌美的追求，物质欲望的满足，对自己所有物的维护等。

生理自我几乎是与生俱来的。人从约 1 岁开始就能区别自己和他人，并认识到自己的力量和存在。约 2 岁开始形成自己与他人不同的意识，把自己当作主体的人来认识。随着自我意识的成长，人逐渐对生理自我有了一个明晰的看法与正确的认识，但由于青年时期的不确定性，有的大学生对生理自我产生较高的心理关注。例如，女生关注自己是不是漂亮、迷人、有吸引力；男生关注自己的体形与身高，甚至声音的吸引力等。这些都是因为大学生正处于青春期乃至青年初期，是对生理自我处于高度关注的时期。

2. 社会自我

社会自我是指个体对自己与周围关系的认识与体验，如自己在群体中的地位、名望，受人尊敬的程度，被人接纳的程度，拥有的家庭、亲友及其经济、政治地位等。社会自我在情感体验上表现为自豪或自卑；在意向上表现为追求名誉地位，与他人竞争，争取得到他人的好感等。

从 3 岁开始通过幼儿园的学前教育和中小学教育，我们开始受到社会文化的影响，逐渐形成社会意识，认识到自己是社会的一员，尽量使自己的行为符合社会的标准，而青年男女常用“我已经长大了”来表达自己的社会自我，期望社会给予积极的肯定与认可。

3. 心理自我

心理自我是指个体对自身心理状态的认识和体验，如对自己知识、能力、情绪、兴趣、爱好、性格、气质等的认识和体验。心理自我在情感体验上表现为自豪、自尊或自卑、自贱；在意向上表现为追求智慧、能力的发展，追求理想、信仰等。

心理自我是自我意识发展的最后阶段，主要表现为逐渐脱离对成人的依赖，并从成人的保护、管制下独立出来，表现出自我意识的主动性与独立性，强调自我的价值与理想。这时个体已经逐渐形成了透过自我意识去认识外部世界的能力，而且这样的自我意识将伴随个体的一生。

生理自我、社会自我与心理自我是密切联系、相互影响的，它们都包含着不同的自我认知、自我体验与自我控制（表 3-1）。但由于比例和搭配的不同，构成了个体之间自我意识的差异，也使得每个人都有自己的对人、对己、对社会的独特看法和体验。

表 3-1　自我意识内容与结构的关系

项目	自我认知	自我体验	自我控制
生理自我	对自己躯体、外貌、衣着、风度、家属、所有物等的认识	英俊、漂亮、有吸引力、迷人、自我悦纳	追求身体的外表，物质欲望的满足，维持家庭的利益等
社会自我	对自己的名望、地位、角色、性别、义务、责任、力量等的认识	自尊、自信、自爱、自豪、自卑、自怜、自恋	追求名誉地位，与他人竞争，争取得到他人的好感等
心理自我	对自己的智力、性格、气质、兴趣、能力、记忆、思维等特点的认识	有能力、聪明、优雅、敏感、迟钝、感情丰富、细腻	追求信仰，注意行为符合社会规范，要求智慧与能力的发展

拓展阅读

自我意识的文化差异

东方人的自我概念相对而言是一种互相依赖的自我观，就是在自我认知中有父母、有同事、有很多其他的人；在西方人的自我概念里，更多的是互相分离的、互不关心的一种社会自我认知。中国人讲自我的时候，讲到的更多的是集体的、社会的自我。让大学生回答“我是谁？”，他们的第一反应是“我是中国人”“我是妈妈的孩子”。在西方，这种研究的结果更多是与自己特性有关的自我概念（图 3-1）。

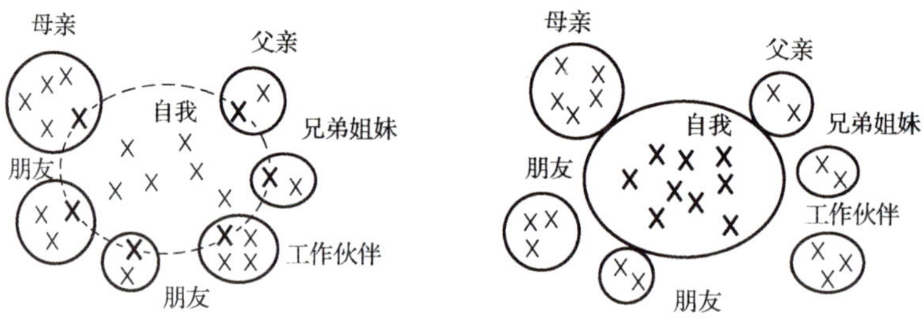

（a）东方相互依存的自我观　　（b）西方独立的自我观

图 3-1　东西方的自我观

第二节　大学生自我意识的发展

大学生正处于自我意识发展的关键时期，心理学家埃克森把这一时期称为“自我认同危机期。”这一时期要经历一个特别明显和典型的分化、矛盾、统一的过程。

自我认识偏差——自卑

一、大学生自我意识发展的规律

1. 自我意识的分化

青年期自我意识的发展是从明显的自我分化开始的。进入青年期，原来在儿童、少年时期那种笼统的、较稳定的“我”被打破了，出现了两个“我”，一个是作为观察者的“我”（I），另一个是作为被观察的“我”（Me）。“I”是希望自己未来成为什么样的人而达成的自我状态，是“理想自我”。“Me”是当前实际所达到的自我状态，是“现实自我”。自我意识的明显分化，使大学生主动地、迅速地对自己的内心世界和行为有了新的意识，开始意识到那些从来没有被注意到“我”的许多方面和细节。于是，自我分析、自我反省的时候明显增多，激动、焦虑、喜悦和不安的情绪体验也随之增加，并开始认真思考自己应该怎样做、不应该怎样做等人生观问题。因此，自我意识的分化，是自我意识开始走向成熟的标志。

2. 自我意识的矛盾

自我意识的分化带来了主体我与客体我的矛盾。因为现实自我与理想自我之间毕竟存在一定差距。当大学生发现“现实的我”在许多方面不符合“理想的我”的要求时，内心就会产生很大的痛苦和激烈的不安。例如，有的学生希望自己才智卓越，今后能有大作为，出人头地，但是自己目前连基本的学习都感到吃力，甚至有的学科还不及格。有的学生希望自己今后从事公关工作，在人际交往上从容不迫、彬彬有礼，可是实际上自己是一个害羞、胆小的人，就是在众人面前说句话都会难为情。现实与理想形成了巨大的反差，一时间找不到自己学习和生活的方向，可能会陷入深深的焦虑和烦恼之中。归纳起来，当今大学生自我意识发展过程的矛盾集中体现在以下几个方面：理想自我与现实自我的冲突，独立意向与依附心理的冲突，自尊与自卑的冲突，渴望交往与自我闭锁的冲突，性意识与性道德的冲突，追求上进与自我消沉的冲突，等等。自我意识的这些矛盾冲突给大学生带来了心理上的焦躁与不安，大学生为了摆脱焦躁与不安，总是想方设法解决矛盾，使“理想的我”与“现实的我”统一起来。因此，自我意识的矛盾成为促进大学生自我意识不断发展的动力。

3. 自我意识的统一

自我意识的分化、矛盾所带来的痛苦，促使大学生的自我意识不断调整，以求得自我意识的统一，即达到自我同一性。这种统一是在新的方向和更高水平的协调一致，是促使“现实的我”努力符合“理想的我”的要求。但由于自我意识是一个多维度、多层次的心理系统，自我意识的统一既要自我认识、自我体验与自我控制的统一，又要自我与外部世界的统一，即自我与客观环境、教育、社会发展的协调统一。再加上每个大学生的社会背景不同、生活经历不同、追求的目标不同以及个性特点不同，所以自我意识统一的途径、结果与类型也会有所不同。有的形成了积极型自我，有的形成了消极型自我，而有的却发展成冲突型自我。

总之，大学生自我意识的发展呈一种螺旋式上升的趋势，经历着“矛盾—统一—新的矛盾—更高层次的统一”的过程。当然，不同的大学生情况是有差异的。每个人自我意识分化的早晚、矛盾的强弱、统一的快慢等会随个人情况的不同而不同，并无严格的规定性。

拓展阅读

埃里克森的人生发展阶段理论

埃里克森的人生发展阶段理论如表 3-2 所示。

表 3-2　埃里克森的人生发展阶段理论

阶段	年龄	心理危机	发展顺利	发展障碍
婴儿前期	0～1.5 岁	对人信赖⟷对人不信赖	对人信赖，有安全感	与人交往，焦虑不安

续表

阶段	年龄	心理危机	发展顺利	发展障碍
婴儿后期	1.5～3 岁	自主⟷羞怯、疑虑	能自我控制，行动有信心	自我怀疑，行动畏首畏尾
学龄初期	3～6 岁	主动⟷畏惧	有目的方向，能独立进取	畏惧退缩，无自我价值感
童年期	6～12 岁	勤奋感⟷自卑感	具有求学、做事、待人的基本能力	缺乏生活基本能力，充满挫败感，产生自卑感
青少年期	12～18 岁	自我同一性⟷角色混乱	自我观念明确，追求方向肯定	生活缺乏目标，时感彷徨迷失
成年早期	18～40 岁	亲密感⟷孤独感	成功的感情生活，奠定事业基础	孤独寂寞，无法与人亲密相处
成年中期	40～65 岁	繁殖感⟷停滞感	热爱家庭，培养后代	自我放纵，不关心别人与社会，不顾未来，缺少生活意义
成年后期	65 岁以上	完美感⟷失落感	随心所欲，安享天年	悔恨旧事，悲观失望

二、大学生自我意识的特点

大学生在身心各方面都已相当成熟，与中学时代相比，他们已变得相对沉稳、平静、自信、乐观和宽容。随着知识的不断增多，大学生的自我认知能力进一步提高，他们的自我体验和自我控制的发展水平已渐趋稳定。调查表明，大学生自我意识发展的特点大体可归纳为以下 5 点。

1. 十分关注自我的发展

大学生的自我意识开始明显不同于青少年期，心理活动转入内心世界，深度和广度及发展的速度都远远超过中学阶段。大学生不仅关心自己的容貌和仪表，更注重自身的内在修养和气质及自己的社会地位，自我设想十分丰富、细腻。据调查，超过 80%的大学生表示“如果老师对我饱含期望，要求我努力做时，我会受到鼓励，争取不辜负老师的期望”，一半以上的大学生希望自己“能够更成熟”。

2. 自我评价能力有了很大提高

自我评价是自我意识的重要组成部分，随着各类知识的不断增多，生活经验的积累，多数大学生对自己的分析和评价逐渐趋于客观、全面，自我评价越来越多地具有广泛性、概括性的特点。在大学生所评定的自我形象中，不仅包括自己的仪表风度等外部表现，更多的则是重视自己的个性、品德、思想、行动等。大多数大学生对自我的认知和评价渐趋于理性与客观，既承认自己的主观能动性，又清楚地认识到自己的不足，自我评价逐步与外界评价趋向一致，并能自觉按照社会发展的要求来评价和改变自我。

自我评价能力的发展，强化了大学生的自信心，从而进一步开展自我分析、自我评价，以求达到自我完善。同时大学生自我评价的自觉性、主动性和稳定性也存在着很大的个体差异，大部分学生能比较自觉地从主观和客观两个方面全面评价，有的则不然，当主观因素更多的时候，往往就会出现“自我设计”“自我奋斗”等偏离社会需要的倾向，这点需要引起注意。

3. 自尊心和自我控制能力有了显著的增强

自尊心是一种内驱力，正确的引导能促进大学生维护自尊，创造成绩，保持荣誉和社会地位。反之，如果缺乏正确的引导，甚至伤害了他们的自尊心，如对他们的言行横加干涉，或者对他们冷言慢待，就非常容易引起他们的反感，易使矛盾加剧。大学生自己如果把控不当，也容易向自卑感和嫉妒心转化，这一点应当加以注意。

4. 自我意识的独立性有了很大的发展

大学生强烈希望可以主宰自己的命运，可以初步独立地评价自我，独立地调节和控制自己的行为。大部分大学生能够进行自我反省，能以他人的言行、表现和评价作为借鉴，对自己的行为加以调节，并希望能够显示自己是工作、学习、生活中的强者。

独立性对大学生的学业和成才是有益的，是积极向上的心理基础。但由于大学生涉世不深，经验不足，往往过分相信自己的能力，不能虚心倾听不同意见，容易遭受挫折。

5. 自我意识具有矛盾性

由于“理想的我”与“现实的我”有时出现碰撞，“主体的我”（自己认识的自我，是认识的主体）与“社会的我”（我们如何被他人看待和承认，包括我们所拥有的社会地位和扮演的社会角色）也会产生冲突等诸多原因，大学生的自我意识发展也存在着种种矛盾，这构成了这一特殊群体自我意识的鲜明特色。

事实表明，在大学阶段，大学生开始从社会性方面认识评价自己，控制调节自己，他们常常需要思考自己怎样做人、做什么事业、在同学中的地位如何，以及如何努力才能符合未来事业的需要，等等。不少大学生已清楚地意识到自己的理想是什么。这些都是自我意识趋向成熟的重要体现。

三、大学生自我意识存在的偏差

良好的自我意识是大学生走向成熟的标志。大学时代是自我意识发展最快的时期，但也是自我意识问题出现最多的时期。

1. 过度自我否定

过度自我否定就是对自己的能力、个性、外表等深感不满，无视自己的任何优点，不能容忍自己的缺点和不足，低估、轻视自己，以致否定自己。有这种心理的人，对别人的评价特别敏感，胆小怕事，把自己封闭起来。由于过度否定自己，也往往会引起别人的轻视和忽略。这种人自认为条件比不上别人，对自我的能力与作用评价偏低，感到事事不如人，压抑自己的积极性，对个人未来发展缺乏信心。面对新环境、挫折和重大生活事件时，常常产生过激行为，酿成悲剧。

2. 过度自我肯定

过度自我肯定就是自我评价偏高，对自己的肯定评价远远超出自己的实际能力和表现，很少认识到自己的缺点和短处。评价他人则往往求全责备，横加挑剔，很少发现和肯定别人的优点。在人际交往中奉行“我好你不好”的模式，总是居高临下，颐指气使，以为谁都比不上自己，缺乏自我反思、自我批评，妄自尊大。由于对自己的优缺点缺少清醒的认识，一旦遇到挫折，总是把责任推到老师、同学、父母身上，认为别人或社会对自己不公平，从而疏远集体和他人，甚至自暴自弃，出现反社会行为。

3. 自我中心

自我中心就是指只从自我的角度、以自己的标准去认识、评价事物以及自己与他人的行为。特别是在个体与他人或社会的关系上，只从自我立场出发，而不能从他人或社会的位置去思考问题或处理问题。要求人人以他为中心，为他服务，却将别人的需求置之度外，不关心他人的感受和需要，不能为他人做出奉献和牺牲。与人相处总是盛气凌人，总是坚持认为自己是对的，别人都是错的，常常喜欢把自己的意志强加于人。只要集体照顾，不讲集体纪律，否则就感觉受到了委屈。这种自我中心意识强的学生心中只有自我，没有他人，很难赢得他人的好感、尊重和信任，人际关系不和谐，缺少知心朋友，易受挫折。

4. 过分从众

从众是指在群体舆论的压力下放弃个人意见而采取与大多数人相一致的行为，即通常所说的“随大流”。从众是一种普遍存在的社会心理现象，人皆有之。但是如果过分从众，没有独立思考，缺乏主见，则有碍于心理的健康发展。例如，有些大学生过分在乎自己在他人心目中的形象，十分敏感别人对自己的看法和评价，总是被别人的言行所左右，“别人敢不去上课，我也不去”“别人找朋友谈恋爱，我也找”“别人打工挣钱，我也打工”“别人周末游玩，我也游玩”，而不顾自己的实际情况。这样的从众看似融入群体，但因为不自愿而未必愉快。久而久之，极易形成畏缩、胆小的性格，产生忧虑、抑郁等不良情绪，最后可能丧失自我。

5. 过度追求完美

追求完美是人类健康向上的本性之一。但是苛求自我，过分追求完美，就会引发心理问题。有的大学生过度追求完美，不考虑自己的实际情况，期望自己完美无缺，只接受自己幻想中“完美”的自我，不肯接纳现实中有缺点的平凡的自我；不能容忍自己“不完美”的表现，对自己“不完美”的地方过分看重，甚至把人人都会出现的、人人都会遇到的问题都看成是自己“不完美”的表现；做事情时，常常在不必要的小事和细节上投入过多的时间和精力，给自己造成紧张、焦虑等负性情绪体验。总之，总是对自己不满意，因而严重影响了自己的自信心，使得对自我的认识和调节更加困难。

第三节　大学生自我意识的完善

大学生自我意识的发展与完善，始终昭示着一条通往未来的光明大道。正如古希腊哲学家苏格拉底所说的“认识你自己”，自我意识的完善是一个不断进行自我认知、自我评价、自我改造、自我完善的过程，如同雕琢一件工艺品，真正的匠人为了心中的追求，终身不悔。

如何认识自我

一、健全自我意识的标准

自我意识对人的心理健康起着重要作用，它制约着人格的形成与发展，在人格的优化中发挥着强大的动力功能。健全的自我意识是心理健康的重要标准，是人类自身内在的一种成功机制，在人生发展中发挥着重要作用。健全的自我意识有以下标准。

（1）有自知之明，既知道自己的优势，也知道自己的劣势，能正确评价自我和自我发展。

（2）自我认识、自我体验和自我控制相协调一致。

（3）能积极肯定自我，独立并与外界保持一致。

（4）理想自我与现实自我统一，有积极的目标意识和内省意识，积极进取、永无止境。

二、大学生自我意识完善的途径

1. 正确的自我认知

“人贵有自知之明”，全面而正确的自我认知是培养健全的自我意识的基础。自我认知是从多方位建立的，既有自己的认识与评价，也有他人的评价。如何正确认知自我呢？我们不妨认真仔细地想一想，用尽量多的形容词描述自己，要忠于自己的内心。在此基础上，反观自我的描述，描述父母眼中的我、同学眼中的我、老师眼中的我、恋人眼中的我、兄弟姐妹眼中的我，再寻找这些描述中共同的品质，将其归类。描述的维度越多，越会找到比较正确的自我。

案例分析

一个大学生的自述

我是一个内向、坚强、上进、自信、有理想、懂事、好学、乐于助人、疾恶如仇、争强好胜、渴望成功与优秀、有一点自私、妒忌心强、自制力弱、说些小谎的大学生。

在父母眼中：我是一个懂事、有些害羞、不用父母操心、上进、不乱花钱、有些懒惰的男孩。

在兄弟姐妹（只有一个妹妹）眼中：我是妹妹心中可以依靠与信赖的大哥，是一个诚实守信、爱护妹妹的好哥哥。

在同学眼中：我是一个大方、乐于助人、受人尊敬、人缘好、有些懒散、追求自由的人。

在老师眼中：我是一个默默无闻、自律、品学兼优的学生。

在恋人眼中：我是一个懂得爱、有责任感、守时守信、有幽默感、坚强的好男人。

分析：这是一个学生的自我描述，也是自我认知的一部分。将自己眼中的我和他人眼中的我清晰地整理出来后，可以与同学、家人、朋友、恋人沟通，听取他们对自己的评价的认同度，这是一个自我过滤的过程。先将自己的优点列出，并得到大家的认同，再写出自己的弱点，请大家帮助分析，这个澄清的过程也是自我认识不断深化的过程。

在大学生群体中，自我意识在自我认知方面偏差过大（如自负和自卑）的人虽不普遍，但自我认知上的主观性和片面性都有不同程度的表现。因此，掌握下列心理技能对大学生客观、全面地认识自我是有益的。

（1）通过与他人的比较来认识自己。他人是反映自我的镜子，与他人交往，是个人获得自我观念的主要来源。大学生自我意识发生偏差的重要原因之一，就是不能与他人做客观的比较。纠正这种偏差的关键是把自己与自己类似的人做客观的比较。这种比较并非一个随意地与他人的无序比较，应注意下列几点。一是比较对象的选择。与之比较的对象应与“我”具有同质性和相似性。一个平庸的人如果选择的比较对象是一个出类拔萃的人，其结果可能是感到自己一无是处、自惭形秽；相反，如果选择的是一个层次极低的人，其结果可能是夜郎自大、沾沾自喜。二是可比性。用他人的优点和自己的缺点相比，或用他人的缺点和自己的优点相比，或以年龄、性别、家庭出身等不可变因素相比，所获得的自我认知是毫无意义和不可信的。三是注意对结果的比较。在与他人比较时重视过程很可能引起自我认知的偏差；相反，重视比较结果所形成的自我认知才是有实际意义的。

传统的教育观要求学生向高标准看齐，这本无可厚非，但应警惕由此可能严重挫伤学生的自尊心，进而带来的一系列心理问题。大学生每时每刻都处在人际交往中，尤其是与老师、同学、朋友交往甚密，对此大学生要自觉寻找比较对象，从比较中取长补短，发展自己，从而纠正自我认识的偏差。

（2）通过别人的评价和态度来认识自己。“不识庐山真面目，只缘身在此山中”，也可理解为一个自我认识的距离感问题。有人认为，对自我的认识犹如看画：从一定的距离和角度看去，齐白石的《虾趣》图真是形似更神似，栩栩如生；但是，若过于贴近去看，或只盯住一处，满眼不过几个墨团，便无意趣了。看画如此，看人亦然。对自我的认识，也有这种太远了不行、太近了也不行的境况。大学生自我认知上的偏差，就是因为缺乏“距离感”，从而形成“主观者迷”的局面。因此，大学生要注重父母、长辈、老师和同学的评价，接受别人评价中的合理部分，注意保持“距离感”，更不要因为忠言逆耳便充耳不闻、我行我素，以避免自我评价的偏差。

另外，人们对自己的认识和评价往往会受到他人对自己态度的影响。美国心理学家艾利斯的一项实验证明了这点，实验对象为大学生，让他们参加 10 分钟的会谈，在会谈的前 2 分钟，主试对大学生的态度反应为中性。正式交谈后，通过微笑次数和声调等非语言行为对一部分大学生表现出热情的态度，对另一部分大学生表现出冷淡的态度。然后，让大学生评价自己的表现。结果表明，那些受到热情接待的大学生比受到冷遇的大学生对自己的评价要高。

拓展阅读

重要他人

我们对自己的认知不是天生的，而是成长过程中与别人互动得来的，从别人的认知、评价、反映、反馈等来认识和评价自己。

重要他人是指个体社会化以及心理人格形成的过程中具有重要影响的具体人物，如父母、老师、配偶、上司、朋友等。

3 岁前，我们生活在家庭里，父母长辈成为我们的重要他人，我们在潜移默化中学习他们的处事方式。从上幼儿园开始，一直到大学毕业的求学阶段，老师、朋辈群体成为我们的重要他人，对我们产生重要的影响。例如，一位妈妈总说自己的孩子胆小，让别人别吓唬孩子。这个孩子也一直躲在妈妈的后面告诉自己："我胆小！"妈妈这位重要他人的评价让孩子觉得自己确实是胆小的。因此，我们可以看到，来自重要他人的肯定评价，可以促进我们建立健康正确的自我形象；而来自重要他人的负面消极的评价，则会破坏自我形象。

（3）通过自我比较来认识自己。既然可以通过与他人的横向比较来认识自己，那么也可以通过与自己的纵向比较来认识自己。心理学研究表明，人们常常通过与过去的自己相比较来认识、评价自己。例如，一个青年把现在的自己和童年时的自己相比，认为自己在身体状况和能力水平等方面取得很大发展；一个老年人把现在的自己和青少年时的自己相比较，则可能得出相反的结论。

大学生一般喜欢和中学时代的自己比较。有不少大学生做了这种比较后认为，自己虽然在知识上更丰富、眼界更开阔了，但是在理想信念上反而更模糊、心态更焦虑不安了。这主要是因为这些大学生在中学时对大学生活有着过高的期待，进入大学后不能较快地调整好心理落差，以及对多元化的社会和社会竞争缺乏正确的了解，不知如何应对。大学生在与过去的自己比较时，应充分肯定自己的成绩和进步，树立信心，同时发现自己存在的不足，分析原因，找到适当的解决方法。

（4）通过内省来认识自己。我可以通过直接观察自己的心理过程、行为举止和活动结果来认识、评价自己。有些大学生不知道如何进行自我反省，以为自我反省就是把自己封闭起来玄想。事实上，自我反省必须建立在自己积极地投身各种实践活动的基础上才是可靠的。因为个体只有通过积极地参加各种实践活动，在活动中让自己的品德和才能充分地展示出来，才能给观察、思考自己提供机会和依据。特别地，个体根据实践活动的结果来对自己作出判断往往更加客观。

自我反省是自我认识的重要途径之一。有一项调查表明，大学生的自我评价仍带有较大的主观性，大约 60%的大学生的自我评价与他人评价接近，其中少数大学生是基本吻合的，还有 1/3 的大学生主观评价和客观评价差距较为悬殊。经观察发现，一些大学生虽然也会对自我进行反省，但是他们并不习惯处处反思自己，更不要说经常解剖自己。因此，大学生应该经常对自己的行为进行反思，如在学期开始或中期、结束的时候，对自己的行为进行反省，发现自己的缺点和不足，同时看到自己的优点和成长。

拓展阅读

个人内在的冰山

弗洛伊德曾用冰山浮出水面的尖峰来比喻意识，而潜意识则是潜藏于水面之下的山体，不易被人们看到。他认为人的意识是被潜意识左右的，潜意识对人的发展具有重要作用。心理学家萨提亚提出了一个非常形象的比喻：人的生命就像是一座漂浮在水面上的巨大冰山，能够被外界看到的行为表现或应对方式，只是露在水面上的很小一部分，而暗藏在水面之下更大的山体，则是长期被我们忽略的“内在”。揭开冰山的秘密，我们会看到生命中的渴望、期待，看到真正的自我。这些不为我们日常所感知的“内在”，不仅赋予我们生命以意义，也让我们被失望、悲伤、愤怒等情绪困扰。当我们满足于对自己的行为负责，满足于成为好公民甚至成功者的外在形象时，我们是否对自己的内在有所察觉并对自己的感受负责？我们是否有能力接触内心深层的渴望？我们是否对自己或对他人存有过高的期待和要求？当我们抱怨或发泄时，我们是否能够意识到那是源于内在的不满足？当我们获得和谐一致的生命品质时，我们是否心态开放、平和地面对？

萨提亚把人看作一座冰山，让我们有机会看到外在行为下面深藏的内在，看到一个人各个层面的改变和成长（图 3-2）。

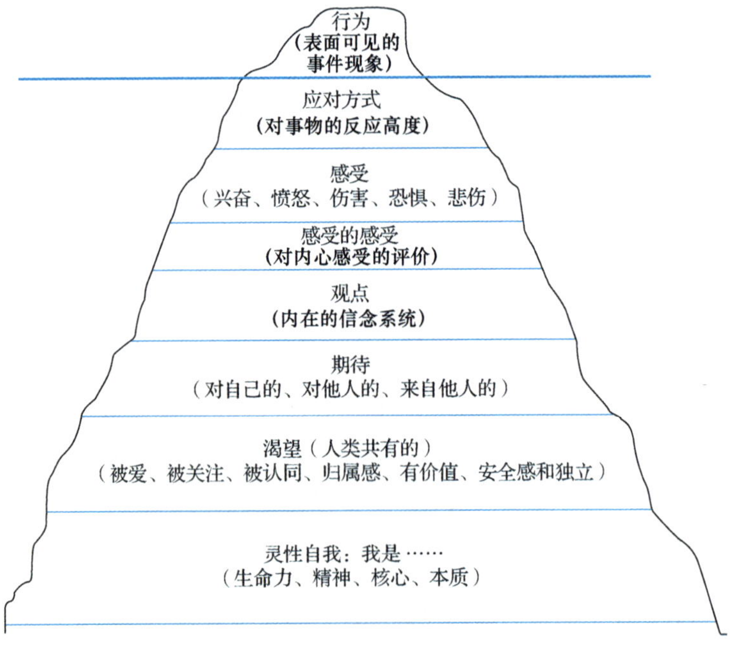

图 3-2　冰山理论

行为：行为位于冰山的顶端，常常是别人唯一能看见的部分。

应对方式：我们对外在处境选择如何回应或反应，就是应对方式。

感受：感受指普遍的人类情感经验，如生气、害怕、轻视、疼惜、嫉妒等。个人身上引发的这些感受的因素，则因不同的人、家庭或文化而异。

感受的感受：当我们体验到某种特别的感受，如生气或嫉妒时，通常会根据自己学到的规律是否接纳这种感受而产生的反应。这会影响当前正在发生的感受是否被自己接纳。

观点：基于现在和过去经验的结合，不只是根据此刻所见所闻的事实，也受到我们的信念与价值观、期待与渴望的影响。

期待：我们对他人的期待是根据渴望而来的。期待因人而异，每个小孩都渴望被爱，但小孩如何知道自己被爱，却是各不相同的。例如，有的小孩通过拥抱知道自己被爱，有的小孩则通过玩耍或谈话知道自己被爱。

渴望：不论是什么民族、文化、宗教、性别或肤色，所有人都渴望被爱、被重视、被接纳。

灵性自我：冰山的核心基础就是灵性自我，它是人的“我是……”，决定我们与自己和世界的关系，但常常需要用很长时间才能了解它的本质。我们的目标是与它联结，发现我们本然的面貌，以及我们最深切想要的是什么。我们需要重视自己，才能够重视别人。学习接纳和重视自己时，自然会产生自我价值感。

2. 积极的自我悦纳

认识自我难，接受和悦纳自我更难。悦纳含有喜欢、关怀的意思。悦纳自我就是要无条件地接受自己的一切，好的和坏的，成功的和失败的，有价值的和无价值的，凡自身现实的一切都应该被积极肯定，要平静而理智地对待自己的长短优劣、得失成败，要乐观开朗，以发展的眼光来看待自己。在自我悦纳的基础上，培养自信、自立、自强、自主的心理品质，从而发展自我、更新自我。可以说，悦纳自我是发展健全的自我意识的核心和关键。

大学生怎样才能形成悦纳自我的积极态度呢？

（1）要学会全面、正确地评价自己。这是悦纳自我的前提。常言道：“金无足赤，人无完人。”每一个人都有自己的缺点，也有自己的优点，我们应该坦然接受自己的优点，但也应不掩饰自己的缺点。对自己的优点和长处要充分发挥，对缺点和短处也要正确对待，做到既不护短也不由此而灰心。只有自知，才能自尊、自信，以至自爱。

下面这则寓言很好地告诉了我们正确认识及发挥自己长处的重要性。

心理故事

悦纳自我

有一天，一群动物聚在一起，彼此羡慕对方的优点，于是决定成立一所学校，希望通过训练，使自己成为一个全才。它们设计了一套课程，包括奔跑、游泳、飞翔和攀登。最后发现：小白兔在奔跑方面名列前茅，但是一到游泳课就发抖；小鸭子在游泳方面成绩优异，飞翔也还差强人意，但是奔跑与攀登的成绩却惨不忍睹；小麻雀在飞翔方面，轻松愉快，但是不能正常奔跑，碰到水就崩溃；至于小松鼠，虽然爬树的本领高人一筹，奔跑的成绩也还不错，却在飞翔课中学会了逃课。大家越学越迷惑，越学越痛苦，终于决定：停止盲目学习别人，好好发挥自己的长处。它们不再抱怨自己、羡慕别人，从此又恢复了往日的活泼和快乐。

（2）要学会正确对待挫折和失败。每个人在适应环境的过程中，都可能会遇到阻碍或挫折甚至失败。挫折和失败容易引起情绪上的消极反应，往往使人无法做出慎重的思考和明察。有些人拒绝接受失败的事实，另一些人则认为那是全面的失败，对自己失去了信心。只有在平静的心情下，才能发现问题之所在，认真总结经验教训，做到成功时不忘乎所以，失败时也不消极悲观，树立不达目的决不罢休的信心。

（3）要建立符合自身情况的抱负水平。所谓抱负水平，就是每个人对其自身成就预期的水准，它具有动机的作用。假如一个人的抱负水平很低，他固然容易达到目标，但是那种成就并不能给他带来真正的满足，对于增强他的自信心、提高他的成就感几乎没有什么作用；反之，如果抱负水平过高，超越了自己的能力，他虽然会全力以赴，但是仍然力不从心，达不到自己希望的目标，就会使自己产生挫败感，伤害自己的自信心和自尊心。因此，大学生要根据自身主客观条件和外部环境，建立恰如其分的抱负水平，并根据实际情况的变化，不断地适时调整，以谋求努力奋斗的可行性，这样才能产生价值感、自豪感、愉快感和满足感。

自我悦纳是自我意识健康发展的关键所在。悦纳自我，首先要接纳自己，喜欢自己，欣赏自己，体会自我的独特性，在此基础上体验价值感、幸福感、愉悦感与满足感；其次要理智与客观地对待自己的长处与不足，冷静地看待得与失，在生活中注重自我。自我意识是将注意力集中在自我的一种状态。积极的策略是：关注自己的成功，并积累优势。每个人身上都有着无数的闪光点，重点在于寻找自己的闪光点并将其构成亮丽的人生风景线。

“金无足赤，人无完人”，十全十美的人在现实生活中是不存在的，每个人既有优点也有缺点，既有长处也有短处，要认识自己的生理、心理特点，认识自己的优势和劣势，养成接纳自我的好习惯。

完美主义的表现及其克服

① 不要给自己贴上消极的标签，如“我笨”“我无能”。

② 不要将自己的短处与他人的长处比较。要记住自己是独特的，并学会欣赏这种独特之处，欣赏这种差别。

③ 人人都有他人所不知的问题和弱点，即使是最自信的人，也有感到不安的一面。

④ 多与处世积极、喜欢与自己同行并享受人生的朋友交往。

⑤ 笑口常开，培养幽默的性格。

3. 有效的自我控制

自我控制是主动定向地改造自我的过程，也是个体对待自己的态度的具体化过程。有效的自我控制是健全自我意识、完善自我的根本途径。要使自我控制积极有效，应注意从以下 3 个方面着手。

（1）合理定位理想自我。理想自我是个人将来要实现的目标，在确立其内容时，要立足社会需要，符合社会对大学生的要求和规范。同时，要从个人的实际出发，既不好高骛远，也不过于简单，把远大的目标分解成一个个远近高低不同的具体目标，从而由近到远、由低到高地逐步加以实现。这里的关键是目标的确定是适宜的，即不是轻而易举可以达到，而是经过努力才能够达到的。

（2）培养健全的意志品质。对自我的监督与修正，也与人改造客观世界一样，需要意志的力量作为保证条件。只有意志健全的个体，才能做到对自我的有效控制。大学生要特别注意增强自我控制的自觉性、主动性，将社会的需要转化为实现理想自我的内在动力；增强自信心，为实现目标不断努力；增加自制力，防止消极情绪对自我控制过程的干扰。

（3）培养健康的情感。自尊、自爱、自信等健康的情感，是自我控制的激励因素和动力。如果一个人能感受到自己是对社会有用的人、有希望的人、能成功的人，那么周围的老师、同学也会喜欢他、需要他、肯定他，他也需要为大家付出，需要成功，这就会使他为改变现实自我使之达到理想自我而更加努力。

4. 积极的自我提升

提高自我效能感是个体在一定情境下对自我完成某项工作的期望与预期。当一个人期望自己成功时，他必然会尽自己最大的努力，而且当面临挑战性任务时，会表现出更强的坚持力，从而增加成功的概率。自我效能感高的人一般学业期望较高，也就是说，自我效能感与成就动机呈正相关关系。

自我提升的另一条途径是克服自我障碍。自我障碍是指预计到自己的失败，而提前为自己准备好若干理由。例如，由于考试前身体不好，在大考中没有取得好成绩，这便是典型的自我障碍，为自己的考试不成功找到了合适的借口。一个渴望自我发展的人必须主动克服自我障碍，进行积极的自我提升与自我尝试，在积极的自我尝试中发现自己新的支点。

5. 关注自我成长

自我的发展需要不断的自我反思、自我监控。将成长作为一条线索贯穿于人生始终时，整理自己的成长轨迹显得尤为重要。大学生可以依照过去、现在、未来进行梳理，深刻了解与把握自己。

案例分析

一个即将告别学校生活的大学生的内心独白

我是一个来自教师家庭的孩子，父母视我为“掌中宝”，我在父母关爱的目光中成长。我的心是自由而轻松的，重点小学、重点初中、重点高中就读的经历使我坚信我属于全国一流大学。然而，由于高考失利，我进入了某重点大学读书，但这并不是我梦想的学校。在接到录取通知书的那一刻，我哭得天昏地暗。第一次遭此重创，我几乎站不起来，我怕听到高中同学到名牌大学读书的消息，我担心自己的失利成为同学的笑料。当 9 月明媚的阳光照在开心的大学新生脸上时，我却丝毫也高兴不起来，虽然想着既来之则安之，可心中的结却没有解开。由于盲目的自信，确信高考成绩超出其他同学 80 分，完全有能力胜任大学的学习，学习没有了动力，生活没有了目标，如同大海上漂浮的小舟，完全失去了方向，在茫然徘徊中迎来了期末考试，最终我没有及格。我并没有认真反思自己，而是将这一切归咎于我没有考取理想的大学，归咎于命运的不公平。第二学期，百无聊赖的我又在网上找到了久违的自信与上进心，我那颗曾经不服输的心复苏了，但这次不是为学习而是为网络。我彻夜上网打游戏，在游戏中实现虚拟世界的成功。可想而知，第二学期 5 门功课同时亮起了红灯，学位没有了，更不用说梦想中的名牌大学，连入学资格都丢失了，学校发出了退学的通知。我真的非常懊悔，深深自责。作为我们家的第一个大学生，我辜负了父母殷切的期望，作为重点高中的学生，我对不起培养我的老师，更重要的是我有负于自己的年华。此刻，我才发现大学的灯光是那么明亮，校园是那么美丽，而大学生活是如此让人难以割舍……

分析：这是一个即将告别学校生活的大学生的内心独白，个体的人生不可复制，而自我发展的不可逆转要求每一个大学生都要认真审视自我，并为自我发展留下空间，因为青春只有一次，而大学生活对年轻学子来说也只有一次，珍视自我，挖掘心灵的宝库尤为重要。

心理测试

自我和谐量表

表 3-3 中的题目是一些个人对自己看法的陈述，答题时，请仔细分析每句话的意思，然后选一个数字（“1” 代表该句话完全不符合你的情况；“2” 代表比较不符合你的情况；“3” 代表不确定；“4” 代表比较符合你的情况；“5” 代表完全符合你的情况）以代表这句话与你现在对自己的看法的符合程度。每个人对自己的看法都有其独特性，因此答案没有对错之分，你只要如实回答就行了。

表 3-3 测试题

题目	备选数字				
1. 我周围的人常常觉得我对自己的看法有些矛盾	1	2	3	4	5
2. 有时我会对自己在某些方面的表现不满意	1	2	3	4	5
3. 每当遇到困难，我总是首先分析造成困难的原因	1	2	3	4	5
4. 我很难恰当表达我对别人的情感反应	1	2	3	4	5
5. 我对很多事情都有自己的观点，但我并不要求别人也与我一样	1	2	3	4	5
6. 我一旦形成对事物的看法，就不会再改变	1	2	3	4	5
7. 我经常对自己的行为不满意	1	2	3	4	5
8. 尽管有时候需要做一些不情愿的事，但我基本上是按自己的意愿办事的	1	2	3	4	5
9. 一件事好是好，不好是不好，没有什么可含糊的	1	2	3	4	5

续表

题目	备选数字				
10. 如果我在某件事上不顺利，我往往会怀疑自己的能力	1	2	3	4	5
11. 我至少有 2 个知心朋友	1	2	3	4	5
12. 我觉得我所做的很多事情是不该做的	1	2	3	4	5
13. 不论别人怎么说，我的观点决不改变	1	2	3	4	5
14. 别人常常会误解我对他们的好意	1	2	3	4	5
15. 很多情况下，我不得不对自己的能力表示怀疑	1	2	3	4	5
16. 我朋友中有些是与我截然不同的人，但这并不影响我们的关系	1	2	3	4	5
17. 与朋友交往过多容易暴露自己的隐私	1	2	3	4	5
18. 我很了解自己对周围人的情感	1	2	3	4	5
19. 我觉得自己目前的处境与我的要求相距太远	1	2	3	4	5
20. 我很少去想自己所做的事情是否应该	1	2	3	4	5
21. 我所遇到的很多问题都无法自己解决	1	2	3	4	5
22. 我很清楚自己是什么样的人	1	2	3	4	5
23. 我能很自如地表达自己所要表达的意思	1	2	3	4	5
24. 如果有足够的说服力，我也可以改变自己的观点	1	2	3	4	5
25. 我很少考虑自己是一个什么样的人	1	2	3	4	5
26. 把心里话告诉别人不仅得不到帮助，还可能招致麻烦	1	2	3	4	5
27. 在遇到问题时，我总觉得别人都离我很远	1	2	3	4	5
28. 我觉得很难发挥出自己应有的水平	1	2	3	4	5
29. 我很担心自己的所作所为会引起别人的误解	1	2	3	4	5
30. 如果我发现自己某些方面表现不佳，总希望尽快弥补	1	2	3	4	5
31. 每个人都在忙自己的事，很难与他们沟通	1	2	3	4	5
32. 我认为能力再强的人也可能遇上难题	1	2	3	4	5
33. 我经常感到自己是孤独无援的	1	2	3	4	5
34. 一旦遇到麻烦，无论怎么做都无济于事	1	2	3	4	5
35. 我总能清楚地了解自己的感受	1	2	3	4	5

[计分方法]

自我和谐量表包括 3 个项目，各项目的得分为其所包含的各题得分之和（各题所选数字即为分值）。3 个项目包含的题号和大学生常模如表 3-4 所示。

表 3-4　3 个项目包含的题号和大学生常模

项目	包含题号	大学生常模	自测分数
自我与经验的不和谐	1、4、7、10、12、14、15、17、19、21、23、27、28、29、31、33，共 16 项	46.1±10.01	
自我的灵活性	2、3、5、8、11、16、18、22、24、30、32、35，共 12 项	45.44±7.44	
自我的刻板性	6、9、13、20、25、26、34，共 7 项	18.12±5.09	

[测试结果与分值]

（1）“自我与经验的不和谐”反映的是自我与经验之间的关系，包含对能力和情感的自我评价、自我一致性、无助感等，它所产生的症状更多地反映了对经验的不合理期望。

（2）“自我的灵活性”与敌对、恐惧相关，可以预示自我概念的刻板和僵化。

（3）“自我的刻板性”与偏执显著相关。

此外，还可以计算总分，方法是将“自我的灵活性”反向计分，再与其他两个分量表得分相加，得分越高表示自我和谐程度越高。在大学生群体中，低于 74 分为低分组，75～102 分为中间组，102 分以上为高分组。

自卑心理测试

下面这份测试，有助于你了解自己是否存在明显的自卑感及造成自卑的根源。本测试共有 15 道题，每道题有 3 个选项，请选择与自己情况较符合的选项。

1. 你的身高与周围人相比如何？（　　）
   A. 较矮　B. 差不多　C. 较高
2. 早晨照镜子后，你的第一个念头是什么？（　　）
   A. 再漂亮一点就好了　B. 想精心打扮一下　C. 别无他想，毫不在意
3. 看到最近拍的照片，你有何想法？（　　）
   A. 不称心　B. 拍得很好　C. 还算可以
4. 如果能够重生，你会选择哪种？（　　）
   A. 做女人太辛苦，做男人好
   B. 做男人太辛苦了，做女人好
   C. 什么都行，男女都一样
5. 你是否想过 5 年或 10 年后会有什么使自己极为不安的事？（　　）
   A. 多次想过　B. 不曾想过　C. 偶尔想过
6. 你受周围人的欢迎和爱戴吗？（　　）
   A. 常有　B. 没有过　C. 偶尔有
7. 你被别人起过绰号吗？（　　）
   A. 常有　B. 没有过　C. 偶尔有
8. 老师批过的考卷发下来了，同学要看怎么办？（　　）
   A. 把分数遮住让他们看不到
   B. 让他们看
   C. 将考卷全部藏起来
9. 体育运动后，你有过自己“反正不行”的想法吗？（　　）
   A. 常有　B. 没有　C. 偶尔有
10. 你有过在某件事上绝不次于他人的自信吗？（　　）
   A. 一两次
   B. 从来没有过
   C. 在某些方面自己有这种自信，但对不是特殊之事并不介意
11. 如果你所喜欢的男生（女生）与另一位女生（男生）更亲近，你会怎么办？

（　　）

A. 灰心丧气，以后竭力避开那位异性

B. 跟那个同学公开或暗地里展开竞争

C. 毫不在乎，一如既往

12. 碰到寂寞或讨厌的事怎么办？（　　）

A. 陷入深深的烦恼中

B. 吃喝玩乐后就忘却了

C. 向朋友或父母诉说

13. 当被别人称作“不知趣的人”或者“蠢东西”时，你会怎么办？（　　）

A. 我回敬他“笨蛋，没教养的”

B. 因感到不好受而流泪

C. 不在乎

14. 如果碰巧听到有人正在说跟你要好的同学的坏话，你怎么办？（　　）

A. 断然反驳“根本没有那种事”

B. 担心会不会真有那回事

C. 不管闲事，认为别人是别人，我是我

15. 如果你的主要功课不管怎样努力学习，结果都落后于你的竞争对手，你会怎么办？（　　）

A. 尽管如此还要继续挑战，今后加劲干

B. 感到不行只好认输

C. 在其他学科上竞争取胜

[评分与解释]

各选项对应的分值如表 3-5 所示。

表 3-5　各选项对应的分值

题号	各选项分值		
	A	B	C
1	5	3	1
2	5	3	1
3	5	1	3
4	5	1	3
5	5	1	3
6	1	5	3
7	5	1	3
8	3	1	5
9	5	1	3
10	1	5	3

续表

题号	各选项分值		
	A	B	C
11	5	1	3
12	5	3	1
13	3	5	1
14	1	5	3
15	3	5	1

请把15道题的得分加起来计算出总得分，看看自己属于哪种自卑类型。

类型Ⅰ（15～29分）：环境变化造成自卑。你平时没有自卑感，是个乐天派，并且往往很自信。你对自己的才能和外表、风度充满自信。

类型Ⅱ（30～44分）：动机与期望过高引起自卑。你有过高的追求，有动机过强、期望值过高的缺点。你不满足于现状，想出人头地，以致去追求不切实际的目标。也可以说，你过分地与周围的人计较得失胜负，追求虚荣，无法实现目标时则往往陷入自卑中难以自拔。

类型Ⅲ（45～60分）：过早断定不行造成自卑。你在做事情之前就贸然断定自己不行，自认为不如别人。这主要是因为你不了解周围人的真实情况，不清楚使你焦虑的事情的本来面目。你的自卑感主要是你的无知造成的，症结在于自认为不行就心灰意懒。

类型Ⅳ（61～75分）：性格怯懦造成自卑。用消极悲观的眼光看待事物，也与你的自卑有关。症结在于你对自身的体魄和外貌缺乏自信，只看到不足与不利之处，因此遇事退缩胆怯。

尽管自卑可以分成上述4种类型，但造成自卑的往往不是某一个方面的原因，很可能是两方面或多方面的原因。一般来说，自卑心理的产生都经过这样一个过程：某种原因（或某些原因）使你在某一个（或某几个）方面遇到挫折，于是你的自尊心受到压抑和打击，你承受不住这种打击而使自尊心“内化”，不再求进取与表现自己。多次的循环重复，使你的自卑感加强，进而泛化，最终导致自卑心理的形成。

心理训练

我 是 谁

1．写出20句“我是一个××的人”，要求符合真实的自我，尽量选择一些能代表自己个性特征的话语，避免表述过于宽泛。例如，我是一个喜爱旅游的人，我是一个非常热情的人。

（1）我是一个______________________________的人。

（2）我是一个______________________________的人。

（3）我是一个______________________________的人。

（4）我是一个______________________________的人。

（5）我是一个______________________________的人。

（6）我是一个______________________________的人。

（7）我是一个______的人。
（8）我是一个______的人。
（9）我是一个______的人。
（10）我是一个______的人。
（11）我是一个______的人。
（12）我是一个______的人。
（13）我是一个______的人。
（14）我是一个______的人。
（15）我是一个______的人。
（16）我是一个______的人。
（17）我是一个______的人。
（18）我是一个______的人。
（19）我是一个______的人。
（20）我是一个______的人。

2．请将陈述的20项内容做以下归类，并在横线上写出序号。

（1）身体状况（体貌特征，如年龄、身高、体形等）：

______

______

（2）情绪状况（常持有的情绪情感，如乐观开朗、振奋人心、烦恼沮丧等）：

______

______

（3）才智状况（智力、能力情况，如聪明、迟钝、能干、机灵等）：

______

______

（4）社会关系状况（与他人的关系、对他人常持有的态度和原则，如乐于助人、爱交朋友、坦诚、孤独等）：

______

______

3．跟你的同学谈一谈你对自己的评价是积极的还是消极的。

（1）如果你对自己的评价是积极、肯定的，请在句子后面写上加号（+）。

（2）如果你对自己的评价是消极、否定的，请在句子后面写上减号（-）。

（3）如果加号多于减号，说明你的自我悦纳状况良好；反之，则说明你不能很好地悦纳自我，可以与同学进行讨论，寻找问题的根源。例如，你在哪一方面过低评价了自己，是什么原因造成的，如何改善。

______

______

______

他人眼中的我

1．在不同的纸上写出不同的人对自己的评价，包括对身体、价值观、性格、情绪、社会交往方面的不同评价。在思考他人对自己的评价时，尽量用他人的原话，如“你很可爱”“你很有责任心”等。具体内容如下。

父亲眼中的我	兄弟姐妹眼中的我	朋友眼中的我	老师眼中的我
● 身体	● 身体	● 身体	● 身体
● 价值观	● 价值观	● 价值观	● 价值观
● 性格	● 性格	● 性格	● 性格
● 情绪	● 情绪	● 情绪	● 情绪
● 社会交往	● 社会交往	● 社会交往	● 社会交往

母亲眼中的我	同学眼中的我	恋人眼中的我
● 身体	● 身体	● 身体
● 价值观	● 价值观	● 价值观
● 性格	● 性格	● 性格
● 情绪	● 情绪	● 情绪
● 社会交往	● 社会交往	● 社会交往

2．根据他人的评价，回忆自己印象中“我眼中的我”和“他人眼中的我”有什么不同。

（1）我以为我____________________，别人却认为我____________________。

（2）我以为我____________________，别人却认为我____________________。

（3）我以为我____________________，别人却认为我____________________。

（4）我以为我____________________，别人却认为我____________________。

（5）我以为我____________________，别人却认为我____________________。

（6）我以为我____________________，别人却认为我____________________。

3．填完后与同学分享：他人的评价与自己的看法有何不同？自己最重视哪个人对自己的评价？为什么？对自己产生的影响及结果如何？最难填写的是哪个人对自己的评价？为什么有的人会想不出来他人对自己的评价？

感悟成长

生命中那些重要的人或事，都是如何影响着你的现在和未来发展，并形成了你今天的回忆？下面让我们一起进入玫瑰幻想旅程，看看那枝属于你的玫瑰是什么样子的。

1．现在放松，选择一个你觉得舒服的姿势在椅子上坐好，慢慢闭上眼睛。

2．跟着老师亲切、缓慢的语言慢慢进入冥想。引导语如下：请合上你那美丽的双眼，并控制自己的呼吸。你比以往任何时候都更加清楚地意识到呼吸时你与生命力的关系。放松身体，让气息到达全身各处。轻轻地吸气、呼气……渐渐地，你感到自己身体变轻了，你的身体向上飘，离开了教室，离开了学校。你在蓝天白云间飞啊、飞啊……远远地，你看到一片沙滩，你慢慢地降落到沙滩上。你光着脚走在金黄色暖暖的沙滩上，海风拂面，十分舒适……远远地，你看见一群人向你走来。渐渐地，他们走近了，有男的、女的、老的、少的……你仔细一看，他们中好像有你认识的。哦！他们是你的亲人，慢慢地，他们和你擦肩而过，渐渐走远了……你离开沙滩，走啊走，你看到一丛玫瑰。你停下脚步，仔细看，你的玫瑰长在什么地方？周围有什么？它的花是什么样的？叶是什么样的？枝干是什么样的？根是什么样的？再仔细看看你的玫瑰……渐渐地，你离开了，向远处走去。你感到自己身体又变轻了，慢慢飞上了蓝天。你飞啊飞，看到了熟悉的校园。你慢慢下降，回到了教室，又回到了座位上。你听到了自己的呼吸声，你舒适地坐着。请慢慢睁开眼睛，你回到了现实中。

3．学生描述自己在冥想中见到了谁，自己看到的玫瑰花的颜色、叶子、枝干、根及形状等，为什么是这样的颜色、形状等。然后将这些与自己的人生经历联系起来进行思考。

知识链接

[书籍推荐]

武志红. 感谢自己的不完美[M]. 北京：北京联合出版公司，2021.

推荐理由：该书以“感谢不完美”为主题，引导人们重新审视自己的缺陷和不足。它告诉我们，每个人都有自己的不完美，但这并不意味着我们应该逃避或否认它们。相反，我们应该接纳它们，因为它们是我们成长和进步的动力。自我成长是一个永无止境的过程。我们需要不断地学习、探索和实践，才能不断地超越自己，成为更好的自己。

[影片推荐]

剧情片《不虚此行》，中国，2023 年，片长 119 分钟。

内容简介：该片讲述了主人公闻善在平衡自己与世界的关系的过程中寻找答案。闻善本是一个“掉队”的普通编剧，一次偶然的机会让他改以撰写悼词为生。在与各色普通人相遇的过程中，闻善慰藉他人，也获得了温暖，并逐渐从失意的状态中走出来，接受了自己的平凡，也找到了自己的人生方向。

第四章　优化个性，展现魅力
——塑造健全人格

心语引导

个性的塑造由婴孩时代开始，一直持续到老死。——罗斯福

每个人都有自己隐藏的精华，和别人的精华不同，它使人具有自己的气味。——罗曼·罗兰

人的性格是扎根在骨头里和血液里的。——高尔基

人格是一个丰富而复杂的心理成分，它凝聚着文化、社会、家庭、教育与先天遗传的个体风貌。人有千面，各有不同。人格有着鲜明的个性特征，人格的差异铸就了个体千差万别、千姿百态的心理面貌。人格是伴随着人的一生不断成长的心理品质。人格的成熟意味着个体心理的成熟，人格魅力展示着个体心灵的完善。心理健康学认为，作为认识社会、改造社会主体的人，其人格发展状况、人格所呈现的面貌不仅直接影响着人的社会生活质量，而且间接关系着整个人类社会是否能得到健康、和谐的发展。因此，创造良好的社会心理条件，培养、增进、塑造健全的人格就成为大学生心理健康教育的一项重要任务。

第一节　人格的内涵

一、人格的概念

“人格”一词是人们日常生活中的高频词汇，如人们经常说“他具有高尚的人格”“他出卖了自己的人格”“他具有健全的人格”等。“人格”一词涵盖了法律、道德、社会、哲学等领域，它来源于拉丁文 persona，意指古希腊、古罗马时代戏剧演员在舞台上扮演角色所戴的面具，代表剧中人的身份，表现剧中人物的某种典型心理，如狡诈的人、忠厚老实的人等。后来心理学沿用此词。心理学上的人格内涵极其丰富，但基本包含两个方面的意义：一是个体在人生舞台上所表现出的种种言行，是人们可以观察到的外显的行为和品质；二是内隐的人格成分，即面具后面的真实自我，是人格的内在特征。

人格也叫个性，是指一个人在遗传素质的基础上，在个体成长中形成的、区别于他

人的、独特稳定的心理倾向和心理特征的总和。

二、人格的特征

1. 人格的整体性

人格是人的整个精神面貌的表现，人格倾向性和人格特征不是孤立存在的，也不是机械地联合在一起的，而是相互联系、相互制约、相互作用的。

人格的整体性有多方面表现。首先，人格存在着内在的统一性。一个有血有肉的活生生的正常人，总是能够正确地认识和评价自己，能及时调整心理世界出现的矛盾冲突，协调主观与客观、心理与环境之间的关系，从而使他的动机和行为保持和谐一致。一个人失去了人格内在统一性，他的行为就会经常由几种相互抵触的动机支配，导致人格分裂，形成“双重人格”或“多重人格”。其次，只有从整体出发，在与其他人格特征联系中，才能正确理解某一人格特征的确切含义。例如，沉默寡言这一特征在不同人身上，可能有不同的意义。对于不愿出头露面这一表现：甲可能是由于害羞，乙可能是不想暴露自己的真实面貌，丙可能是想靠别人的努力获取自己的利益。可见，人格是由各个紧密联系的成分构成的多层次、多侧面、多水平的统一整体。离开了人格结构的整体性就不能正确分析和理解任何人的人格。

2. 人格的独特性

有位心理学家用一句很有趣的话概括了人格的独特性特点：“每个人就其某一方面来说，A 就像其他任何人一样，B 像其他某些人一样，C 不像其他任何人。”这就是说，人格是由某些与别人共同的或相似的特征，以及完全不同的特征错综复杂地交织在一起构成的。人格是共同性和差异性的统一。

人格中含有群体或族群共有的成分。某个群体、某个阶级或某个民族都有典型的心理特点，处在其中的人对问题的看法，对事、对人、对己所持态度和价值判断，他们的愿望和行为举止等在个体的人格结构中都体现着某些共同性，这种共同性是在一定的群体环境、社会环境及自然环境中逐渐形成的。此外，在现实生活中，不同行业、不同群体中的成员，其人格结构也都带有所在行业、所在群体某些共有的心理特点。

同时，不同的人具有不同的人格特征。例如，人的兴趣、爱好是极其多样的：有的人喜欢体育，有的人爱好美术，有的人酷爱音乐，有的人对文学作品爱不释手。人的能力也各异：有的人观察问题细致，有的人思维表达力强，有的人富有想象力，有的人善于操作。人在气质和性格的表现上更是各有特色：有的人脾气暴躁，有的人是慢性子，有的人热情直爽，有的人委婉含蓄，有的人真诚，有的人虚伪，有的人勇敢，有的人急公好义，有的人以自己的利益为重，等等。人的人格千差万别，正如“人心不同，各如其面”。人的内心不同，就像人的面孔各不相同。

3. 人格的稳定性和可塑性

人格具有稳定性的特点。一个人在出生后，通过教育和参加社会实践，逐渐形成了一定的行为动机、理想、信念、人生观。在一定倾向性的指引下，人使自己的心理面貌在不同的生活情境中都可以显示出相同的品质，构成稳定的人格，正所谓“江山易改，本性难移”。研究表明，在个人的行为中偶然表现出来的心理特征和心理倾向不能表征一个人的人格。例如，一个处世谨慎的人经常循规蹈矩、行事稳重，但他偶然也会有冒失、轻率的举动。在这里，谨慎标志着他的人格特征，而偶然性的轻率则不是他的人格特征。正如任何人都会偶然忘记某种东西，但不能说健忘是所有人的人格特征。人格特征是指一个人在其心理和行为活动中表现出来的经常一贯的比较稳定的特点，如某人在生活或工作中经常丢三落四，那么可以说这个人有粗心大意或健忘的人格特征。

人格是稳定的，同时也具有可塑性，“本性难移”，并不意味着“本性不可移”。每个人的人格都可能随着现实环境的多样性和多变性而或多或少地发生变化。儿童的人格不稳定，易受环境影响而发生变化，因而可塑性较大；而成年人的人格比较稳定，可塑性较小，但也并非不能改变。在人格改变中，自我调控起重要作用。

4. 人格的生物性和社会性

人是生物个体，也是社会个体。人的自然生物特性虽然不能预定人格的发展方向，却是人格形成的基础，影响着人格发展的道路和方式，影响着人格形成的难易。

在充分看到人格的生物学意义的同时，绝不能把人格归结为是先天固定下来的，也不能把它的发展看成是由遗传所决定的必然的成熟过程。任何一个人出生时都不具有人格品质，既没有工作能力和为社会、为集体工作的热情，也表现不出勇敢或怯懦、坚强或优柔寡断、勤劳或懒惰的人格特点，更没有克服困难的决心。从由野兽哺育大的儿童身上可以看出，尽管他们具有人的身体、组织，以及高度发达的大脑，但由于他们生活在动物之中，没有人的社会生活条件，他们的机体组织虽然生长着、成熟着，但是他们并没有人所具有的道德品质，当然也不可能形成人的人格。

人格在先天即遗传素质的基础上，通过社会活动和社会交往，逐渐实现社会化。在人格的形成过程中，既不能排除生物因素，也不能排除社会因素，人格是在现实的社会生活条件影响下形成和发展起来的，同时受生活环境的制约。

三、人格理论

在一定的条件下，人格能够决定命运，改变人格也能改变命运。因此，全面深入地了解人格的结构与特征，有助于多角度、多层次、全方位地观察和分析一个人的人格，从而有助于充分发挥人格结构中的优势和潜力，做到扬长补短。同时，人格的结构与特征也是实现因材施教、知人善任、人尽其才的心理依据。

心理防御机制

1. 弗洛伊德的人格结构理论

弗洛伊德的人格结构理论

在弗洛伊德的人格结构理论中，本我和超我是人格的两个组成部分，它们不断地进行斗争。作为人格的另一部分，自我则负责调和二者之间的矛盾（图 4-1）。

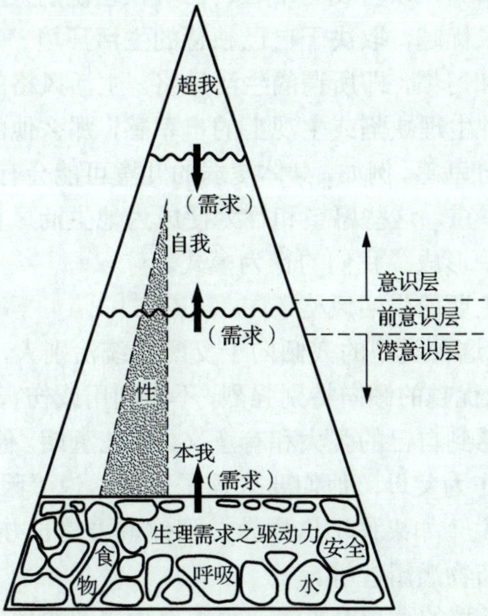

图 4-1　弗洛伊德的人格结构理论

（1）本我：遵循快乐原则，是原始驱动力储藏所，蓄积着我们的基本动机、驱动力和本能欲望。本我就像一个任性的小孩，总是凭冲动行事，总是想要即刻满足各种欲望，而不考虑所渴望的是否现实可行、被社会认可，是出生就存在的人格组成部分。

（2）超我：遵循道德原则，是大脑中负责维护价值观和道德的“警察”，坚守的是我们从父母和社会那里学来的价值观和道德态度，类似于我们平时所说的良心。它告诉我们什么可以做，什么不可以做。超我还包括理想的自我，即自己想成为的那个人。超我经常与本我发生冲突，本我想要做感觉上快乐的事情，超我则坚持做那些合乎道德的正确的事情。

（3）自我：遵循现实原则，是我们大脑中有意识、有理性的部分，负责调和本我和超我之间的冲突。例如，去超市买东西，老板多找了钱，超我会坚持把钱还给老板，本我则会催促自己用这些钱买冰激凌吃，这时，自我就会寻求可以调和二者需求的办法，如把多找的钱还给老板，然后自己掏钱买冰激凌吃。也就是说，当本我和超我发生冲突的时候，自我会试图让二者都感到满足，如考虑被抓到的后果，自我会阻止考试作弊的冲动，同时用以后更加努力学习的方式来代替作弊。但是，当超我和本我之间的矛盾非常紧张，自我找不到有效的妥协办法的时候，就会造成冲突或紊乱的思维和行为。

2. 阿德勒的人格理论

个体心理学的创始人、奥地利精神病学家阿德勒认为，人格是在战胜自卑和追求优越的过程中形成并发展的。人天生自卑，因为其生下来是弱小、无力的，完全依赖成人。但是，正是自卑促使人们去努力克服自卑，追求成功。但是，若被自卑压倒，则会产生自卑情绪，如抑郁、悲观、消沉。人类还有追求优越与完美的倾向。每个人都有相同的追求优越的最终目标。追求优越也是双重性的：适度追求，促进个人发展，对社会有益；过分追求，则产生优越情绪，以自我为中心、自负，忽视别人的感受和社会道德，缺乏社会兴趣。个体如何追求优越，取决于自己独特的生活环境、不同的生活方式，由此会发展出不同的行为特征和习惯，即所谓的生活风格。生活风格的发展和自卑感有密切关系。如果一个儿童有某种生理缺陷或主观上的自卑感，那么他的生活风格将倾向于补偿或过度补偿那种缺陷或自卑感。例如，身体瘦弱的儿童可能会有强烈的愿望去增强体质，因而锻炼身体、跑步、举重，这些愿望和行为便成为他生活风格的一部分。生活风格决定了我们对生活的态度，形成了我们的行为模式。

阿德勒描述了 4 种主要的生活风格。

（1）支配-统治型。这种类型的人倾向于支配和统治别人，缺乏社会意识，很少顾及别人的利益。他们追求优越的倾向特别强烈，不惜利用或伤害别人以达到自己的目的。他们需要控制别人从而感到自己的强大和有意义。在儿童期，他们在地板上打滚、哭闹，希望父母向他们屈从；作为父母，他们要求孩子服从，说“因为我说了要这样”；作为教师，他们威胁学生，说“如果你不这样做，那你就去校长办公室”。这样的人容易发展成虐待者、违法者和药物滥用者等。

（2）索取型。这种类型的人相对被动，很少努力去解决他们自己的问题，依赖别人照顾他们。有的父母对他们的孩子采取纵容的态度，尽量满足孩子的一切要求，以使他们免受“挫折”。在这样的环境下成长的孩子，很少需要为自己努力做事，也很少意识到他们自己有多大的能力。他们对自己缺乏信心，且希望周围的人能满足他们的要求。

（3）回避型。这种类型的人缺乏必要的信心解决问题或危机，不想面对生活中的问题，试图通过回避困难避免任何可能的失败。他们常常是自我关注的、幻想的，他们在自我幻想的世界里感受优越。

（4）社会利益型。这种类型的人能面对生活，与别人合作，为别人和社会服务，贡献自己的力量。他们成长于和谐的家庭，家庭成员相互帮助、相互支持，人与人之间彼此理解和尊重。

在上述 4 种生活风格中，前 3 种是适应不良或错误的，只有第 4 种才是适当的。

四、人格的结构

在日常生活中，人们常常从伦理道德出发，运用“人格”一词对人的行为进行评价，如甲人格高尚，乙人格卑劣，丙有人格缺陷等。这里包含了心理学中关于“人格”这一术语的部分含义。人格是一个多层次的开放系统。一个人完整的人格结构包括人格的心理倾向性和人格特征两个方面。需求、动机、兴趣、信念和世界观，构成了个性心理的动力系统和调节机制。其中，需求是人格结构的动力源，动机、兴趣、信念和世界观都是在需求的基础上形成的，而世界观又是人格结构的最高调节机制。人格特征主要包括气质、性格等内容。

1. 气质

气质是典型、稳定的心理特点，是心理活动的动力特征总和。它包括心理活动的速度和强度、灵活性和稳定性及指向性等，如思维的速度和灵活性、情绪的稳定性和指向性等。气质具有天赋性。我们可以从婴儿身上发现：有的喜吵闹，好动，不认生；有的性格比较平稳，安静，害怕生人。这就是气质差异的表现。简而言之，气质就是脾气秉性，是人的神经类型特点的外在表现，因此具有天赋性，而且很难改变。

典型的气质类型有以下 4 种。

（1）胆汁质：夏天里的一团火。胆汁质的人精力旺盛，直率、热情，行动敏捷，情绪容易激动，心境变化剧烈。这类人有理想，有抱负，有独立见解，反应迅速，行为果断，表里如一；不愿受人指挥，而喜欢指挥别人；一旦认准目标，就希望尽快实现，遇到困难也百折不挠，但往往比较粗心；学习和工作带有明显的周期性特点，能以极大的热情和旺盛的精力投入学习和工作，一旦精力消耗殆尽，便会失去信心，情绪顿时转为沮丧而心灰意懒。

（2）多血质：喜形于色，可塑性强。多血质的人具有活泼好动、反应迅速、情绪发生快而多变、兴趣容易转移等特征。这类人易于适应环境的变化，性情活泼、热情，善于交际，在群体中精神愉快，相处自然，常能机智地摆脱困境；他们在学习和工作中肯动脑、主意多，不安于机械、刻板、循规蹈矩，常表现出较强的工作能力和较高的办事效率；兴趣广泛，但容易浮躁，见异思迁。

（3）黏液质：冰冷耐寒。黏液质的人安静、稳重，反应缓慢，沉默寡言，情绪不易外露，注意力稳定，难以转移，善于忍耐。这类人反应较为迟缓，但无论环境如何变化，都能基本保持心理平衡；凡事深思熟虑，力求稳妥，一般不做无把握的事情，在各种情况下都表现出较强的自我克制能力；他们外柔内刚，沉静多思，不愿流露内心的真情实感；与人交往时，态度适度，不卑不亢，不爱抛头露面；学习、工作有板有眼，踏实肯干，严格恪守既定的生活秩序和制度；但他们过于拘谨，不善于随机应变，固定性有余而灵活性不足，有墨守成规、因循守旧的表现。

（4）抑郁质：秋风落叶。抑郁质的人孤僻，行动迟缓，情感体验深刻，善于觉察别人不易觉察到的细小事物。这类人在生理上难以忍受或大或小的神经紧张，厌恶强烈的刺激；他们的感情细腻而脆弱，一件小事往往能引起情绪波动；自己心里有话，宁愿自己品味，也不愿向别人倾诉；喜欢独处，与人交往时显得腼腆、扭捏，善于领会别人的意图，在团结友爱的集体中，很可能是一个容易相处的人；遇事三思而行，求稳不求快，对力所能及的工作能认真负责地完成；在学习、工作一段时间后，常比别人更感到疲倦；在困难面前常怯懦、自卑和优柔寡断。

气质本身无优劣之分，任何一种气质都有其积极和消极的方面。气质也不能决定一个人的社会价值和成就高低。因此，大学生要正确对待自己的气质类型，经常有意识地控制自己气质的消极品质，发扬积极品质，以有利于形成良好的个性。值得注意的是，更多的人是多种气质的混合体，要看哪种气质占主导地位。

2. 性格

性格是人格的核心。性格心理学的研究表明，不同心理学家对性格概念有不同的理解。西方的许多心理学教科书把性格与个性视为同义词，而我国的心理学教科书一般把性格定义为一个人对现实的态度和行为方式中的比较稳定的独特的心理特征的总和。

个人的性格一经形成就具有相对稳定性。在某种情况下，一个人总是表现出特定的生活情感和态度。所谓性格的稳定性，是指人的性格基本结构是不变的，而在不同情况下同一种性格可以以不同形式表现出来。

性格不是指某种个别的心理特征，而是某些心理特征在一个人身上的有机结合，体现出个人的独特风格。例如，一个人对工作勤勤恳恳、认真负责、勇于创新及热心助人等就是他性格的独特性。

一个人的性格品质，如善与恶、公与私、有情与无情等都属于道德品质的性格特征；而严肃、认真、自尊、固执等，虽不直接和道德品质相关联，但它们也涉及人和人的关系，常常依从于道德品质，因此，它们也要受到好或坏的评价。

心理学家对性格有各种不同的分类，以下介绍两种常见分类方法。

1）心理活动倾向类型

瑞士心理学家荣格根据倾向于外部还是内部，把性格分为外倾型和内倾型两大类。

外倾型的人，适应能力强，对人对事都能很快熟悉起来；表情丰富，情感外露；善于交往，不太注意客观环境的变化；喜欢自由，缺乏谦虚态度；反应敏捷，动作迅速而好动；不注意思考，做事不太仔细。

内倾型的人，不易适应环境，不轻易相信别人，不善与人交往；愿意独处，喜欢安静；反应敏感，往往心胸狭窄，不宽容人，多思虑，好疑心；冷静，办事稳妥。

2）ABC 型

按照人们的言行和情感的表现方式，性格可分为以下几种类型。

A 型：争强好胜，急躁易怒，说话直率，追求完美。A 型性格的人一般追求完美，时间观念和上进心很强，脾气暴躁，有闯劲，但往往不善克制，口无遮拦，容易得罪人，习惯对别人指手画脚，给人以咄咄逼人的感觉。A 型性格的人易患高血压等心脑血管疾病，A 型性格为冠心病的重要影响因素之一。

B 型：知足随和，适应力强，抗压力强。B 型性格的人情绪稳定，温和乐观，不爱争辩，不易急躁，内心平和，性格随和，能以平常心对待挫折和困难，社会适应能力好，处事从容不迫，易知足，对生活幸福的感知度较高，更容易觉得生活幸福。

C 型：容易悲观，爱生闷气，容易焦虑。C 型性格又称为癌症性格，这类性格的人往往为了搞好人际关系，尽量回避各种冲突，从而过分压抑自己的负面情绪，特别是竭力压抑本该发泄的愤怒情绪。克己、压抑、焦虑、抑郁、无助、过分为别人着想的 C 型性格者，内分泌功能易紊乱，器官功能易失调，使免疫机能不能充分发挥抗癌功能，因此容易患上癌症。

拓展阅读

A型性格的10个特征

美国学者弗里德曼等在研究心脏病时，把人的性格分为两类：A型和B型。A型性格者具有进取心、自信心、侵略性，并且容易紧张。A型性格者总愿意从事激烈的竞争活动，不断驱动自己要在最短的时间里干最多的事，并对阻碍自己努力的其他人或其他事具有攻击性。B型性格者则较懒散、与世无争，对任何事皆处之泰然。下面主要介绍A型性格者的10个特征。

1. 好斗

A型性格者极具侵略性。他们天生就想赢，可以利用他们的侵略性倾向来提高工作效率。

2. 有竞争力

由于严格遵守准则，A型性格者往往具有很强的竞争力。他们以目标为导向，不实现目标誓不罢休。然而，他们往往不会对自己的成就感到高兴。

3. 雄心勃勃

A型性格者的雄心壮志是一股不可忽视的力量。一旦他们将某个设想付诸行动，他们就不会在设想实现之前退出。

4. 时间观念强

如果时间管理要求得不到满足，A型性格者往往会充满敌意。他们希望每个人都能意识到时间的紧迫性，在与他人合作时，他们会要求所有人保持步调一致，最好能提前完成任务。

5. 耐性差

由于时刻有紧迫感且耐性差，A型性格者厌恶排队等候。如果下属的时间管理不合理，他们可能会批评下属，这使他们看起来非常具有攻击性。

6. 说话快

A型性格者总是快速地表达自己的想法，语速很快，有时他们会因此言不达意，使听者难以理解。

7. 完美主义

对完美主义的追求可能会使A型性格者产生焦虑，并且因为害怕失败而承受巨大的压力。

8. 敌对

A型性格者倾向于过度竞争和完美主义。如果他们的需求得不到满足，他们会对对方充满敌意，甚至与对方发生冲突。

9. 尽职尽责

在工作上，A型性格者极具自觉性，严格按照工作流程处理各种事务。他们对自己的工作计划了如指掌，并严格执行。他们对工作恪尽职守，总是努力做好每一件事，争取让各方面满意。

10. 精力充沛

A型性格者精力非常充沛，跟上他们的工作节奏是一项挑战。

第二节　影响大学生人格发展的因素

在一个人的人生发展历程中有许多因素会影响人格的发展，人格是先天和后天因素共同作用的结果。研究表明，人格是环境与遗传交互作用的产物。在人格培养过程中，不仅要看到个体的生物遗传的影响，还要看到社会环境的决定作用。

一、生物遗传因素

人格具有较强的稳定性，而这种稳定性主要来自人的遗传。人格的形成离不开个体的生物遗传基础。个体的神经系统特性、体内的化学物质是人格形成的基础。此外，身体外貌对人格的形成也有一定的影响。

对双生子的研究被许多心理学家认为是研究人格遗传因素的最好办法，并提出了对双生子进行研究的原则：同卵双生子具有相同的基因形态，那么他们之间的任何差异都可以归于环境因素；而异卵双生子的基因虽然不同，但在环境上有许多相似性，如出生顺序、母亲年龄等，因此提供了环境控制的可能性。系统研究这两种双生子，就可以看出不同环境对相同基因的影响，或者是相同环境下不同基因的表达。研究结果表明：由于同卵双生子具有相同的基因，他们间的任何差异都是环境造成的；由于异卵双生子在遗传上不同，他们有许多相同的环境条件，故可提供一些有关环境控制的研究数据。同时研究同卵双生子与异卵双生子，就可以评估相同基因类型下不同环境的作用，以及在相同或类似环境下不同基因类型的作用。

拓展阅读

奇特的双胞胎

奥斯卡·斯托卡和杰克·伊弗是一对同卵双胞胎兄弟，出生在特立尼达，父亲是以色列人，母亲是德国人，刚出生时他们就被分开。母亲把奥斯卡带到德国，由信奉天主教的外婆抚养；杰克由父亲抚养，他青年时期的大部分时光是在以色列的一个集体农场度过的。居住在两地的兄弟俩从未通过信，过着截然不同的生活。30 多年未曾见过面的兄弟竟然表现出惊人的相似性：都喜欢穿蓝色、双排扣、带肩章的衬衫，都留着短发，喜欢戴金丝边框眼镜；都喜欢吃辣的食物，喝甜酒，喜欢把涂了黄油的吐司放进咖啡里；都习惯在便前先冲洗厕所，甚至乘电梯时都会打喷嚏；等等。

遗传是人格形成不可缺少的影响因素，如有的大学生性格内向，天生胆小，有的大学生生性开朗，骨子里透露出活泼、外向。这些个性与其生物遗传有很大的关系，不过遗传因素对人格的作用程度因人格特征的不同而不同。通常，在智力、气质这些与生物因素相关度较大的特征上，遗传因素较为重要；而在价值观、信念、性格等与社会因素关系紧密的特征上，后天环境因素更为重要。人格发展过程是遗传因素与环境因素交互作用的结果。

二、社会环境因素

人既是生物个体，又是社会个体。各种环境因素对人的影响会持续一生。后天的环境因素是多种多样的，小到家庭因素，大到社会文化因素。这些因素对人格的发展更为重要。

1. 社会文化环境

人一出生，便置身于社会文化之中并受社会文化的熏陶与影响，文化对人格的影响伴随人的一生。社会文化塑造了社会成员的人格特征，使其成员的人格结构朝着相似性的方向发展，而这种相似性又具有维系一个社会稳定的功能。这种共同的人格特征又使个人稳稳地“嵌入”整个文化形态里。社会文化对人格的影响力因文化而异，影响力的强弱也视其行为的社会意义的大小而定。对于不太具有社会意义的行为，社会允许有较大的变异；但对社会功能十分重要的行为，就不允许有太大的变异，此时，社会文化的制约作用较强。但是，若个人极端缺乏其社会文化所要求的人格基本特征，不能融入社会文化环境，可能就会被视为有行为偏差或心理疾病。

社会文化具有塑造人格的功能。不同文化的民族有其固有的民族性格，不同的地域有着不同的文化传统，不同的文化发展时期有着不同的文化认同。

社会文化对人格的影响力一直被人们认可，它对人格的形成与发展具有重要的作用，特别是后天形成的一些人格特征，如性格、价值观等。社会文化因素决定了人格的共同特征，它使同一社会的人在人格上具有一定程度的相似性，如民族性格等。

2. 学校教育环境

学校是一种有目的、有计划地向学生施加影响的教育场所。教师、班集体、同学等都是学校教育的元素。

教师对学生人格的发展具有指导、定向作用。教师的人格特征、行为模式与思维方式会对学生产生巨大影响。每个教师都有自己独特的风格，这种风格为学生设定了一个“气氛区”，在教师的不同气氛区中，学生有不同的行为表现。心理学家洛奇在一项教育研究中发现：在性情冷酷、刻板、专横的教师所管辖的班集体中，学生的欺骗行为增多；在友好、民主的教师所管辖的班集体中，学生的欺骗行为减少。心理学家勒温等也研究了不同管教风格的教师对学生人格的影响作用，他们发现在专制型、放任型和民主型的管理风格下，学生表现出不同的人格特点。教师的公平公正性对学生有着至关重要的影响。一项有关教师公正性对中学生学业与品德发展的研究结果表明，学生极为看重教师对他们是否公正、公平，教师的不公正表现会导致中学生的学业成绩和道德品质的降低。皮格马利翁效应就说明了每个学生都需要教师的关爱，在教师的关注下，他们会朝着教师期望的方向发展。实验研究表明，如果教师把自己的热情与期望投放在学生身上，学生会察觉到教师的期望，并努力奋斗。很多学生有受老师鼓励开始发奋图强、受老师批评而导致学习兴趣减弱的人生经历。

学校是同辈群体会聚的场所，同辈群体对学生人格具有巨大的影响。班集体是学校的基本组织结构，班集体的特点、要求、舆论和评价对于学生人格的发展具有“弃恶扬善”的作用。少年同辈群体也是一个结构分明的集体，群体内有具有上下级关系的“统领者”和“服从者”，有具有平行关系的“合作者”和“互助者”。这个群体体现出不同于孩童与成人文化的少年亚文化特征。离开父母或被父母拒绝是幼童焦虑的最大根源，而少年的焦虑不安则来自同辈群体的拒绝。在少年这个相对自由轻松的群体中，他们学习待人接物的礼节与群体规范，了解了什么样的性格容易被群体接纳。在这个少年团体中，他们拥戴的是品学兼优的同伴。有人曾做过测验，分析中学生喜欢哪种性质的学生领袖，结果是他们喜欢学业优秀、办事干练、具有良好道德的学生领袖，而不是风头十足、具有漂亮仪表的人。另外，他们喜欢有能力、能胜任工作、高智商、精力充沛、富于创造的同伴。在少年期，男孩比女孩倾向于更大、更活跃的团体，他们多少会有些无视成人权威的倾向；而女孩的团体则显得更平和稳重。一般来说，少年团体性质是良好的，但也存在不良少年团伙，给少年造成了极坏的影响。学生对这种群体要避而远之，学校、家长及社会要用强有力的教育手段来“拆散”他们，防止他们对学校及社会产生危害。

总之，学校对学生人格形成与发展的影响是不可忽视的，它是人格社会化的主要场所。教师对学生人格发展具有导向作用，同辈群体对人格发展具有“留精华，去糟粕”的作用。

3. 家庭环境

家庭常被视为人类性格的加工厂，它塑造了人们不同的人格特征。它是人的第一个生活环境，是社会化第一要素。一个人从出生到死亡一直都在受家庭的影响。家庭虽然是一个微观的社会单元，但它对人格的培育起到了至关重要的作用。家庭是社会的细胞，不仅具有自然的遗传因素，也有着社会的遗传因素。这种社会遗传因素主要表现为家庭对子女的教育作用，俗话说“有其父必有其子”，其中不无道理。父母按照自己的意愿和方式教育孩子，使他们逐渐形成了某些人格特征。

孩子的人格是在与父母持续相互作用中逐渐形成的，情感丰富的父母会示范并鼓励孩子做事更富有情感。孩子在批评中长大，学会了责难；在敌意中长大，学会了争斗；在虐待中长大，学会了伤害；在支配中长大，学会了依赖；在干涉中长大，会变得被动与胆怯；在娇宠中长大，学会了任性；在否定中长大，学会了拒绝；在鼓励中长大，具有自信；在公平中长大，学会了正义；在宽容中长大，学会了耐心；在赞赏中长大，学会了欣赏；在爱中成长，学会了爱人。这种说法不无道理。

家庭教养方式一般可以分为3类。第一类是权威型教养方式。这类父母过于干涉子女，孩子的一切都由父母来控制。成长在这种教育环境下的孩子容易产生依赖心理，做事缺乏主动性和积极性，甚至会形成不诚实的人格特征。第二类是放纵型教养方式。这类父母对孩子过于溺爱，孩子多表现为任性、幼稚、自私、野蛮、无礼等。第三类是民主型教养方式。父母与孩子在家庭中处于一个平等和谐的氛围中，父母尊重孩子，给孩子一定的自主权，并给予孩子积极正确的指导。父母的这种教育方式使孩子形成了一些积极的人格品质，如活泼、乐观、直爽、自立、彬彬有礼、善于交往、富于合作等。

心理学家普洛明在他的《天性与教养》一书中对人格的天性与教养进行了研究，提出了共享环境（在同一家庭成长且被子女共同享受的环境）和非共享环境（在同一家庭成长却不被子女共同享受的环境，如因性别差异、排行顺序或特定生活事件而被父母区别对待）的概念。研究结果表明：重要的不是家庭，而是每个孩子在家庭中的独特经历，即孩子在家庭中的非共享环境。儿童在家庭内与家庭外得到的经历对其人格发展都有重要影响。

由此可见，家庭是社会文化的媒介，它对人格具有强大的塑造力。其中，父母教养方式是否恰当直接决定孩子的人格特征。父母在养育孩子的过程中，表现出了自己的人格魅力，并有意无意地影响和塑造着孩子的人格，这就是家庭中的社会遗传。

三、自我调控因素

社会环境因素是人格培养的外因，而外因是通过内因起作用的。人格的自我调控系统就是人格发展的内部因素。从个人自身的角度看，健康人格形成的过程也是确定自我、完善自我、实现自我的过程。人格调控系统就是以自我意识为核心的。自我意识是人对自身以及对自己同客观世界的关系的意识，具有自我认知、自我体验、自我控制 3 个子系统。自我调控系统的主要作用是对人格的各个成分进行调控，保证人格的完整、统一、和谐。它属于人格中的内控系统或自控系统。

自我认知是对自己的洞察和理解，包括自我观察和自我评价，其中自我评价是自我调节的重要条件。自我观察是对自己的感知、期望、行为及人格特征的评价和评估。当一个人不能正确地认识自我，只看到自己的不足，觉得处处不如人，就会自卑，丧失信心，做事畏缩不前，甚至失败；相反，过高地评价自己，盲目乐观，也会导致失败。因此，准确地认识自我，实事求是地评价自己，是自我调节和人格完善的重要途径之一。人格心理学家普遍认为，大部分人常常低估自己，使自己的天赋和才能未得到充分发挥。有许多著名的科学家在青少年时期曾经被认为是庸才，如达尔文被认为是“低能儿”，爱因斯坦被说成是“懒狗”，但他们不仅没有因此而消极、沉沦，反而更加正确地认识和评价自己，通过超常的努力，不断改善自己的形象，最终获得了事业的成功。

自我体验是自我意识在情感上的表现，是伴随自我认识而产生的内心体验。当一个人对自己做正向的评价时，就会产生自尊感；做负向评价时，便会产生自卑感。自我体验的调节作用体现在它可以使自我认识转化为信念，进而指导其言行；同时，自我体验还能够伴随自我评价激励积极向上的行为或抑制不当行为。一个人在意识到自己不当行为所产生的后果时，会内疚、羞愧，从而收敛并制止自己的不当行为。

自我控制是自我意识在行为上的表现，是实现自我意识调节作用的最终环节。个体在了解社会要求后，会力求使自己的行为符合社会准则，从而激发自我控制的潜能，并付诸行动。当大学生意识到学习对于自己的发展具有重要意义时，会激发努力学习的动力，从而在行为上表现为刻苦学习、不怕困难、持之以恒、积极进取。

自我意识是通过自我认知、自我体验和自我控制 3 个方面来对个体进行调控的，使个体心理的各个方面和谐统一，使人格日趋完善。

此外，生存环境、气候条件等因素也会影响人格。一个著名的跨文化心理学研究实例是关于美国阿拉斯加州的因纽特人和非洲的特姆尼人的比较研究。这个研究说明了生存环境会对人格产生影响。因纽特人以渔猎为生，夏天在船上打鱼，冬天在冰上打猎；主食肉，没有蔬菜；过着流浪生活，用帐篷遮风避雨。因纽特人以家庭为单元，男女平等，社会结构比较简单，除了家庭约束外，很少有持久、集中的政治与宗教权威。在极地地区的生存环境下，父母对孩子的教养原则是能够适应成人生活的独立生存能力。男孩由父亲在外面教打猎，女孩由母亲在家里教做家务。儿女教育比较宽松、自由，孩子逐渐形成了自主、独立的人格特征。特姆尼人生活在灌木丛生地带，以农业为主，以种田为生。他们的居住环境固定，形成 300～500 人的村落。社会结构稳固，有比较分化的社会阶层，制定了比较完整的部落规则。在哺乳期，父母对孩子疼爱有加，但断奶后孩子就要接受严格管教，使孩子形成了依赖、服从、保守的人格特征。另外，气温也会影响人的某些人格特征。例如，热天会让人烦躁不安，对他人采取负面行动，甚至富有攻击性，产生反社会行为。但自然环境对人格的形成不起决定性作用，更多是一时性影响，而且多体现在行为层面。在不同的自然环境中，人可以表现出不同的行为特征。

综上所述，各种因素对人格的形成与发展起到了不同的作用。遗传决定了人格发展的可能性，社会环境和自我调控能力决定了人格发展的现实性。

第三节　健全的人格

一、健全人格的标准

健全人格是一种理想化的人格模式，是人们在心目中塑造出来的最完善的人格典范，是人格所应达到的最高境界。人格的健全体现在人一生的追求和发展过程中。健全人格追求的设定，从人生远景上回答了“做什么样的人”的问题，提供了一种人格追求的最高典范和做人的楷模。健全人格是时代精神的凝聚。不同时代的思想家都塑造、提升着自身的人格，并设计出不同时代的健全人格。我国古代儒家学派的创始人孔子，即视“圣人”的人格为健全人格。

健全人格的标准可分为概括的标准和具体的标准。从概括的标准来看，人格健全的人应该是在推动社会进步的实践中充分发挥自己的才干，为人类社会做出自己力所能及的贡献，同时使自己的人格得到充分协调、平衡发展的人。从具体的标准上讲，健全人格应具有以下标准。

（1）和谐的人际关系。人际关系最能体现一个人人格健全的程度。人格健全的人乐于与他人交往，并与他人建立良好的关系；与人相处时，尊敬、信任等积极态度多于嫉妒、怀疑等消极态度。人格健全的人常以诚恳、公平、谦虚、宽容的态度对待他人，同时也受到他人的尊重与接纳。

（2）良好的社会适应能力。社会适应能力反映了人与社会的协调程度。人格健全的人能和社会保持良好密切的接触，以一种开放的态度，主动关心社会、了解社会；在认识社会的同时，使自己的思想、行为跟上时代的发展，与社会的要求相符合，能很快适应新的社会环境。

（3）正确的自我认识。自我认识是个体对自己和自己与他人、与周围世界关系的认识。具有健全人格的人对自己有恰如其分的评价，充满自信，扬长避短，在日常生活中能有效地调控自己的行为。缺乏正确自我认识的人常常自视清高、妄自尊大，做力所不能及的工作，或者自轻自贱、妄自菲薄，甘愿放弃一切机遇。

（4）乐观向上的生活态度。积极的人生态度是人类在社会实践活动中获得的本质力量的表现。乐观的人常常能看到生活中的阳光，对前途充满希望和信心，对自己从事的工作或事业抱有浓厚的兴趣，并在其中发挥自己的智慧和能力。即使在遇到困难和挫折时，也能不畏艰险，勇于拼搏。大学生的主要任务是学习，因此学习兴趣如何，可以反映出对生活的基本倾向。人格健全的大学生对学习怀有浓厚的兴趣，表现出观察敏锐、注意力集中、想象力丰富、充满信心、勇于克服困难，通过刻苦、严谨的学习，获得学习的满足感和成就感。人们很难相信，对学习和生活缺乏兴趣、整天精神不振的大学生的人格是健全的。

（5）良好的情绪调控能力。情绪标志着人格的成熟程度。人格健全的人，情绪反应适度，具有调节和控制情绪的能力，经常保持愉快、开朗的心境，并富有幽默感，出现消极情绪时能合情合理地宣泄、排解。健全人格的每个标准都是相关的。具有丰富的情绪并能控制情绪的人，通常是有能力满足自身基本需求的人，是能紧密地把握现实的人，是拥有稳定可靠的人际关系的人。

总之，人格健全的人会表现出人格的完整性、统一性、稳定性等特点，其人格的各个方面是统一、平衡的。

二、大学生健全人格塑造的原则和途径

美国著名社会学家阿历克斯·英格尔斯指出："一个国家，只有当它的人民是现代人，它的国民从心理到行为上都转变为现代的人格，它的现代政治、经济和文化管理机构中的工作人员都获得了某种与现代化发展相适应的现代性，这样的国家才可真正称为现代化国家。"这就是说，一方面，现代化呼唤着现代化的人格，并塑造着现代化的人格；另一方面，现代化的人格影响着现代化的模式和进程，两者交互作用，构成了塑造当代大学生健全人格的时代背景。

1. 大学生健全人格的塑造原则

一般来讲，大学生健全人格的塑造原则有以下几个方面。

（1）坚持各种人格素质和谐均衡发展的原则。人格素质包含思想道德素质、心理素

质、智能素质及身体素质等，各种素质之间相互影响、相互渗透，表现出人格的统一性和同一性。人格的各种素质只有和谐均衡地发展，才能相得益彰，形成健全人格，否则将会导致人格障碍，如有的人能力强但品行低下。大学生正处于人格形成的关键时期，因此要遵循人格素质和谐均衡发展的原则，及时扫除障碍，使自己成为个性完美的人。

（2）坚持知行统一的原则。人格的形成是一个从知到行、知行合一的过程。大学生只有首先知晓健全人格的内容，掌握必要的人格知识，并使自己的认知体现在行为实践上，形成良好的行为习惯，才能为塑造健全人格打下坚实的基础。

（3）坚持个性与共性相统一的原则。人格是共性与个性的有机统一，即人格有共性的一面，也有个性的一面，共性存在于个性之中，个性体现了共性。当代大学生的人格共性就是要顺应社会和时代的需要，成为中国特色社会主义事业的建设者和接班人，但这种共性并不排斥人格的个性，相反，每个大学生都应有自己的个性、有自己的特色，成为祖国各项事业的中坚力量。

2. 大学生健全人格的塑造途径

大学生健全人格的塑造本质是使其人格社会化，其基本矛盾仍是社会发展需要同大学生人格素质现状之间的矛盾。因此，要塑造大学生的健全人格，就必须在遵循一定的规律和原则的基础上采取行之有效的方法。

（1）树立正确的人生观与价值观。人不仅能认识和改造客观世界，也能认识和改造自己的主观世界，并在认识和改造世界的过程中形成自己的人生观、价值观和世界观。一个人有了正确的人生观、价值观和世界观，才能正确认识社会、人生，并能采取适当的态度和行为，使自己站得高、看得远，准确分析客观事物，冷静而稳妥地处理事情，形成良好的人格品质，提高对挫折的耐受能力，从而有效预防心理障碍问题的产生，有利于保持心理健康。

（2）认识自我，优化人格结构。为了有效地进行人格塑造，必须充分了解自己人格结构中的优势和劣势，明确人格优化和塑造的目标、内容、途径、方法，在现实生活和社会实践中，努力培养自信、勇敢、勤奋、坚毅、善良、正直等良好的人格品质，克服自卑、胆怯、抑郁、冷漠、懒惰、任性、以自我为中心等不良的人格品质，进而达到人格的优化。

（3）努力学习，全面提高文化素质。瑞士心理学家荣格有句名言："文化的最后成果是人格。"学习科学文化知识、增长智慧的过程也是塑造和优化人格的过程。事实上，不少人格缺陷源于无知。无知容易使人自卑、粗鲁，而丰富的知识则使人自信、坚强、理智等。各学科的全面发展是大学生人格健全发展的智力基础，有了智力基础，人格发展的速度与质量才有保证。哲学家培根的论述很深刻："读史使人明智，读诗使人灵秀，数学使人周密，科学使人深刻，伦理学使人庄重，逻辑修辞之学使人善辩：凡有所学，皆成性格。"受应试教育影响，许多理工科大学生缺乏人文知识，文科大学生缺乏理科知识，这对于人格的健全发展是不利的，当代大学生应做到文理并重。

（4）从小事做起，在实践活动中锻造人格品质。实践是人格形成和发展的必由之路。无论是知识的获取、能力的形成，还是意志的磨炼都离不开实践。一个人的勤奋、坚韧、乐观、细致等人格特征都是长期实践锻炼的结果。大学生应积极参加各种有益身心健康的实践活动，如近年来校园内兴起的青年志愿者活动，对于大学生人格的发展与塑造就很有意义。一个人的一言一行往往是其人格的外化，反过来，一个人日常言行的积淀成为习惯就是人格。例如，一个人有刷牙、梳头、洗手、勤换衣服、常剪指甲等习惯，就反映了他具有“爱清洁”这一人格特质。因此，养成良好人格要从眼前的小事做起，无数良好的小事可“积沙成塔”，最终构建成优良的人格大厦。

（5）融入集体，发展良好的人际关系。人格发展、塑造的过程是个体实现社会化的过程，是个体与他人、集体、社会相互作用的过程。人格是在行为中表现的，健全的人格只有在与人交往中才能体现出来。塑造健全人格，必须发展良好的人际关系，尊重社会习俗，关心他人的需要，真诚地赞美，不做无建设性的批评，多与他人沟通，保持自尊和独立等。集体是人格塑造的土壤，通过集体中的人际交往，自己的某些人格品质或受到赞扬、鼓励，或受到压制、排斥，这会使人对自己的人格结构做出有针对性的调整，以更好地适应集体，形成良性互动，有助于人格的优化与完善。

（6）锻炼身体，强健体魄。人格发展的过程是生理因素、心理因素与社会因素协同作用、相互促进的过程。健康的体质是人格健全发展的基础。

心理测试

菲尔人格测试

下面这个测试是电视心理学咨询专家菲尔博士在参加著名主持人欧普拉的节目时做的，目前已成为一些企业招聘员工的“试金石”。

1. 你（　　）感觉最好。

A. 早晨　B. 下午及傍晚　C. 夜里

2. 你走路时（　　）。

A. 大步快走　B. 小步快走　C. 不快不慢，仰着头

D. 不快不慢，低着头　E. 很慢

3. 别人说话时，你（　　）。

A. 双臂交叠站着　B. 双手握着　C. 一只手或两手放在臀部

D. 触碰与你说话的人　E. 不时摸耳朵或下巴，并不时用手整理头发

4. 坐着休息时，你的（　　）。

A. 两膝盖并拢　B. 两腿交叉

C. 两腿伸直　D. 一腿蜷在身下

5. 碰到发笑的事情时，你的反应是（　　）。

A. 自顾自地大笑　B. 笑着，但不出声

C. 轻声、咯咯地笑　D. 羞涩地微笑

6. 当你去一个派对或社交场合时，你会（　　）。

A. 很大声地入场以引起注意

B. 安静地入场，找你认识的人

C. 非常安静地入场，尽量保持不被注意

7. 当你非常专心地工作时，有人打断你，你会（　　）。

A. 欢迎他　　B. 感到非常恼怒　　C. 在上述两极端之间

8. 下列颜色中，你最喜欢（　　）。

A. 红色或橘色　　B. 黑色　　C. 黄色或浅蓝色

D. 绿色　　E. 深蓝色或紫色　　F. 白色

G. 棕色或灰色

9. 临入睡的前几分钟，你在床上的姿势是（　　）。

A. 仰卧，伸直　　B. 俯卧，伸直　　C. 侧卧，微蜷

D. 头睡在一手臂上　　E. 被子盖过头

10. 你经常梦到自己在（　　）。

A. 下落　　B. 打架或挣扎　　C. 找东西或找人

D. 飞或飘浮　　E. 你平时不做梦　　F. 你的梦都是愉快的

[计分方法与结果分析]

1. A，2 分；B，4 分；C，6 分。
2. A，6 分；B，4 分；C，7 分；D，2 分；E，1 分。
3. A，4 分；B，2 分；C，5 分；D，7 分；E，6 分。
4. A，4 分；B，6 分；C，2 分；D，1 分。
5. A，6 分；B，4 分；C，3 分；D，5 分。
6. A，6 分；B，4 分；C，2 分。
7. A，6 分；B，2 分；C，4 分。
8. A，6 分；B，7 分；C，5 分；D，4 分；E，3 分；F，2 分；G，1 分。
9. A，7 分；B，6 分；C，4 分；D，2 分；E，1 分。
10. A，4 分；B，2 分；C，3 分；D，5 分；E，6 分；F，1 分。

将上述 10 道题的得分相加得出总分，参见下面的分析。

低于 21 分：内向的悲观者。你是一个害羞的、神经质的、优柔寡断的人，永远要别人为你做决定。你不想与任何事或任何人有关联，经常杞人忧天。有些人认为你有些乏味，只有那些了解你的人知道你不是这样的人。

21～30 分：缺乏信心的挑剔者。你勤勉刻苦、很挑剔，是一个谨慎小心的人，也是一个辛勤工作的人。

31～40 分：以牙还牙的自我保护者。你是一个明智、谨慎、注重实效的人，也是一个伶俐、有天赋、有才干且谦虚的人。你不容易很快和别人成为朋友，却是一个对朋友非常忠诚的人，同时要求朋友对你也忠诚。要动摇你对朋友的信任很难，同样，一旦这种信任被破坏，就很难修复。

41～50 分：平衡的中道者。你是一个有活力、有魅力、亲切和蔼、讲究实际、永远有趣的人。你经常是人们注意力的焦点，但你又是一个有自知之明的人，不至于因此昏了头。

51～60 分：吸引人的冒险家。你是一个活泼、易冲动、大胆且爱冒险的人，是一个

天生的领袖，是一个做决定很快的人，尽管你的决定不总是对的。

60 分以上：傲慢的孤独者。你是自负的自我中心主义者，是一个有极端支配欲、统治欲的人。

性格内外向自我测试

1. 在大庭广众面前不好意思。
2. 对人一见如故。
3. 愿意独处。
4. 好表现自己。
5. 难与陌生人打交道。
6. 开会时喜欢坐在被人注意的地方。
7. 遇到不愉快的事情，能抑制情感不露声色。
8. 在众人面前能放松回答问题。
9. 不喜欢社交活动。
10. 愿意经常和朋友在一起。
11. 自己的想法不轻易告诉别人。
12. 只要认为是好东西就立即买。
13. 爱刨根问底。
14. 容易接受别人的意见。
15. 凡事很有主见。
16. 喜欢高谈阔论。
17. 会议休息时宁可一个人独坐也不愿意同别人聊天。
18. 做决定时爽快。
19. 遇到难题非弄懂不可。
20. 常常没等别人把话说完，就觉得自己已经懂了。
21. 不善于和人辩论。
22. 遇到挫折不易丧气。
23. 时常因为自己无能而沮丧。
24. 碰到高兴的事极易喜形于色。
25. 常常对自己面临的选择犹豫不决。
26. 不太注意别人的事。
27. 爱把自己同别人做比较。
28. 爱憧憬未来。
29. 容易羡慕别人的成绩。
30. 相信自己不比别人差。
31. 注重别人对自己的看法。
32. 不太注重外表。
33. 发现异常现象容易想入非非。
34. 即使有亏心事也很快遗忘。

35. 总是把家里收拾得干干净净的。
36. 自己放的东西常常不知道在哪里。
37. 做事情很细心。
38. 对于别人的请求乐于帮助。
39. 十分注意自己的信用。
40. 热情来得快，消退得也快。
41. 不干则已，干则必成。
42. 做事情更重视速度而不是质量。
43. 一本书可以反复阅读好几遍。
44. 不习惯长时间读书。
45. 办事大多有计划。
46. 兴趣广泛而多变。
47. 学习时不易受外界干扰。
48. 开会时喜欢和别人交头接耳。
49. 作业整洁干净。
50. 答应别人的事情经常会忘记。
51. 一旦对人有看法就不易改变。
52. 容易和别人交朋友。
53. 不喜欢体育运动。
54. 对电视节目中的球赛尤为有兴趣。
55. 买东西总要估量一番。
56. 不怕做从来没做过的事情。
57. 遇到不愉快的事情会生很长时间的气。
58. 自己做错了事，容易承认和改正。
59. 常常担心自己会遭遇失败。

[结果分析]

凡单数题回答“是”记 0 分，“不置可否”记 1 分，“否”记 2 分。凡双数题回答“是”记 2 分，“不置可否”记 1 分，“否”记 0 分。把每项得分相加得总分：90 分以上为典型的外向性格；81～90 分为较外向性格；71～80 分为稍外向性格；61～70 分为混合型（略偏外向）性格；51～60 分为混合型（略偏内向）性格；41～50 分为稍内向性格；31～40 分为较内向性格；30 分及以下为典型的内向性格。

心理训练

体验成功

找出最近（半年之内）一次或者几次自己做过的比较成功的事情，如成功解决了生活中遇到的小问题，成功处理了紧急情况，成功克服了自身弱点等。仔细体会凭借自己的良好素质和积极努力克服困难、获得圆满结果后的愉快心情。

A．发生的事件：________________

B．出现的问题：________________

C．采取的措施：________________

D．最后的结果：________________

E．获得的感受：________________

F．具有的品质：________________

改变软弱个性

全部训练分成 4 周来进行，每周作为一个阶段，具体如下。

第一周，向陌生异性问路。在你熟悉的地方，你假扮成一个初来乍到的游客。请你看准一位从对面走来的同龄异性，不慌不忙地迎上去，然后直接发问："请问×××怎么走？"等他（她）回答后，你装作不懂的样子再问一遍。这个表演一周完成 3 次就算成功。对于那些羞于同异性陌生人打交道的人来说，完成这项任务会产生从未有过的兴奋感和愉悦感。

第二周，向营业员换零钱。这比第一周的训练稍难一些，因为它会给对方带来一定的麻烦，当然也会给你造成一定的心理压力。请你拿 10 元钱到商店里，找一位面部表情冷漠但较有魅力的异性营业员，两眼平视对方，直截了当地说："你好，麻烦给我换 10 元零钱。"无论对方态度是好是坏，也无论给不给你换钱，你都要镇定自若地看着对方，表情越自然越好。只要按规定完成 3 次任务就算成功。如果出现半途而废的情况，则不算。

第三、第四周，学习争吵。软弱的人必须学会表达自己的感受，尤其是要学会把不满、愤怒的情绪表达出来，因此你必须学会争吵。这个训练可以这样进行：选择一个盛气凌人、好争辩的同学做对象，先就他经常与别人争论的题目写好辩论提纲，并练习几遍；然后找准机会与他争辩，以锻炼你表达感受的能力，增强你的自信。辩论的结果可能有两个：一是你战胜了对方，二是对方占了上风。如果是第二种结果，只要你把准备好的话讲出来了，便可带着从容的微笑看对方的表现，或者干脆说"别再强词夺理了，我还有事，再见"。这种使你第一次勇敢地面对"强者"的训练，对改变软弱的性格是很有意义的。

以后，你可继续训练，直到产生一个新的自我、新的生活方式和自强自信的心理结构为止。

感悟成长

1．根据本章所学的内容，简述自己性格中的优点和缺点。

____

____

2．针对性格中的缺点，你是如何应对的？

____

____

3．学习本章知识点后，你受到哪些启示？

4．在你的记忆里，哪些人对你的性格形成影响最大？主要表现在哪些方面？

5．生活中有哪些环境对你有着重要的影响？试举一两例说明。

6．人格具有哪些特点？结合自己，谈谈你对人格特点的认识。

7．健全的人格应该包括哪些方面？怎样才能使自己成为一个人格健全的人？

8．你认为现代大学生应该具备哪些良好的个性品质？

知识链接

[书籍推荐]

贺淑曼，李焰，冯培，等. 个性优化与人才发展 [M]. 北京：世界图书出版公司，2001.

推荐理由：该书带给人们全新的、前瞻而开阔的思考方法，使个人的生命空间变大，使人们知道为什么而活着。在现实生活中，我们常常花太多的时间去应对沿途上的问题，而忘了我们为什么走这条路，以及用怎样的方法去走完这条路。因此，该书是给有心改变自己，并进而改善周边环境的人反复阅读的书，也可以说这是一本人生指导之书。

[影片推荐]

剧情片《无问西东》，中国，2018 年，片长 138 分钟。

内容简介：影片讲述了五个主要角色的故事。吴岭澜在年轻时充满朝气，但途中迷失方向；沈光耀自愿参与战争，他一直在做那些令他害怕但重要的事；王敏佳最初因虚荣撒下小谎，在两个男人中选择一个，最终导致众人唾弃；陈鹏将爱情置于理想之上，但爱情未将他置于首位；张果果身处职场，“赢”是他的习惯，直到面临一个比“赢”更重要的选择。几个年轻人在不同的时代中为理想前行，也因为时代变革迎来考验，面对残酷的选择逐渐健全人格。

第五章　学海无涯“乐”作舟
——学习心理与学习能力培养

心语引导

学不可以已。——《荀子・劝学》

未来的文盲不再是目不识丁的人，而是没有学会怎样学习的人。——阿尔文・托夫勒

大学是学生走向社会的过渡时期，因此大学阶段的学习不仅仅是知识、技能的学习，更包含了态度、品德、为人处世、自我管理等方方面面的学习，善学也就成为这一时期学习的关键。然而学习是一个十分复杂的心理过程，它需要智力因素和各种非智力因素的积极参与，心理健康状况和发展水平将直接影响大学生的学习过程和学习效果。培养良好的学习心理是大学生心理健康教育的重要内容，它对于提高大学生的学习质量和学习效率具有特别重要的意义。

拓展阅读

巴甫洛夫的经典性条件反射实验

俄国著名生理学家巴甫洛夫，是最早提出经典性条件反射的人。他做了这样一个实验：每次给狗送食物前打开红灯、响起铃声，这样经过一段时间以后，铃声一响或红灯一亮，狗就开始分泌唾液。

（1）食物可以使狗分泌唾液，分泌唾液是自然的、无法控制的反应。食物是一种无条件刺激。

（2）铃声不会使狗分泌唾液。铃声是一种条件刺激。

（3）巴甫洛夫把食物和铃声配合起来，使狗学会把两者联系起来。

（4）最后即使没有食物，铃声也可以引起狗分泌唾液。

当嘴里有食物时，狗会产生分泌唾液的反应，这种反应是本能的。巴甫洛夫把这种反应称为无条件刺激（unconditioned stimulus，UCS），把反射性唾液分泌称为无条件反射（unconditioned reflex，UCR）。为了使狗对某种刺激形成条件反射，把这种原来只会引起探索性反射的中性刺激与无条件刺激配对。经过一系列配对尝试后，只是发出铃声，不提供食物，也能引起狗分泌唾液。在这种情况下，铃声就成了条件刺激（conditioned stimulus，CS），铃声引起的唾液分泌就是条件反射（conditioned reflex，CR）。由此可见，条件反射仅仅是由于条件刺激与无条件刺激配对呈现的结果。

原来并不能引起某种本能反射的中性刺激物，由于它总是伴随某个能引起该本能反射的刺激物出现，如此多次重复之后，这个中性刺激物也能引起该本能反射。后人称这种反射为经典性条件反射。两种刺激物必须经过多次结合，使中性刺激物成为条件刺激物的信号后，这种反射才会形成（表 5-1）。

表 5-1　经典性条件反射形成的 3 个阶段

阶段	反应
形成前（阶段 1）	无条件刺激→无条件反应→中性刺激无反应 （肉）　（唾液分泌）　（铃声）
形成中（阶段 2）	中性刺激+无条件刺激→无条件反应 （铃声）　（肉）　（唾液分泌）
形成后（阶段 3）	条件刺激→条件反应 （铃声）（唾液分泌）

经典性条件反射的特点：①加强，将条件刺激与非条件刺激多次结合呈现，可获得条件反射和加强条件反射；②消退，若对条件刺激不予强化，已习惯的反射就会逐渐消失，刺激反射不再出现；③恢复，消退了的条件反射，即使不再给予强化训练，也可能重新被激发，再次出现；④泛化，某种特定条件刺激反射形成后，与之类似的刺激也能激发相同的条件反射。

无条件反射是人的本能，若要将无条件反射转变到主动学习、适应学习上，则需要不断进行探索，以帮助大学生适应大学的学习模式，养成主动学习的好习惯。

第一节　学习的心理机制

一、学习的含义

学习最早见于我国古代儒家经典《论语》。《论语·学而》中有句话是："学而时习之，不亦说乎？"可见在我国古代，"学"与"习"两字是分开使用和理解的。一般来说，所谓的"学"，主要是指获取知识和技能，有时指接受各种感性知识和有关六经之类的书本知识。它与"思行"相对，有时又兼有"思"的含义。所谓"习"，主要是指巩固知识和技能。它一般有 3 种含义：温习、练习、实习。总之，所谓"学习"，包括学、思、习、行，而学、思、习、行的过程，就是学习的全过程。

许多心理学家、教育学家和哲学家从不同的观点角度提出了学习的定义。美国心理学家桑代克曾说："人类的学习就是人类本性和行为的改变，本性的改变只能在行为的变化上表现出来。"美国教育心理学家加涅曾说："学习是人类倾向或才能的一种变化，这种变化要持续一段时间，而且不能把这种变化简单地归之为成长过程。"美国心理学家希尔加德曾说："学习是指一个主体在某个现实情境中的重复经验引起的、对那个情境的行为或行为潜能的变化。不过，这种行为的变化不能根据主体的先天反应倾向或暂时状态（如疲劳）来解释。”国际 21 世纪教育委员会向联合国教科文组织提交的报告《学习——财富蕴藏其中》指出：“学习是指个体终身发展、终身教育的理念。”

学习的定义有广义和狭义之分。从广义上讲，学习是人和动物在生活过程中通过实践训练而获得的由经验引起的相对持久的适应性的心理变化，即有机体以经验方式引起的对环境相对持久的适应性的心理变化。从狭义上讲，学习指人类的学习。人类的学习是指个体在社会生活实践中，以语言为中介，自觉地、积极主动地掌握社会的和个体的经验的过程。从广义的定义上看，学习体现了 4 个论点：①学习是动物和人共有的心理现象，虽然人的学习是相当复杂的，与动物的学习有本质区别，但不能否认动物也是有学习能力的；②学习不是本能活动，而是后天习得的；③任何水平的学习都将引起适应性的行为变化，不仅有外显行为的变化（有时并不显著），也有内隐行为或内部过程的变化，即个体内部经验的改组和重建，这种变化不是短暂的，而是长久的；④不能把个体的一切变化都归为学习，只有通过学习活动产生变化才是学习（如由于疲劳、生长、机体损伤及其他生理变化所产生的变化都不是学习）。

二、大学生学习的特点

大学生学习是学习的一种特殊形式。学习是大学生的主要任务，大学生正处于智力发展的高峰期，记忆力、观察力、思考力、逻辑思维能力与创造性都有很大的发展。大学生的学习既不同于儿童的学习，也不同于成人的学习。大学生学习的特点主要表现在下面几个方面。

（1）学习主体的变化。中小学时期的学习以教师组织教学为主，大学学习是以教师为主导、学生为主体进行的，这就决定了大学生的学习带有一定的创造性，即大学生不仅能举一反三，还能提出自己的独到见解，活化所学知识。

（2）学习的自主性。学习的自主性无论从学习内容、学习时间还是学习方式上都更加强调个体在学习活动中承担的角色，主要强调学习的自觉性与能动性。大学生学习的能动性主要表现在两个方面。①大学生对学习内容具有较大的选择性，特别是随着高等教育改革的深化，大学的课程安排更加科学合理，既有公共必修课、专业基础课，又有辅修课程及选修课，大学生可以根据自己的专长、爱好、兴趣，自由选择。大学生选择课程主要考虑以下几个方面：学科内容与职业的契合度、学科的实用性、自己的兴趣及将来的职业生涯选择等。例如，计算机、外语之所以始终是大学生学习的重点与热点，就是因为科技发展日益显示出这两门学科的重要性。另外，大学生可以控制自己的学习时间、学习方法与学习内容。自学能力已经成为衡量大学生学业拓展能力的重要指标。②高校更加重视学习知识活化能力，即知识应用能力，课程设计、学年论文、毕业设计与毕业论文既体现大学生运用知识的能力，又充分体现大学生的主观能动性。

（3）学习的专业性。大学生的学习是在确定了基本的专业方向后进行的，因此其学习的职业定向性较为明确，即为将来走上工作岗位、适应社会需要所进行的学习；专业与学科群的划分也将大学学习与未来职业生涯紧密地联系在一起，而专业学习要求大学生既要了解本专业的前沿知识与经典理论，又要掌握与专业相关的基础知识。

（4）学习方式的多样化。信息时代，教师不再是知识的中心，知识的多元化带动了学习方式的变迁，网络开辟了一条学习的新途径。除课堂教学外，课外实习、课程设计、科研训练、专家讲座、学术报告会及社会实践等都为大学生提供了多种多样的学习途径。

（5）知识的学习与能力、素质的培养并重。目前正在进行的高等教育改革一再强调知识技能的学习与实践能力的培养同样重要。那种只重视学生学习具有实用价值的知识而忽视学生创造能力的培养的做法，必须摒弃。

（6）大学生学习的探索性与创新性。大学生学习已具有一定的探索性，即对书本之外的新观点、新理论进行深入的钻研与探索。大学生学习不仅在于掌握知识，更在于探究知识的形成过程与科学的研究方法。目前，我国高等院校普遍加强了大学生创新能力的培养，在课程设置、课程安排、课程衔接上突出大学生的主体地位，增加了大学生的实践环节，旨在提高大学生的创新能力。

三、大学生学习的任务

1. 学会学习

大学生将来面临的社会是学习型社会，学会学习是在这个社会生存下去并为之做出贡献的基本要求，这就要求大学生无论从学会生存的角度还是从面向未来的角度，都应当把学会学习作为大学学习的出发点，把学会学习作为大学学习中最重要的学习。

学会学习就是要培养独立自主的学习能力，摸索出一套科学的、适合自己的高效学习方法：形成良好的学习习惯，学会合理安排自己的时间，学会熟练地掌握查阅文献、综合分析信息的方法和能力。学会学习是一个过程，不是一蹴而就的，需要大学生具有培养自己学会学习的意识，在学习基础知识和专业知识的过程中不断探索，要在学习中处处留心，不断总结，逐步达到真正会学习的境界。

2. 学会做人

大学是一个小社会，是大学生独立人生的开始。每个大学生要适应未来的社会和工作，在考虑问题时，必须跳出自我的圈子，多角度地观察和思考问题，培养完善的人格，使自己成为一个全面发展的人。从心理健康的角度来说，做一个全面发展的人，就是做一个智力正常、情绪稳定、人格完整、自我评价正确、人际关系和谐、适应能力强的人。

3. 学会做事

大学生学习的目的在于将所学知识奉献给社会，即在于做事。同样，大学生学会做人的目的也在于更好地去做事，因此学会做事是大学生学习的又一重要任务。

学会做事并不是一件容易的事情，它要求大学生具备一定的素质和能力。大学生应抓紧在校的学习时间，不断培养和提高自己各方面的素质和能力，为将来走上社会、做好事情打下基础。具体来说，大学生应具备的基本素质有：①思想政治素质，包括科学的世界观，正确的政治方向、政治立场和政治态度，一定的政治敏锐性和鉴别力，坚定的共产主义理想和信念等；②道德素质，包括诚挚的爱国主义情感，热爱劳动，有艰苦奋斗的精神、合作精神、创业精神、奉献精神；③科学素质，包括合理的知识结构，精深和广博的专业知识，强烈的科学意识和科学观念，科学的思维方式和工作方法，求实的科学精神和科学态度；④身心素质，即大学生必须身体健康、心理健康。

要学会做事，将来在社会中开创自己的事业，不仅需要具备一定的素质，还需要具备相应的能力。能力作为胜任工作的主观条件，不是与生俱来的，必须经过学习和培训才能获得。大学生要做好每件事应具备的能力包括熟练运用专业知识的能力，辨别是非的能力，组织管理能力，敏锐的信息收集、综合、分析能力，建立良好的人际关系能力，勇往直前的开拓创新能力，语言表达和写作能力，等等。

4. 学会生活

学会生活是做好其他一切工作的基础，一个不会生活的人，在学习和工作中必将遇到一系列困难，很难将学习和工作做好，在与周围人相处中也易遇到障碍。因此，学会生活是大学学习的重要任务之一。

大学生学会生活，就是要形成文明的生活习惯和健康的生活方式，主要包括以下内容。

（1）树立科学的健康观。这里的健康不仅指身体的健康，还强调一种在现实的环境中有效运作的能力，如在经常变化的环境中能消解紧张，经得住压力与挫折，能积极安排自己的各种生活；身体健康，使自己的智慧、情感融为一体，生活和精神充满生机，真正达到生理和心理的健康。

（2）积极参加各种有益的社会活动和集体活动。大学通常给予大学生很大范围的自主安排时间的权利，大学生要学会合理安排好时间，使自己在学习之余，能够开展健康有益的文艺、体育等活动，以及社会实践活动。通过活动，积累生活阅历和经验，同时可以放松身心，调节情绪，提高素质，陶冶情操。

（3）养成良好的集体生活习惯。大学生要做到心胸豁达，乐观开朗；生活规律，坚持锻炼；劳逸结合，善用闲暇；营养适当，不吸烟，不酗酒；适应环境，与人为善；自立、自尊、自爱、自强。

第二节　大学生常见的学习困扰

学习的实质是要形成良好的学习心理。当代大学生受到来自社会、家庭和自身等方方面面的影响较多，在学习中经常出现这样或那样的心理问题，致使学习质量下降，学习效率降低，学习任务不能圆满完成。因此，心理辅导在学习方面的作用就显得异常重要。

一、学习动机问题

动机是直接推动一个人进行行为活动的内部动力。学习动机就是激发个体进行学习活动，维持已引起的学习活动，并使行为朝向一定学习目标的一种内在的心理过程或内部心理状态。学习动机在大学生学习过程中具有重要的作用。一方面，学习动机可以督促大学生为接下来的学习做好准备；另一方面，学习动机又可以作为一种学习结果，强化学习行为本身，促进“学习—动机—学习”的良性循环。但是学习动机与学习效果并不是正比关系，心理学著名的耶克斯-多德森定律告诉我们，动机强度和学习效果之间的关系可以用一个倒 U 形曲线描述，即中等程度的动机学习效率最高，而动机过弱和过强都会影响学习效率。

案例分析

无动机，无动力

小燕，19 岁，刚进大学便意识到自己最主要的问题就是无法专注于学习，注意力难以集中。在上大学之前，她没有出现过此种情况，高中阶段成绩优良，学业上一帆风顺，直到考上大学。小燕原本是理科生，却被调剂到一个文科专业，专业不对口，她在开学初参加过转专业考试，但是结果并不理想，转专业没有成功。她对文科生的学习模式和方法不适应，对所学专业缺乏兴趣，加上该专业就业前景黯淡，是所谓的“冷门专业”，这些使她产生了一种强烈而持久的挫败感。于是她对学习根本提不起兴趣，看到专业书籍就头疼，在课堂上无法集中精力听讲。临近考试时，她十分焦虑，压力很大，感到茫然，学习没有动力，生活没有目标。

分析：小燕由于对大学新环境的适应不良，对自己有较高的要求，但客观上未能实现，因而产生焦虑情绪，同时出现相应的生理反应，如头痛。学习动机不足的原因主要有两个。一是学习目标不明确。小燕没有一个明确的学习目标，对所学专业不了解，对未来不确定，对学习失去动力。二是学习兴趣欠缺。第一志愿未被录取，她服从调剂学习文科专业，因对该专业知识缺乏兴趣，加之该专业就业前景黯淡，导致她学习情绪低落，学习态度冷漠。

（一）学习动机缺乏

1. 学习动机缺乏的表现

（1）无明确的学习目标。这类学生在学习上既无长期目标，也无近期目标。没有前进的动力，认为在大学里只要每门功课能拿到 60 分，最后能拿到文凭就行了。表现在平时不愿意看书，不愿动脑筋，贪玩；学习上得过且过、拖拉、散漫、怕苦怕累，并常为自己学习上的懒惰行为找借口。

（2）无自信心。这类学生在学习上缺乏自信心，没有求知的欲望和激情，总认为自己就是学不好，认为自己天生就不行，对学习提不起兴趣。

（3）注意力分散。这类学生注意力差，表现在平时不能专心看书，不能集中精力思考，兴趣容易转移；上课时不专心，思路不能跟着教师走；学习不够深入，常常一知半解。

（4）缺乏适宜的学习方法。这类学生由于学习方法不当，学习上一直处于被动、消极的状态。他们常把学习看成是被迫干的苦差事，不愿积极寻找适合自己的学习方法，只满足于死记硬背，应付考试。由于缺乏正确而灵活的学习方法，他们往往不能适应紧张、繁忙的学习生活。

（5）有厌学情绪。这类学生的学习态度不端正，对学习生活感到无聊，学习时无精打采，很少能享受到学习带来的快乐。表现在平时不愿意看书，不愿意上课，上课时也提不起精神，不愿意动脑筋，课后不做作业、不复习，对学习敷衍了事。

2. 学习动机缺乏的原因

（1）学校原因。学校是育人的场所，也是大学生生活的环境。学校的软硬件条件如校园环境、师资力量、教学设施、学风、校风、校规、校纪等，都会影响大学生的学习动机。学校的环境不良、设备陈旧等也将通过影响大学生的情绪而影响其学习动机；学风、校风不良，校规、校纪不健全，容易形成不好的学习氛围而影响大学生的学习动机；师资水平不高，教学方式老套，教学内容落后，则不能激起大学生的学习兴趣，最终影响大学生的学习动机。

（2）家庭原因。大学生虽然离开家庭，来到学校生活，但家庭环境对学生学习动机仍然有直接影响。大学生家庭的经济条件、父母的文化程度和父母对子女的期望程度及教养方式等都会对大学生的学习动机产生不同程度的影响。

（3）个体原因。上大学是大学生独立人生的开始。学生本人的情绪、意志、态度、兴趣、经历、价值观及健康状态等都会对学习动机产生影响。思想松动、不思进取，是导致部分大学生不愿意、不勤奋学习的主要因素。一个对待学习有消极情绪且学习意志薄弱的大学生，很难想象他会有强烈的学习动机。同样，一个对所学专业不感兴趣、抱有负面情绪的大学生，也不会有强烈的学习动机。个人以往的学习经历中如果遭遇到太多次的失败与挫折，对待学习就会有痛苦和沮丧的情绪，挫伤学习自信心，导致学习动机减弱甚至消退。个人的价值观和健康状态等因素对学习动机也有重要的影响，正确的价值观和健康的身心状态会促使大学生产生积极的学习动机；反之，则不利于学习动机的形成。

3. 学习动机缺乏的调适

学习动机是推动学生进行学习活动的内在力量，学习动机有问题，要根据原因进行有针对性的调适。对此，可考虑从以下几个方面入手。

（1）明确学习的目的和意义，确立合适的学习目标。部分大学生缺乏学习的积极性和主动性，是因为他们不知道学什么、为什么学和怎样学，即没有明确的学习目标。一个不知道学习的具体目的和意义的学生，是很难充分发挥其学习的积极主动性的。当他明确了学习的具体目的和意义之后，就会产生一种强烈的学习愿望，推动他去积极主动地学习。对于没有明确学习目的和意义、没有学习目标的大学生，可以考虑先确立一个切实可行的近期学习目标，目标不应过高也不宜过低，以经过适当努力即可达到为宜，以后可逐步提高目标。这样做可以避免大学生因目标过高、不能实现而产生挫败感，有利于激发学习动机。

（2）激发求知欲。早在两千多年前，孔子就说过："知之者不如好之者。"爱因斯坦也说："热爱是最好的老师。"如果大学生喜欢自己的专业，就会产生一种内在的学习驱动力，因此培养大学生对本专业稳定的学习兴趣，对学习动机的激发和心理健康都将十分有利。大学生对专业兴趣的培养可以通过听讲座、看相关专业书籍、参加本专业的讨论会等形式，去了解自己的专业在人类文明发展过程中的重要作用及其在当今世界上的发展水平等。另外，大学生还可以通过参观专业对口的工厂、企业、研究所、学校等，真切体会专业学习的重要性，从而产生学习动力，提高学习兴趣。

（3）进行正确归因。归因是对他人或自己的学习结果的原因做出解释或推测的过程。有相当一部分大学生缺乏学习动机是由于学习上遭遇失败和挫折后，进行了不正确的归因所造成的。因此，只有建立一种正确的成败归因模式，才能端正学习动机和提高学习成绩。大学生归因训练模式常采用以下 3 种方法。第一，团体发展法。大学生可以组织 3～5 名同学在一起分析讨论学习成败的原因，每个人填写归因量表，即从一些常见的原因（如能力、努力程度、任务难易、同学帮助等）中选出与自己的学习成绩关系最紧密的因素，并且评价这些因素所起的作用。同学间可相互指出自我评定中存在的归因偏差。第二，观察学习法。教师可适时地组织大学生观看归因训练的视频，引导大学生把成功和失败的原因归之于自身努力程度，让大学生树立"只有努力才有可能成功，不努力注定要失败"的信念。另外，要避免大学生产生"成功只取决于努力"这种不现实的认识，引导他们既要正确评价自身能力，又要认识到努力对成功的巨大作用。第三，善用归因法。最早提出归因理论的是美国社会心理学家海德。他认为，行为的原因或者在于外部环境，或者在于个人自身；他人的影响、奖励、运气等都是外部环境原因，人格、动机、情绪、态度、能力、努力等都是个人自身原因。美国心理学家维纳认为，这种分类太过简单，所以他又加上了稳定性和可控性两个因素。

归因有积极归因和消极归因两种。积极归因是指把成功归于内在、稳定的因素，即把自己的成功归因于自己的能力强而不归因于运气好，把失败归因于内在、可控的因素，即归因于努力不够而不是能力不强。这样的归因模式能增强自豪感和自信心，产生愉快的情绪体验；消极归因是指把成败归因于外部或不可控的因素，即成功时归因于诸如运气好、任务容易等因素，失败时归因于智力弱或能力低。消极归因会引发不良的情绪体验。

拓展阅读

乐观归因理论

美国心理学家塞利格曼的乐观归因理论将乐观分解为 3 个维度：①"稳定—不稳定"；②"内部—外部"；③"特定—普遍"（表 5-2）。

表 5-2　乐观归因理论

项目		特定	普遍
内部	稳定	我肯定有什么地方让领导不喜欢我了，他老是找我一个人的麻烦	我就是特别容易招领导不喜欢、让别人挑剔我
	不稳定	看来是我昨天那个报告出了大问题，让领导生气了	我最近一段时间工作状态不太好，大家对我都不太满意
外部	稳定	领导就是对我不满意，老是这样针对我	他不适合当领导，老是对我们这些下属乱发火
	不稳定	他儿子昨晚又和他吵架了吧，让他这么不高兴	他也有四五十岁了，肯定是更年期，情绪总是不稳定

下面用一个简单的案例来说明乐观归因理论。

你和朋友一起去参加一家公司的面试，他很顺利就通过了，而你事前做了很多准备，却连第一轮面试都没有通过。这是一件不好的事情。对于这件已经发生的事，你试图进行解释。你的归因（认知）会在很大程度上影响你的情绪和行为。

（1）从“稳定—不稳定”维度分析。如果你认为导致你失败的原因是稳定的，那么很自然，你就会觉得在未来一段时间内，还是没有办法找到好工作，甚至有可能认为参加学生会主席选举等类似事情也不会有什么好的结果，这种悲观的归因会持续地影响你；倘若你认为失败是不稳定的，只是偶尔发生的，那么你对未来就肯定有更多的乐观期待，这次的失败不会影响你很长时间，你的挫折感会很快消失。

（2）从“特定—普遍”维度分析。如果你认为这种失败是普遍存在的，那么你对自己在各个领域的事情都不会有很好的期待，你觉得失败会随时出现；当你认为失败只是出现在特定领域时，你就减少了这次失败给自己带来的负面影响，能够更快地调整自己的状态，进行下一次尝试。

（3）从“内部—外部”维度分析。如果是内部的原因，不难想象，你很容易对自己的能力产生怀疑，降低自我效能感和自尊；倘若只是外部的原因，那么这件事和自尊无关，你会继续为下次的面试做好准备。

（4）体验学习的成功感。在学习动机形成的过程中，重要的是大学生要对自己的学习能力有信心。因此，体验学习的成功感对于学习动机的激发有重要的意义。大学生可以在学习过程中创设成功的机会，在自身的进步中体验成功的喜悦，并从自身的变化中认识自己的能力。另外，大学生还可以通过观察与自己能力相近者获得成功的行为，来激发自信心，增强成功感。

（5）掌握良好的学习方法。学习方法不当会使学习效果不佳，长期学习效果不佳，会使学习动机减弱甚至消退。要想始终维持良好的学习动机，大学生就必须掌握一套良好的、适合自己的学习方法。

（6）积极创设有利于学习的氛围。良好的学习氛围和学习环境是激发学习动机、促进学习的外部条件。外部环境主要包括社会环境和学校环境。一个尊重知识、尊重人才的社会，一个拥有良好校风的学校环境都能对大学生的学习动机起直接或间接的积极影响作用。

（二）学习动机过强

1. 学习动机过强的表现

（1）自我期望值过高。这类大学生由于缺乏对自身各方面素质的全面认识和对外界客观条件的正确认识，为自己确立的抱负与期望远远超过了自己的实际水平，目标过高，成就欲望过于强烈，形成了只能胜利不能失败的单向定式心理，可是自己的水平和能力又达不到目标的要求，从而造成失败。失败的体验又挫伤了自尊心、自信心，严重的会产生自卑、压抑等心理问题，从而影响了学习效果。

（2）学习过于勤奋。学习动机过强的大学生往往把学习看成是至高无上的，把时间全部用在学习上，从不或很少将时间花在娱乐或文体活动上，认为时间不用在学习上就是一种浪费。如此长久下去，将会影响一个人正常人格的发展，影响身心健康，不利于个人发展。

（3）有强烈的争强好胜心理。学习动机过强的大学生常把分数和名次放在很重要的位置，他们争强好胜，在每次考试或竞赛中总想取得第一名，害怕失败。他们很想得到老师、长辈、亲朋好友的肯定与表扬，唯恐失败而被人看不起，看到别人超过自己就不高兴，嫉妒心强。

（4）精神紧张。学习动机过强的大学生由于长时间超负荷学习，压力巨大而导致心理脆弱，情绪上难以放松，常伴随着学习焦虑和考试焦虑现象。精神紧张易引起学习过程中注意力不能集中、记忆力下降、思维迟钝等问题，从而造成学习效率低。久而久之，还容易产生头痛、头昏、耳鸣、心悸、胃肠不好、失眠多梦等诸多身心疾病。

（5）对自己要求过严，容易自责。学习动机过强的大学生追求的是学习上的高目标，对自己的要求是只能胜利，不能失败，这样就容易产生挫折感。他们往往不允许自己失败，一旦没有达到自己设置的目标，就会责备自己，并给自己施加更大的压力，期望下次获得成功。他们通常不满意自己的现状，总觉得自己应该做得更好。

案例分析

恰当评估自己的能力

小北，某大学二年级学生，各方面一直很优秀，对自己要求很高，父母均对他寄予厚望。在大学，小北进行了认真细致的规划：成绩要拔尖，在二年级通过英语六级考试和托福考试，为将来出国留学做好准备；二年级竞选学生会成员；三年级入党；与此同时，锻炼自己各方面的能力。于是，在大学，小北就像一只陀螺飞速运转着，珍惜大学的分分秒秒，毫不懈怠。然而他逐渐发现自己离目标越来越远，这使他忽然怀疑起自己的学习能力，感到自己在学习上没有太多优势，甚至多年积累的自信也受到挑战，对未来，他忽然担心起来，不知该如何做。

分析：小北的困惑是自身学习动机过强引起的。小北对学业期望过高，自尊心强，对自己的学习能力缺乏恰当的评估，因而造成学业自我效能感下降，导致心理压力大；他既渴望学业成功又担心学业失败，受表面的学习动机的驱使，渴望外在的奖励与肯定，特别是学业优秀带来的心理满足使他更看重自己的学业优势，造成学习强度过大，导致心理疲劳。

2. 学习动机过强的原因

（1）学习目标设置过高。学习目标是激发学习动机不可缺少的因素之一，一个没有学习目标的大学生，很难有高涨的学习热情。然而，如果学习目标定得太高，没有考虑自身的条件和现实状况，使目标实现的概率在可能的范围之外，就可能造成学习动机过强，导致对自己过于严格、过于苛刻。

（2）不恰当的认知模式。努力学习是取得成功的必要条件之一，这是毋庸置疑的。但是，有的大学生把努力学习看成是取得成功的唯一条件，错误地认为“只要我努力，我就能获得成功”。这种认知模式就是大学生产生学习动机过强的基础，容易使他们在现实学习生活中，不顾自身及现实的客观条件，为了一个不太可能实现的目标盲目努力，却始终尝不到成功的喜悦，进而对自己的身心造成一定的伤害。任何成功都与自身能力和环境因素有关，努力是成功的必要条件，但不是唯一条件。正确的认知模式应该是“只有努力才有可能成功”，或者“努力+能力+环境=成功”。

（3）他人不恰当的强化。大多数人会支持那些学习动机过强者，称赞他们学习劲头足、刻苦、有志向，并期望他们做得更好。来自家庭、学校、社会的肯定和支持，又进一步强化了他们的学习动机，使他们看不到动机过强的危害，反而使他们对自己要求更严，过于苛刻。

（4）个体原因。学习动机过强，还与一个人的性格特征有密切的关系，如具有做事过于认真、追求完美、好强固执等性格特征的大学生就极易形成过强的学习动机。个人性格的形成，既与个体的遗传因素有关，也与个体的成长经历、成长环境有关。在儿童性格形成的初期，如果家庭教育过于严厉，父母对孩子的期望值过高，往往易使子女形成争强好胜的性格特征，导致日后学习动机过强。

3. 学习动机过强的调适

（1）加强自我认识。部分大学生学习动机过强，往往来自对自己的过高评估，并由此造成在学习中对自己过分苛求，带来身心伤害。因此，要解决学习动机过强的问题，首先对自己的能力和水平要有客观的评价，正确认识自我，制定的目标要在自己能力所及的范围内，既不要好高骛远，也不要盲目攀比、操之过急。

（2）科学地制定目标。制定目标时要考查自己具备的条件及实际环境，目标要分阶段、分步骤、循序渐进，不能只有远景的大目标，而没有近景的阶段目标。做任何事情都应脚踏实地，一步一个脚印，学习也不例外。还需注意的是，目标一定要在自己能力所及范围之内，要清晰、具体，具有可操作性，经过努力能够实现，切勿把目标定得过高、过于模糊，难以实现。

（3）将关注点聚焦在学习活动本身。学习动机过强的大学生往往过分关注长辈、老师及同学对自己的看法，使自己压力过大，患得患失。因此，对于这样的大学生，要注意引导他们把关注点聚焦在如何学会学习上，而不是成绩好坏上，要提高他们的抗挫折能力。

（4）营造宽松的学习氛围。学习动机过强，不是一朝一夕形成的，它有一个形成过程。在这个过程中，环境的影响起着很大的作用，因此父母、教师、社会应尽量为大学生营造宽松的学习氛围，细心观察大学生的言行，以充分了解大学生的心理活动，及时依据个人的不同情况给予正确的引导，让他们从小以正确的态度对待学习，对待别人的评价。

二、学习焦虑问题

学习焦虑是人的一种情绪状态，是个体由于不能达到预期的学习目标或不能克服学习上的困难而使自信心受到挫伤，或者使失败感和内疚感增强而形成的一种紧张不安、带有恐惧的情绪状态。人的焦虑情绪有高、中、低程度之分，焦虑程度过高或过低都对学习有不利的影响，只有适中的焦虑程度，才有利于提高学习效率。可见，焦虑程度与学习效率的关系和动机程度与学习效率的关系是相似的，均为倒 U 形曲线。倒 U 形曲线表明焦虑程度过强和过弱都会使学习效率下降，中等焦虑程度则有利于取得最佳学习效果。

在当前大学生中，由于从中学到大学的转变，无论是学习环境，还是学习内容、学习方法、学习目标等方面都发生了较大的变化。部分大学生难以适应这一变化，所以学习焦虑的问题比较常见，尤其是个性较敏感、性情急躁的大学生更容易陷入这种焦虑状态。长期保持较高的焦虑水平，不仅会对大学生的学习效率、效果产生很大的负面影响，严重的还将影响他们的身心健康。

案例分析

焦虑所带来的烦恼

小西是一个比较敏感的学生。在英语四级考试的前一天晚上，她找到心理咨询老师，自述：她对此次考试感觉发慌，以前也有重要考试前紧张发慌的经历，担心考试不通过，害怕考试紧张、出错。学习紧张时会头痛，遇见不开心的事情也会头痛。考场中别人有意无意发出的声响也会影响她的情绪，进而不能正常答题。在此次考试前几天的复习中，有个同学提出几个问题她没答上来，但别的同学答上来了，还说了句“这是最简单的，练习题上的，还能不会呀？”。这使小西感到压力很大，信心更加不足。之后几天，宿舍同学之间出现矛盾，小西觉得这会影响到考试。她每次都尝试在感觉紧张的时候进行深呼吸，但效果并不理想。

分析：从小西的表现来看，这是典型的考试焦虑症状。考试焦虑是大学生中较常见的焦虑现象，是由于担心考试失败或过分渴望获得更好的分数而产生的一种忧虑、紧张的心理状态，是一种严重影响考试水平发挥的情绪反应。考试是一种复杂的智力劳动，要求考生保持头脑清醒、情绪稳定。有的大学生因考试紧张，不能正常发挥自己的水平，主要是由于求胜心切，从而加重了心理负担，妨碍了对知识的调动与提取，而记忆的暂时中断往往会加重焦虑情绪，进一步加深大学生对考试成绩得失的忧虑，导致恶性循环。在焦虑的状态下，大学生的分析、综合、抽象、概括等具体思维能力无法正常发挥，容易造成错答、漏答或不知如何应答，从而导致考试失败。

（一）学习焦虑的表现

处于严重学习焦虑状态下的大学生，由于精神过于紧张，顾虑的问题较多，常表现为在学习上注意力涣散、记忆力减退、思维混乱、烦躁、易怒等，严重的还常伴有头晕、头痛、忧虑等现象，影响身心健康。

处于严重焦虑状态下的大学生在多次努力学习无果的情况下，往往采用回避和退缩的方式消极对待学习，过早地放弃努力。但这样做反而使他们不能取得应有的成绩，学习成绩每况愈下，自责感不断增加，心理压力更大，进一步增加焦虑，造成恶性循环，引起行为上的进一步混乱、盲动，以致发生心理疾病。

学习焦虑的突出表现是考试焦虑，即在临考前或临考时产生紧张与恐惧的情绪状态。考试焦虑表现在临考前神经紧张、心烦意乱、无精打采、肠胃不适，可能出现原因不明的腹泻、多汗、尿频、头痛、失眠、记忆力减退、注意力不集中、思维迟钝、学习效率下降等。在临考时肌肉紧张、心跳加快、血压上升、手足发凉、注意力不集中、思维僵化、记忆受阻，原本熟悉的知识也因过度紧张而回忆不起来，严重时还会出现“晕场”的现象。

（二）学习焦虑的原因

学习焦虑的原因可以从个体外部因素和内部因素进行分析。来自外部的各种压力，要求大学生努力学习，取得好成绩。来自内部的因素，即大学生已具备的各方面素质与能力，可能还不足以使大学生达到外界对他在学习上的要求。内外因素的矛盾，加之部分大学生性格内向等，就极易形成学习焦虑。具体来说，影响大学生学习焦虑的内外因素包括以下几个方面。

1. 外部因素

（1）学业压力。大学学习的科目比中学多很多，学习难度加大，速度加快，学习方式方法也有所改变。这要求大学生及时跟上变化，调整自己的学习方法，科学合理地安排学习时间，紧跟教师的教学步伐，否则由于没掌握的知识不断累积，学习压力会很大。

（2）考试压力。考试压力主要来自部分大学生对考试的影响评估过高，认为考试成绩不好，影响个人在班级的威信，脸上无光，甚至有的大学生认为考试成绩不好会影响教师对自己的看法与信任，影响毕业时择业的条件等。另外，对考试结果期望值过高，提心吊胆，害怕失败，也是造成考试压力的一个重要因素。

（3）来自周围环境的压力。大学生生活在社会中，就必然要受到来自社会大环境与小环境的压力。这些压力包括：来自同学间的竞争压力；来自家长的“望子成龙，望女成凤”的压力；来自教师的压力，如教师对学生提出过高要求，对没达到要求的学生批评严厉，使学生产生一种对任课教师的恐惧感；来自社会的压力，如就业压力，迫使大学生要取得好成绩，以增强日后的择业竞争力。

2. 内部因素

（1）认识评价能力的影响。有些大学生自信心不足，总认为自己的智力、能力、基础不如别人；有些大学生成就动机过强，迫切希望取得好成绩并且超过他人；有些大学生平时偏科，对平时学得好的课程胸有成竹，而对平时学得不好的课程过分担忧；还有些大学生对以前的考试失败和挫折产生了阴影，以致遇到考试就产生害怕、紧张的恐惧心理。

（2）生活规律失常的影响。有些大学生平时贪玩，对学过的内容不能及时复习，一旦考试来临就“临时抱佛脚”，挑灯夜战，持续数天，导致生物钟紊乱，使得压力增大，以往积累的身体不适由内隐逐渐外化，出现腹泻、头痛、失眠等现象，这种情绪紧张又会导致出汗、颤抖等怯场现象。

（3）人格因素的影响。有些大学生性格比较内向拘谨，自控力和应变力差，认知评价的调控性较差，遇到考试就会紧张担忧，易引起考试焦虑和怯场；有些大学生自尊心过强，但又对自己缺乏信心，担心考试失败有损自己的形象或影响自己的前程等，这也会引起考试焦虑。

（三）学习焦虑的调适

任何事物的产生都有其起因，大学生应学会冷静分析造成焦虑的主观原因和客观原因，针对原因找出缓解焦虑的方法，不能采取回避现实的态度，放任焦虑的发展。自己无法找出原因的大学生，可到心理咨询机构去寻求专业人士的帮助。

正确认识和评价自己的能力，确定切合自身实际的学习目标，不要把学习名次看得过重。要知道，能不断超越自我，不断进步，也是一种成功。

调整适应大学学习的学习方式，尽快摸索总结一套适合自己的学习方法，注意劳逸结合，提高学习效率，掌握学习的主动权，尽快适应大学的学习生活。培养广泛的兴趣，正确处理学习活动与其他活动的关系，适当转移注意力，降低焦虑水平。保持适度的自尊心，降低对胜败的敏感度。同时，要增强自信和毅力，不怕困难和失败，保持情绪的稳定。

针对较为突出的考试焦虑问题，可考虑从以下几个方面进行调适。

（1）正确认识考试的意义，端正考试的态度。要认识到考试的目的只是检查教学的成效。通过考试，可以检验自己近段时期的学习态度、学习能力和知识水平，调整对自我的认识并不断完善自我。总之，考试是一种检验和激励的手段，它不能决定一个人的前途和命运，因此应将考试看成检验自己的大好机会，而不要把考试成绩看得太重。考试过度焦虑的根源不在于考试而在于学生自身。学生只要自己用理智和意志来进行控制和调节，就可以克服这种焦虑情绪。

（2）对考试成绩的期望值要符合个人实际。考试前应对自己掌握的知识和已具备的能力有正确的评价，在正确评价的基础上制定考试目标。这样的目标才符合个人实际，避免考试焦虑的出现。否则，如果目标太高，超过了自己的真正水平和能力，就会在考试之前因没有把握实现目标而失去信心，影响复习的质量和效果，最终导致考试过度焦虑。

（3）平日努力学习，充分准备，以平常心应试。考试成绩的高低取决于平日学习的努力程度，而不是考试本身。平日努力不够，复习不够，而企图在考试时侥幸地获得高分数，这是不切实际的想法。克服这种侥幸心理，可降低考试焦虑。这要求大学生在平时就要加倍努力，注意知识的积累和巩固，彻底吃透教材，克服学习中的难点，做好考前准备，这样才能以平常心应试，稳操胜券，克服考试焦虑。

（4）有意识地克服怯场现象。大学生考试时产生的怯场现象，可能是由于对考试信心不足而临场慌乱；也可能是缺乏应试的经验与技能，临时遇到问题无力应对；还可能是由于个人性格特点不能适应紧张的场面。因此，学校和心理教师应根据大学生的心理实际情况，在日常就对大学生进行相应的心理调适，以预防怯场现象的发生。

三、学习畏难问题

畏，是害怕、恐惧的意思，它是个体企图摆脱、逃避某种情境时产生的情绪体验；难，是困难、挫折的意思，它是个体从事有目的的活动受到阻碍或干扰，以致其动机不能得到满足时产生的情绪波动和心理防御的过程。大学生学习畏难是指在学习活动中遇到了某些阻碍和干扰，使学习的需求难以满足，于是产生了害怕学习的现象，进而产生了某些逃避学习的行为。

1. 学习畏难的表现

（1）逃避学习环境。有些大学生在学习上遇到困难或挫折后，往往不从主观上分析原因，反而片面地认为自己再怎么努力也是没有用的，于是变得对学习漫不经心，得过且过，转而把大量的精力用在与学习无关的活动中，如娱乐活动、谈恋爱等方面。大学生的这种逃离学习环境的行为，在一段时期内，对畏难情绪的缓解可能会起到一定的效果，但是学习毕竟是大学生的主要任务，学习的重要性在大学生生活的现实及在大学生的潜意识中会不断地以各种形式显现出来，提醒大学生要好好学习。这样，大学生很容易陷入逃避学习与需要学习的矛盾之中，进而造成学习畏难情绪。

（2）好幻想。有些大学生学习不好或遇到考试失败等挫折后，常以幻想的方式来排解当前消极的情绪。他们往往跳过努力学习的过程，幻想有一天学习成功了，他们将得到家长和教师的赞许、周围同学的认同，将来有可能走上好的工作岗位的愉快景象。这种幻想可能会使他们鼓起勇气，努力学习，但是如果总是沉浸在幻想之中，不去面对现实，会使他们难以接受学习过程的艰辛，以致最终不能适应学习生活。

（3）找借口。有些大学生每到考试时就会生病，他们中的一部分人是由于对学习有畏难情绪，害怕失败，精神紧张过度，不自觉地将心理上的困难转换成为身体方面的症状，为自己日后考试的失败找借口；也有一部分人可能并没有生病，但同样由于害怕考试失败，推说自己生了病，借以逃脱他人对自己学习不好的责备，从而维护自己的尊严。

（4）封闭学习。一些对学习有畏难心理的大学生还经常表现出对一切有关学习的事情自我封闭的态度。他们往往不愿意与人谈自己的学习情况。

2. 学习畏难的原因

（1）学习任务较重。大学的学习任务与中学的学习任务相比，加重了许多。这表现在：学习的课程增多，不仅有基础课，还有专业课，另外还有相当一部分选修课；大学的学习内容有很大一部分是专业的前沿知识，有很强的不确定性，要学生自己去辨别、去分析，有一定的难度；大学是面向社会培养有用的人才的场所，这就要求大学生不仅要掌握知识，还要很好地运用知识，更要求他们有一定的创新能力。

（2）对自己的认识不足。一些大学生对自己的能力与各方面素质做了过高的估价，于是盲目地给自己确定了过高的目标，其目标当然实现不了。一次次的挫折、失败给他们带来了不小的打击，使他们在学习上产生了畏难心理。

（3）学习方法不当。一些大学生在进入大学后，没能很好地调整自己的学习方法，仍沿用中学时的学习方法，这与大学的学习要求是不相匹配的。正是学习方法不当，使这些大学生虽然平时很努力，但最终仍遭遇失败。

3. 学习畏难的调适

（1）正确对待学习上存在的困难。学习上存在困难并不可怕，可怕的是不能正确地认识困难，进而不能很好地对待，使困难得不到解决；正确认识学习上存在的困难是解决学习问题的关键，而正确地对待困难、及时有效地解决问题可以防止学习畏难心理的产生。大学生的学习困难大多是不适应大学的学习节奏、未能找到适合自己的学习方法造成的。因此，了解大学学习的性质、特点，探索一套新的、适合自己的学习方法是大学生克服畏难心理的有效途径。

（2）改变不良认知方式。畏难心理的产生在很大程度上是由大学生对学习困难的认知引起的，或者说是由大学生认知方面的偏差引起的。例如，有的大学生一次考试失败，就认为自己能力不行，学不好；有的大学生在中学阶段学习一直很好，可是进入大学后，由于一时的不适应，造成学习成绩的滑坡，因而对自己的学习能力产生怀疑，开始害怕学习；还有的大学生把学习中的一些小失败、小挫折想象得非常可怕，认为自己能力不行，学不下去，毕不了业，找不到工作，人生没前途，生命没价值等。可见，改变大学生的不良认知方式，纠正错误的观念，引导大学生实事求是地评价学习中出现的各种困难，使他们从困难中看到希望，有利于克服学习畏难心理。

（3）勇于面对困难。最大的恐惧就是恐惧本身。当对某事物感到恐惧时反而去接近它，有利于克服恐惧心理。为了克服学习上的畏难心理，大学生应主动地投入到学习中，但是投入学习的过程要有一定的策略，大学生应从简单的学习活动开始，有计划、有步骤地学习，由易到难，使自己在不断尝到成功喜悦的同时，消除学习畏难情绪。

（4）优化个体自身的人格品质。学习上出现畏难心理与大学生的人格特征有一定的关系。性情急躁、意志薄弱、缺乏自信的人更容易产生畏难心理。因此，大学生应主动对自己的人格特征进行反思，有意识地培养自己良好的人格品质。

四、学习疲劳问题

学习疲劳是指连续学习之后，学习效率下降、学习进步速度缓慢、身心不适症状增加的一种心理与生理的异常状态。学习疲劳包括生理疲劳和心理疲劳。生理疲劳主要是肌体受力过久或肌肉重复伸缩而造成的机体上的一些疲劳症状；心理疲劳一般是由于长时间从事心智活动，大脑得不到休息，大脑皮质的兴奋区域代谢旺盛或兴奋持续时间过长，活动时间超过恢复时间，脑细胞处于抑制状态所引起的心理反应。

学习疲劳是一种保护性抑制，一般来说，经过适当的休息即可得到恢复，对大学生的身心发展不会造成什么影响。但是如果大学生长期处于疲劳状态，勉强让大脑的有关部位保持兴奋，就会导致控制大脑兴奋和抑制的系统紊乱，严重的还会导致神经衰弱等疾病，并可能引发身体器官的病变，严重影响大学生的学习和生活。

1. 学习疲劳的表现

（1）学习生理疲劳的表现。大学生学习时间长、强度高易造成生理疲劳，主要表现为肌肉痉挛，麻木，眼球发酸，头脑发涨，腰酸背疼，动作不准确、僵硬，打瞌睡等肌体反应。

（2）学习心理疲劳的表现。大学生学习用脑过度造成的学习心理疲劳主要表现为注意力分散，思维迟钝，易躁动、易忧郁、易怒，学习效率下降，对学习易产生厌烦情绪。

2. 学习疲劳的原因

（1）生理疲劳的原因。大学生生理疲劳主要是在学习活动中，由于学习压力过大，学习时间过长，不注意劳逸结合，睡眠时间不足，不注意用脑卫生和用眼卫生等原因造成的。长时间的生理疲劳易对大学生的学习造成不良影响，最终有可能出现学习上的心理疲劳，影响大学生的身心健康。

（2）心理疲劳的原因。大学生心理疲劳的原因是多方面的，除了因生理疲劳而造成的心理疲劳外，还有因学习内容单调、难度过大，学习过于紧张而造成大脑神经持续处于高度紧张状态，对学习缺乏兴趣；或是受到其他问题的干扰，如家庭经济问题、思想问题等原因造成心理疲劳。

3. 学习疲劳的调适

（1）科学用脑。大脑是人体一切活动的中心，自然也是学习活动的中心。学习活动持续时间过长，就会影响大脑的正常运转，引起疲劳。因此，科学用脑，保证大脑处于清醒状态，是缓解学习疲劳的有效方法之一。科学用脑，首先，从生理上要做到饮食合理，给大脑以充分的营养，保证其功能的正常发挥。其次，在学习时要根据不同的学习内容，合理安排用脑时间。再次，要注意不能用脑过度，不要等到"脑袋麻木"了才停止学习，否则极易引起大脑损伤，进而诱发各种身心疾病。

（2）劳逸结合。不会休息的人就不会学习，休息好是为了更好地学习，因此大学生要学会劳逸结合，只有这样，才能更有效地预防学习疲劳的发生。要做到劳逸结合，在经过一天的学习后，晚上按时睡觉，保证睡眠的充足。要养成良好的生活习惯，安排好学习和休息的时间。做到学习时专心致志，提高效率；休息时大脑放松，安心休养。学习与休息时间的安排应顺应人体生物钟的节律变化，而这一变化规律又会因地因人而有所不同，因此大学生应研究自己身体机能的工作规律，合理安排学习与休息的时间。此外，大学生在平时要注意加强体育锻炼，使脑力劳动和体力劳动交替进行，这可以改善血液循环，有利于消除大脑和肌体的疲劳。

（3）创设良好的学习环境。学习环境对人的心境有很大的影响，有研究表明，良好的学习环境可使大学生在学习活动中身心舒畅，提高学习效率；而在嘈杂、脏乱的学习环境中，大学生可能会心烦意乱、焦躁不安。因此，大学生在学习时应尽可能为自己创造一个良好的学习环境，避免身心疲劳的发生。

（4）培养学习兴趣。对学习感兴趣，在学习时就会心情愉快，长时间学习而不知疲倦；反之，对学习不感兴趣，就会感到学习内容枯燥、学不进去，很快就会进入疲劳状态。可见，大学生有意识地培养自己的学习兴趣，有利于避免学习疲劳。

五、注意力不集中问题

注意力是心理活动对一定对象的选择和集中。注意力是人的各种心理活动正常进行的保证，它在人的各种感受器官所接受的种种信息中选出符合个体当前需要的信息进行加工；它能保证信息在意识中持续进行精加工；它能监督和调节个体的行为，使之指向一定的目标，促进目标的达成。可以说，没有注意力，人的各种心理活动将很难进行。同样，大学生的学习活动也离不开注意力，注意力差的学生易出现学习效率低下、学习成绩下滑的现象。

1. 注意力不集中的表现

（1）容易走神。注意力不集中的大学生，常在学习时不能有效控制自己的心理活动，想一些与学习毫无关系的事情，思维远离当前的学习活动，且不易收回。

（2）易受干扰。注意力不集中的大学生，在学习时很容易被外界无关刺激所吸引，有时甚至是很微弱的刺激，也能引起他们注意力的分散，偏离当前的学习活动。

（3）无关动作增多。注意力不集中的大学生，在学习时往往伴随着一些与学习无关的动作，如说话、东张西望、玩弄手指、摆弄笔、摸东翻西等，始终不能把注意力集中在学习上。

（4）效率低下。注意力不集中的大学生的学习效率是很低的，他们通常给人的印象是花在学习上的时间很多，却见不到成效。有的大学生一个晚上都在看书，但可能一页都没有看完。

2. 注意力不集中的原因

（1）学习目标和任务不明确。学习没有目标，就没有努力的方向，更谈不上注意力的集中。同样，如果只有目标，而没有具体的学习任务，在每一次具体学习时，也可能会因缺乏必要的紧张而容易走神。

（2）对所学专业不感兴趣。有的大学生对自己所学的专业并不感兴趣，学习总是处于一种被动状态，形成“过得去就行”的心态，学习的注意力自然难以集中。

（3）不适应大学的学习方法。由于大学教育、教学方法的改变，大学生的学习方法与中学生的学习方法有明显的不同。一些不适应大学教育、教学方法的学生下课之后不知如何复习，并在没有督促、没有压力的情况下，管不住自己，只想玩，学习的注意力自然难以集中。

（4）学习环境不良。不良的学习环境对注意力也有一定的影响，如学习时周围噪声过强，学习环境杂乱、污浊，或者过于空旷冷清等，都易使注意力分散，影响学习效率。

（5）个体心理因素的影响。过度的疲劳和焦虑，也容易导致大学生的注意力不集中。长时间用脑，不注意劳逸结合，不讲究学习方法，都会引起大脑过度疲劳。大脑过度疲劳的结果，会使大脑产生抑制，造成注意力分散。另外，如果大学生过度焦虑，总是担心学习成绩不好，别人如何评价自己等问题，势必将学习的注意力引向这些焦虑点，而不能很好地集中在学习内容和学习过程中，引起注意力的分散，从而影响学习效果。

3. 注意力不集中的调适

（1）明确学习目标，规定任务。大学生在学习前应根据自己的条件，为自己确定一个适当的目标，并依据目标制订详细的学习计划。每次学习时都应有具体的学习任务，要带着任务和问题进行学习。这样，学习才有动力，才不易分心。

（2）激发学习兴趣。大学生入学后，就应了解所学专业的前景和发展方向，增强对本专业的兴趣，在“兴趣—志趣—乐趣”中将注意力集中在学习上。

（3）寻找科学的学习方法。大学生在入学之初，可能会不适应大学的教育、教学方法。大学生要迅速适应大学教学与中学教学的差别，尽快总结出一套适应大学教学并与个人自身条件相适应的科学的学习方法，把课后的时间充分利用起来。

（4）选择环境，排除干扰。由于每个人的心理特征不同，个人所喜好的学习环境也不同。例如，有的人必须在绝对安静的环境下才能集中注意力，而有的人在轻柔的乐曲声中更能集中注意力。因此，大学生可以根据个人情况，选择适合自己的学习环境。

（5）劳逸结合，张弛有度。大学生要科学地安排作息时间，适当地休息或进行体育活动，防止过度疲劳。同时，要消除焦虑、紧张情绪，保持平和愉快的心境。

（6）学会运用思维阻断法。注意力不集中的大学生在学习时常会胡思乱想，及时阻止这种纷乱的思绪对于提高学习效率大有益处。当纷乱思想出现时，一种方法是听柔和的音乐，使大脑放松下来；另一种方法是把眼睛闭上，反复握拳、松开，使肌肉收缩，同时对自己说“停”，如此反复数次，有助于集中注意力。

第三节　大学生学习策略和能力的培养

一、大学生的主要学习策略

大学生要圆满地完成学业，就必须在大学期间探索出一套既适应大学学习要求又契合自己各方面条件的科学的学习方法和策略，养成良好的学习习惯和学习品质。

（一）确定科学的学习目标和计划

明确、合理的学习目标和计划是大学生学习获得成功的基础。学习目标和计划缺乏科学性极易造成大学生的学习心理问题，如学习动机缺乏或学习焦虑、学习畏难等问题，影响学习效果。大学生要提高学习的质量和效果，就必须在德、智、体、美全面发展的基础上，制订切合实际的、符合自身条件的、有可能实现的计划。

1. 学习目标的确定

SMART 原则，是管理大师彼得·德鲁克在《管理实践》中提出的目标管理方法，按照这个原则确定的目标可实施、可跟进、可考核，也更容易实现。要想确定符合 SMART 原则的目标，需要符合以下 5 个特征。

（1）目标要具体（specific）。具体和不具体的区别在于目标能否用具体的语言清楚地描述出来，是否明确，只有目标具体化，才能制订明确可行的计划。

（2）目标可衡量（measurable）。可衡量就是要有明确的、能被量化的数据指标。

（3）目标可实现（achievable）。学习目标要难易适度，过于简单的学习目标等于没有目标，达不到促进学习的效果；难以实现的学习目标，会挫伤大学生的学习积极性。难易适度的学习目标应该是大学生在经过刻苦努力以后能够达到的，这样的学习目标才具有一定的激励和指引作用。

（4）目标要相关（relevant）。确定的目标必须与自己的身份相关联。对于大学生来说，确定的目标必须与自己的角色、未来工作相关联。学习目标要符合自身条件和发展方向。在确定学习目标之前，大学生应对自己各方面的能力有准确的评估，了解自己的特点、特长、兴趣，决定自己将向哪方面发展，然后再确定具体的学习目标。

（5）目标要有时限性（time-based）。时限性是指目标要有时间限制。只有有了时间限制，才能让目标更可控。诸如目标、规划、阶段、事项，都要有明确的时间节点，甚至细致到每天具体的学习事项。只有这样，才能督促自己按照确定好的时间节点来推进学习计划，避免拖延，提升学习效率。

2. 学习计划的制订

学习计划的内容包括具体措施、时间安排、进展速度、内容要求等。每个人的学习情况与生活习惯都是不一样的，因此计划对于每个人来说都不是固定统一的，别人的方法是很难完全套用的，最多只有借鉴意义。学习计划最终还是要依照个人的具体情况而制订，不能盲目，要切合实际。

（1）学习计划要定时定量。定时学习是完成学习计划的前提。定时学习一方面要做到每天必须保证必要的学习时间，另一方面要做到到了学习时间就要立即学习。由于长时间地使用大脑，会导致大脑疲劳，因此学习时间不能排得太满，要留出一部分时间去参加体育、美术、音乐、旅游等活动。这样不仅可以使大脑得到休息，还可以丰富各方面的知识并提高各方面的能力。定量学习是完成学习计划的保证。人每天能接受的知识量是有限的，而这个限度又是因人而异的，因此，在制订学习计划时，要根据自己的能力确定每一个时间段应学习的内容。在学习计划中，如果只有时间的计划，却没有量的计划，则不利于学习效率的提高，也达不到预期的学习效果。

（2）学习计划的实施要落到实处。学习计划制订得再好，如果不能落实，就等于没有计划，起不到任何作用。因此，大学生在执行学习计划的过程中，要有毅力和耐心，不要轻易给自己找借口，一遇挫折就放弃。大学生可以试着把学习计划列成表格，画成图形，贴在自己常能看到的地方，时时提醒和约束自己。学习计划制订之后，不要随意变动，打乱已有的学习安排。大学生要相信只要自己一步一个脚印去做了，预定目标就会实现。

（二）掌握科学的读书方法

读书是学习的主要方式之一，是大学生扩大知识面的重要途径。读书就其本身来说很容易，但真正会读书、读好书并不容易。一个掌握了读书方法的大学生能从书籍中收获很多，对学习大有益处；但对于一个没有掌握读书技巧的大学生来说，可能花了很多时间读书，却收效甚微，最终还可能对读书产生厌烦情绪，不利于学习的进步。可见，掌握科学的读书方法是相当重要的。

1. 阅读理解

（1）明确阅读的任务和要求。读书同做事一样，要有一个明确的目标指引方向，这样才知道为什么要读、读什么、读到什么程度等。大学生只有在明确了具体目标、了解了上述问题后，才能更有效地阅读。

（2）充分利用原有的知识背景。按照现代认知心理学的观点，学习的过程不是简单地从无到有的过程，而是学生头脑中的原有知识与现在所学的新知识相互联系、相互作用的过程。阅读理解的过程，也需要学生借助自己原有的知识和经验，去分析新的材料，使两者相互联系，这样新知识才能够真正固定在学生的头脑中。因此，大学生在阅读过程中应尽量调动已有的相关知识，将新知识与已有的相关知识进行比较，找出其相互关系，这样就可以更加牢固地掌握新知识。

（3）区分阅读内容的主次，而不纠缠细节。在大学生阅读的材料里，有一些内容是主要的、重要的，这部分内容应该作为重点认识的对象加以理解；另一些内容是非重要的，可以把它们当成阅读的背景。在阅读时，大学生应注意把对象从背景中提炼出来，只有这样，才能对对象有深入的了解和清晰的记忆，切忌对这两部分内容平均花力气，否则眉毛胡子一把抓，什么也抓不住。另外，相对于大学生有限的时间与精力而言，要把阅读内容的每个细节都加以理解和掌握，是很难办到的，也不切合实际。

（4）理解阅读内容深层次的意义。大学生在阅读时，不应仅满足于记住文字等表面的东西，更重要的是通过这些文字的表现形式去理解隐藏在其中的深层次意义，只有这样，才能真正理解阅读的内容。因此，大学生在阅读时可尝试用自己的话对所读的内容加以解释和阐述，挖掘其深层次的意义。

（5）监控阅读理解。在阅读过程中，大学生应经常对自己的阅读进行反思，看看自己的阅读是否达到了既定的目标、阅读的速度如何、理解了多少等，并在此基础上有效地改进自己的阅读方法、阅读策略，圆满完成后期的阅读任务。这样做，不仅有助于阅读任务的完成，而且能避免在时间和精力上造成不必要的浪费。

2. SQ3R 法

（1）浏览（survey）。阅读的第一步应是浏览全文，了解其大致内容。具体的方法是先看看文章的开头、中间、结尾、承上启下的句子，以及大、小标题，从中了解阅读材料主要叙述了什么问题。这样从总体上加以把握，有利于大学生对阅读材料建立整体概念及方向感，从而培养阅读兴趣，促进进一步阅读。

（2）提问（question）。把文章的标题及主要内容转化为问题的形式，带着问题进行阅读。这种在问题的提示下所进行的阅读，比盲目阅读的效果要好得多，可以激活大学生的思维，促进学习。

（3）阅读（read）。根据问题的提示去阅读书本内容，寻找问题的答案。这一过程实现得顺利与否，主要依赖于大学生的理解水平。

（4）背诵（recite）。经过上面的阅读过程，大学生应该理解了书本的大部分内容。背诵是对上述学习过程的小结。可以把书本合上，看看有多少内容已经能够记住，还有哪些没有能够透彻地理解并记下来，然后进一步加工。

（5）复习（review）。阅读过的内容要想在大脑中长期储存，就必须复习。通过复习加深对阅读内容的巩固、理解，并建立有关内容之间的联系。

3. PQ4R 法

（1）预习（preview）。快速预览材料，对文章的主题和主要标题有大致的了解。

（2）提问（question）。同 SQ3R 法中的提问。

（3）阅读（read）。同 SQ3R 法中的阅读。

（4）沉思（reflect）。在这一阶段，大学生要理解所学内容的意义。大学生可以把现在所学内容与已有的知识相互联系起来，把阅读材料的细节和主要观点联系起来，用对所学内容进行评论等方法来实现对阅读内容的理解。

（5）背诵（recite）。同 SQ3R 法中的背诵。

（6）复习（review）。同 SQ3R 法中的复习。

4. OK5R 法

（1）纵览（overview）。相当于 SQ3R 法中的浏览。

（2）提出关键点（key idea）。在掌握文章大体内容的基础上，列出文章的关键内容，为下一环节的阅读做准备。

（3）阅读（read）。同 SQ3R 法中的阅读。

（4）摘录（record）。在阅读的基础上，把文章的主要内容摘抄下来或者对重点内容加以阅读理解，以加深对关键内容的印象。

（5）背诵（recite）。同 SQ3R 法中的背诵。

（6）复习（review）。同 SQ3R 法中的复习。

（7）反思（reflect）。对整个阅读过程进行反思，包括有无理解和牢记内容、阅读速度是否合适、在哪些方面需要加以改进等。这一环节在阅读过程中显得尤为重要，因为它反映了阅读策略的核心。因此，大学生在阅读时必须充分重视这一环节。

（三）合理运筹安排时间

学习效果是学习效率与学习时间的乘积，如果效率系数接近零，时间系数再大，乘积也趋近于零。这就是有些大学生花了很多时间在学习上，可是学习成绩总不见提高的原因。提高学习效率，实际上就是如何妥善安排时间的问题。对于大学生来说，每个人在校学习时可自由支配的学习时间是有限的，如果能对时间进行合理安排，则能大大提高学习效率。合理地安排时间就是通过有目的、有计划的安排使学习时间利用得尽量充分、合理。

二、提高学习能力的方法

（一）提升思维能力

思维是人类具有的高级心理活动形式，是指人脑借助于语言、表象或动作对客观事物的概括和间接的反应过程。可以把思维比作大脑的“芯片”。思维是通过一系列复杂的操作来实现的，人们运用存储在大脑中的知识和经验，对新输入的信息进行分析、综合、比较、抽象和概括的过程，也就是思维过程。

列夫·托尔斯泰指出：“知识，只有当它靠积极的思维得来，而不是凭记忆得来的时候，才是真正的知识。”因此，培养思维能力比单纯的记忆更为重要。创新是当代社会的主流，要想创新就必须有批判性思维，批判性思维是孕育一切创新的源头。

拓展阅读

批判性思维

古希腊思想家苏格拉底认为，一切知识均从疑难中产生，越求进步疑难越多，疑难越多进步越大。苏格拉底承认自己本来没有知识，而他又要教授别人知识。所以，他教授给人的知识并不是由他灌输给人的，而是人们原来已有的；人们已在心上怀了“胎”，不过自己还不知道。苏格拉底像一个“助产婆”，帮助别人产生知识。苏格拉底的“助产术”，集中表现在他经常采用的“诘问式”辩论方法中。他以提问的方式揭露对方学说中的矛盾，动摇对方论证的基础，指明对方的无知。苏格拉底的这种方法由埃利亚学派的逻辑推论和芝诺的反证法发展而来。苏格拉底的讽刺的消极形式存在着揭露矛盾的辩证思维的积极成果。苏格拉底的批判性思维实践，被后世的众多学者所传承，其中就包括记录其思想的柏拉图、亚里士多德及其他古希腊智者。批判性思维的基本能力包括解释、分析、评估、推论、说明、自我校准。

批判的前提是求异，求异思维的核心是“疑”，不疑就不会有异，没有异就没有新。要善于用逆向思维考虑问题的症结，不断地培养自己的直觉，并及时保存思维的灵感火花，并使其成为研究的新发现。学习专业内容或从事工作时应做到：不要迷信任何权威，应大胆地怀疑和批判。

除了培养自己的批判性思维，要想创新还可以借助一些思维工具。

1. 思维导图

思维导图又称心智图，由英国学者托尼·巴赞发明，它简单却又极其有效，是表达发散性思维的有效图形思维工具，是应用于记忆、学习、思考等的思维“地图”（图 5-1）。思维导图是用一个中央关键词或想法以辐射线连接所有的代表字词、想法、任务或其他关联项目，通过画图的方式，充分开发左右脑，释放大脑巨大的潜能。

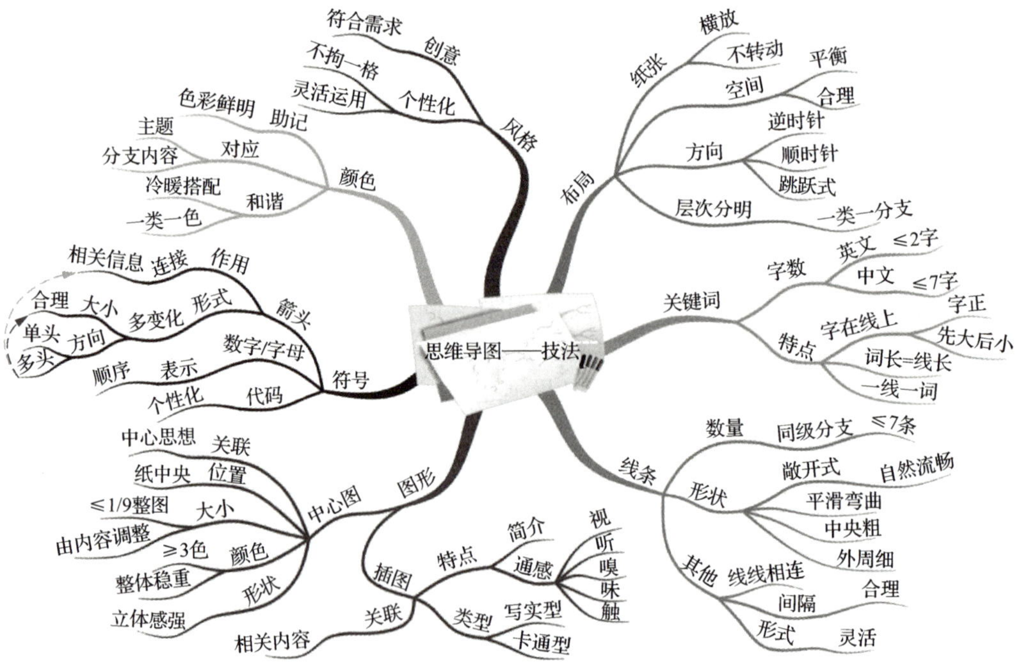

图 5-1　思维导图示例

2. 六顶思考帽

六顶思考帽是一种思维训练模式，是由英国学者爱德华·德·波诺博士开发的一个全面思考问题的模型。该思维训练模式强调的是“能够成为什么”，而非“本身是什么”，可以使混乱的思考变得更清晰，使每个人变得富有创造性，更能使得团体中无意义的争论变成集思广益的创造（图 5-2）。

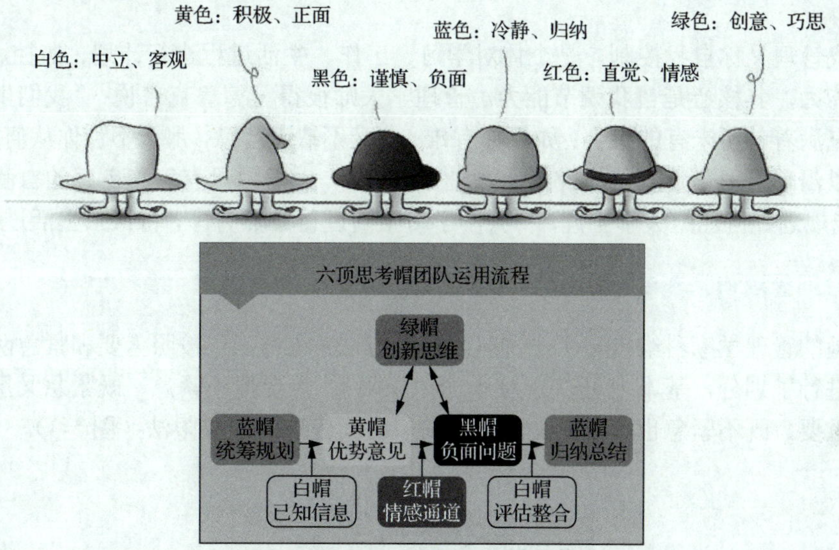

图 5-2　六顶思考帽示例

（1）白色思考帽（简称白帽）：代表中立而客观，关注客观的事实和数据。

（2）绿色思考帽（简称绿帽）：代表春意盎然、生机勃勃，寓意创造力和想象力，具有创造性思维、头脑风暴、求异思维等功能。

（3）黄色思考帽（简称黄帽）：代表乐观、价值与肯定，强调从正面考虑问题，表达乐观的、满怀希望的、建设性的观点。

（4）黑色思考帽（简称黑帽）：象征冷静、谨慎，运用否定、怀疑、质疑的看法，发现缺点，做出评价，趋利避害。

（5）红色思考帽（简称红帽）：代表情绪、情感的色彩，用以表达自己的情绪，以及直觉、感受、预感等方面的判断。

（6）蓝色思考帽（简称蓝帽）：负责控制和调节思维过程，如同乐队中的指挥，负责控制各种思考帽的使用顺序，规划和管理整个思考过程，并负责做出结论。

3. 头脑风暴法

头脑风暴法的特点是让参与者敞开思想，使各种设想在相互碰撞中激起脑海的创造性风暴。具体步骤如下。

（1）准备阶段：提出问题；组建小组；通知会议内容、时间、地点。

（2）热身活动：为使会议活跃，会前可做一些智力游戏、讲幽默小故事、做简单的发散思维联想等活动。

（3）正式开会，自由畅谈。

（4）会后收集整理设想、提案。

（5）未达目的，重复上述过程。

（6）评价选出最佳设想方案。

（二）加强自我管理

自我管理又称自我控制，是个体对学习、工作、生活过程进行计划、监控、评价、反思的能力，其核心是自我调节能力。管理学大师彼得·德鲁克曾说："我们生活的这个时代充满着前所未有的机会：如果你有雄心，又不缺乏智慧，那么不管你从何处起步，你都可以沿着自己所选择的道路登上事业的顶峰。"大学生只有培养良好的自我管理能力，才能规划好自己的大学生涯，将大学学习生活过得井然有序，将课余生活过得多彩。

1. 时间管理四象限法

美国的管理学家科维提出了一种时间管理方法，它将工作按照重要和紧急两个不同的程度进行了划分，基本上可以分为 4 个"象限"：重要但不紧急、既紧急又重要、紧急但不重要、既不紧急也不重要。这就是关于时间管理的四象限法（图 5-3）。

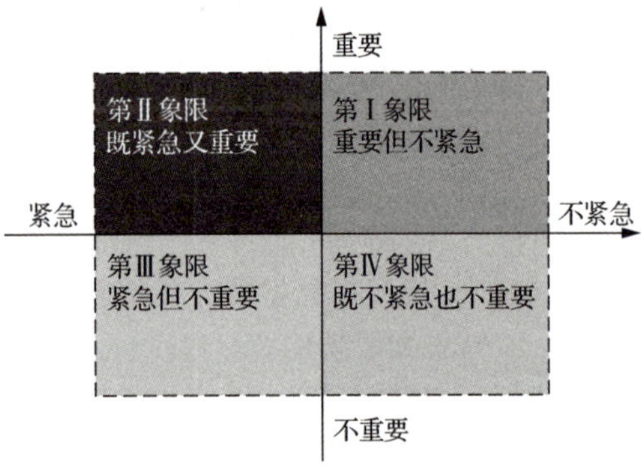

图 5-3　时间管理四象限法

2. 6W3H 法人体树提问模型

面对繁多复杂的工作，从何下手？6W3H 法人体树提问模型提供了有效的架构，从 9 个方面切入，帮助大学生分析并细化目标（图 5-4）。

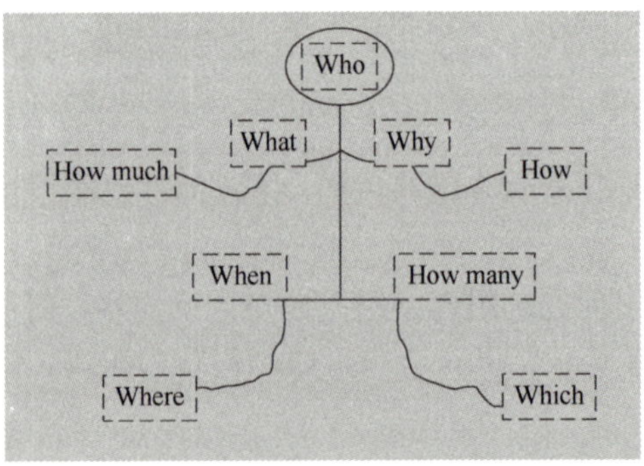

图 5-4　6W3H 法人体树提问模型

What——要做的是什么？

When——需要什么时候完成？

Where——在什么地方完成（即进行的场所）？

Who——谁是责任者？谁来完成？

Why——理由、目的、根据是什么？

Which——工作进行的先后顺序、解决问题的对策是什么？

How——方法、手段是什么（也就是如何做）？

How many——工作量为多少？

How much——预算费用为多少？

（三）学会解决问题

解决问题的基本步骤如下。

（1）评估、理解问题。

（2）收集相关信息。

（3）简化问题，即将问题分解。

（4）提出可能的解决方案。

（5）确定最佳解决方案。

（6）采取行动，运用最佳解决方案。

（7）检查与回顾。

（四）善用学习工具

孔子云：“工欲善其事，必先利其器。”善于应用生活中的各种学习工具，能为学习提供事半功倍的便利和帮助。

心理测试

学习动力自我诊断

1. 如果别人不督促你，你极少主动地学习。（ ）
2. 你一读书就觉得疲劳与厌烦，直想睡觉。（ ）
3. 当你读书时，需要很长的时间才能提起精神。（ ）
4. 除了老师指定的作业外，你不想再多看书。（ ）
5. 在学习中遇到不懂的知识，你根本不想设法弄懂它。（ ）
6. 你常想：自己不用花太多的时间，成绩也会超过别人。（ ）
7. 你迫切期望自己在短时间内大幅度提高自己的学习成绩。（ ）
8. 你常为短时间内成绩没能提高而烦恼不已。（ ）
9. 为了及时完成某项作业，你宁愿废寝忘食、通宵达旦。（ ）
10. 为了把功课做好，你放弃了许多你感兴趣的活动，如体育锻炼、看电影与郊游等。
11. 你觉得读书没意思，想去找个工作做。（ ）
12. 你常认为课本上的基础知识没什么好学的，只有看高深的理论、读大部头作品才带劲。（ ）

13. 你平时只在喜欢的科目上狠下功夫，对不喜欢的科目则放任自流。 （　　）
14. 你花在课外读物上的时间比花在教科书上的时间要多得多。 （　　）
15. 你把自己的时间平均分配在各个科目上。 （　　）
16. 你给自己定下的学习目标，多数因达不到而不得不放弃。 （　　）
17. 你几乎毫不费力就实现了你的学习目标。 （　　）
18. 你总是同时为实现好几个学习目标而忙得焦头烂额。 （　　）
19. 为了应付每天的学习任务，你已经感到力不从心。 （　　）
20. 为了实现一个大目标，你不再给自己制定循序渐进的小目标。 （　　）

[计分方法与结果解释]

回答“是”记1分，回答“否”记0分，将各题得分相加，算出总分。

上述20道题目可分为4组，它们分别测查你在4个方面的困扰程度：1～5题测查你的学习动机是不是太弱；6～10题测查你的学习动机是不是太强；11～15题测查你在学习兴趣方面是否存在困扰；16～20题测查你在学习目标上是否存在困扰。

如果你在某组（每组5题）中的得分在3分以上，那么说明你在相应的学习欲望上存在一些不够正确的认识，或存在一定程度的困扰。

心理训练

时间管理

利用时间管理四象限法规划一周的学习生活计划，一天结束后记录时间流水账（表5-3），一周后进行总结。

表5-3　时间流水账（　　月　　日）

事情	每天花费时间	每周花费时间	备注
睡眠（包括午睡）			
吃饭（每日三餐）			
个人卫生（洗漱、洗衣、洗澡等）			
上课			
自习和写作业			
上网			
运动锻炼			
娱乐			
社团和社会活动			
朋友聚会			
打电话和发短信			
其他			
总计	24小时	168小时	

我的大学规划

1. 设置目标。大学期间你在学习上最想要完成的3件大事是：

（1）________________

（2）________________

（3）________________

因为某些特殊原因，你必须去掉其中一件。如果又有意外发生，你还得去掉其中一件。剩下的就是你最大的学习目标：________________

________________。

2. 细化目标。大目标确定之后，要细分小目标，这样行动才更有针对性。把你上面的目标进一步细化（表5-4），看看具体应该从哪些方面着手。

表5-4　目标细化

目标	细化
我要通过英语四级	我要掌握多少单词……
我要顺利拿到毕业证书	课程考试、英语等级、计算机等级、资格证书……

3. 转化行动。分析细化后的目标，有针对性地制订计划并付诸行动。

我的学习计划：________________

我的学习方法：________________

我面临的最大困难：________________

我的解决办法：________________

4. 将以上内容用思维导图的方式展现。

感悟成长

请用一段文字，也可以是一句话来分享你对本章的学习体会和感悟（也可以提出你存在的困惑和需要解决的问题）。

____

____

____

知识链接

[书籍推荐]

廖恒，极简学习法 [M]. 北京：北京联合出版公司，2022.

推荐理由：在书中，作者抽丝剥茧，总结出一套适用于大多数人学习知识和技能的学习方法。在作者看来，任何学习都可以分为三个阶段：精准输入、深度消化、多元输出。首先是知识的输入，就是先把新的知识摄入进来；然后是知识的消化，将输入进来的知识弄懂；最后是把学到的这些知识用起来。希望这本书能让每个在学习中感到困惑或者不知道如何学习新技能的人从中受益。

[影片推荐]

剧情片《银河补习班》，中国，2019 年，片长 147 分钟。

内容简介：该片讲述了一对父子跨越漫长时光收获爱与成长，充满欢乐、温暖与泪水的亲情故事。马皓文因一次意外事故而入狱，让他遗憾地错过了儿子七年的成长时光。他用自己独特的教育方法和满满的爱给予儿子马飞自由成长的空间，教会儿子独立思考的能力和面对困难的勇气。马飞面临学业问题，尽管在学校看来儿子没有可塑之处，但马皓文从未放弃，鼓励儿子找到心中的梦想并为之努力。阎主任和马皓文立下赌约，打算用一个学期的时间将马飞的学业提高，证明他不是不可救药的学生，“学渣”也是可造之才。

第六章　学会交往——正确处理人际关系

心语引导

建立人脉关系就是一个挖井的过程，付出的是一点点汗水，得到的是源源不断的财富。

——哈维·麦凯

大学生正处在学习知识、了解社会、探索人生的发展时期。大学生的所有活动都是在与人交往的过程中进行的。在社会信息化急剧发展的今天，社会交往不仅是大学生社会化的基本途径，也是大学生身心发展、事业成功的重要保证。因此，明确人际交往的意义和作用，了解和突破大学生人际交往中的心理障碍，正确认识和把握人际交往中的原则和艺术，是大学生健康成长的现实课题。

第一节　大学生人际交往概述

一、人际交往的含义

人际交往，简称社交，是指人与人之间在心理上和行为上发生相互联系的过程，其实质是人与人之间相对稳定的情感联系。人际交往作为一种社会现象有两个特点：一是交往双方互为主体；二是交往双方行为互动，即在影响他人的同时也在接受他人的影响。

接近与喜欢

人际交往是人的最基本需要。人的一生都是在与他人交往中度过的。通过交往，人学会了说话，学会了生活；通过交往，人掌握了知识和技能。可以说，没有交往，一个人就不可能成为社会的人，更不可能成才。我们在与他人的交往中，沟通信息，交流思想，表达情感，协调行为。大学生对社会交往有着强烈的渴望和需求，在人的一生中，没有哪个时期会像青年时期那样强烈地渴望被人理解和接受，以获得安全感和归属感。

二、人际吸引

（一）人际吸引的含义

在现实中，有的人一看就喜欢，而有的人则怎么看都不顺眼；对于喜欢的人，可能会设法增加交往频率，进一步发展人际关系。这种人与人之间相互形成的积极态度（彼此注意、欣赏、仰慕等）或喜爱的情感，就是人际吸引。它是形成和发展人际关系的心理条件。人际吸引按程度可分为亲和、喜欢和爱情 3 种。亲和是较低程度的人际吸引，喜欢是中等程度的人际吸引，爱情是最强烈的人际吸引。人为什么会喜欢别人或为别人所喜欢，心理学家阿伦森通过调查得出以下一些原因：一是对方的信仰和利益与自己相同；二是有能力，有成就；三是具有令人愉快或崇敬的品质；四是自我悦纳。

（二）人际吸引的条件

心理学家经过广泛的调查研究后认为：人际吸引的主要条件是熟悉与邻近、个人特征、相似与互补等。

1. 熟悉与邻近

心理学研究结果表明，熟悉引起喜欢，熟悉本身就可以增加一个人对某种对象的喜欢，人际关系的由浅入深，多半是由相互接触与初步交往形成的。例如，在日常生活中，人们更多地将喜欢的情感投向周围与自己有直接交往的对象，并在其中选择交往或合作的伙伴。虽然熟悉不是引起喜欢的唯一变量，但熟悉可以增加喜欢的程度。此外，如果其他条件大体相当，人们会喜欢与自己邻近的人交往。熟悉和邻近均与人们之间的交往频率有关。物理空间距离较近的人们，见面机会较多，容易熟悉，产生吸引力。走进大学以后，大学生最初的人际交往都是从舍友或同乡开始的。由于被安排在同一宿舍，彼此的熟悉程度显然高于非本宿舍成员的熟悉程度，大学生最好的朋友往往在同一宿舍；而同乡由于地缘关系，在陌生的环境中自然会产生心理上的亲近感。

拓展阅读

奇妙的人际距离

人际距离是沟通与交往时，个体身体之间的空间距离。人际关系不同，人际距离也相应有所不同。美国人类学家爱德华·霍尔根据人际关系亲密程度将人际距离划分为以下 4 种。

（1）公众距离：大于等于 3.6 米，小于 7.6 米。在正式场合演讲或其他公共场合沟通时的人际距离。

（2）社交距离：大于等于 1.2 米，小于 3.6 米。彼此认识的人之间的交往距离，一般是在工作环境和社交聚会上的距离。

（3）个人距离：大于等于 0.5 米，小于 1.2 米。朋友之间的交往距离。此时，人们说话温柔，可以感知大量的身体语言。

（4）亲密距离：小于 0.5 米。恋人、贴心朋友、亲人、夫妻之间沟通和交往的距离。在此距离上，双方均可感受到对方的气味、呼吸、体温等私密性刺激。

霍尔认为，人们除了会对不同的社交对象产生不同的距离感之外，对“私人空间”影响最大的因素在于文化，不同文化成员的人际距离会有很明显的差异。为了研究不同文化中人际距离的差异及影响人际距离的因素，42 个国家和地区的心理学家联合起来，对近 9000 人开展了调研。结果表明，前三名最不怕生的国家是阿根廷、秘鲁和保加利亚。这三个国家的人能接受的与陌生人之间的社交距离大约是 80 厘米，就比手臂朝前伸直的距离多一点儿。社交距离最大的国家前三名是罗马尼亚、匈牙利和沙特阿拉伯。罗马尼亚人和陌生人的身体距离达到 140 厘米，两个人中间可以开过一辆三轮车。此外，研究人员还发现，气温和人际距离存在较高的相关性，平均气温越高，人们和陌生人挨得越近，和亲密的人反而越远。个人因素可能也在人们的人际距离偏好中扮演着重要角色。随着年龄的增长，人们会逐渐倾向于和他人保持更远的距离。在所有国家里，女性都倾向于和陌生人或熟人保持较大的距离，而和亲密的人则更加亲密。因此，和女性或年长的朋友相处时，记得为他们多留出一些空间。

2. 个人特征

（1）外貌。大量的研究表明：人们对外貌美的人，有很强的刻板印象，即“美就是好”，人们一般觉得外貌好的人聪明、有趣、独立、会交际、能干等，可见，外貌魅力会引发明显的辐射效应，使人们对高魅力者的判断具有明显的倾向性。在大学的各种集体活动中，最先受到关注的学生总是那些具有外貌吸引力的学生。关于外貌美的标准，人们通常有大体一致的看法，不过也存在文化差异、时代差异、个体差异和关系差异。值得重视的是，人们对于美貌的人的其他方面会给予积极评价，但如果人们感到有魅力的人在滥用自己的美貌时，反过来对其负面评价也很重。现实生活中，貌美的人如果不注重个人修养，往往很难交到知心朋友，从而时常感到内心孤独，就是这个道理。

（2）个性品质。一个人如何才能赢得别人的喜欢，与别人保持良好的人际交往？在众多的个性品质中，哪一项最重要、最关键？1968 年，美国心理学家安德森做了一项调查，受人们喜爱程度最高的个性品质是真诚，而最令人讨厌的个性品质是不诚实等。由此可见，在人际交往中，真诚是最关键的品质，大学生要想建立良好的人际关系，真诚必不可少。今天我们对大学生进行诚信教育，对大学生来说，将受益终身。大量的经验或教训告诉我们，只有讲信用的人，才最受别人的欢迎和信任，也才最可能取得成功。

3. 相似与互补

个体之间虽然存在着许多差异，但也有许多相似之处，如相同的信仰、兴趣、价值观、教育水平、社会阶层、共同的遭遇等。所谓相似性，就是指交往双方在交际过程中存在的诸多相近点，这些相似点能缩短交往双方的时空距离和心理距离。我们一般乐意与情趣志向相近似的人相处，而且有时还夸大双方的相似之处，以增强彼此的信任感和安全感；不太愿意与自己情趣志向不一致的人相处，有时甚至夸大自己与对方的不一致之处，以表示自己的不信任感。

相似和互补

与相似性相联系的是互补性。互补性是指交往双方在交往过程中能获得相互补偿、相得益彰的心理效应。交往活动是一个十分复杂的心理过程。当双方的个性或需要及满足需要的途径正好成为互补关系时，就会产生强烈的吸引力，发生互补效应。在大学生中，外向型性格的人有时喜欢与内向型性格的人友好相处，相互欣赏；家庭经济条件优越的学生有时会欣赏那些克服经济困难孜孜求学的学生；依赖性强的学生更愿意与独立性强的学生交朋友等。从某种意义上讲，心理距离永远是客观存在的，关键在于如何在交往过程中做到彼此关怀、帮助、信任和容忍，加深感情，缩短心理距离，相互补偿。

三、人际交往对大学生的意义

1. 沟通信息的基本途径

人际交往是信息的沟通、思想的交流和经验的分享。萧伯纳曾说："如果你有一种思想，我有一种思想，彼此交换，我们每个人就有了两种思想。"可见，人们通过交往可以获得更多的信息和思想。尤其在当今以互联网为核心的信息社会，信息以几何级数空前增长、膨胀，每个人都只能拥有其中一小部分，因此，通过人际交往获得信息更显重要。

大学生通过人际交往可以快速获取更多信息，从而掌握信息的制高点，控制信息的主动权，为激发灵感、拓展知识、开阔视野、提升素质奠定坚实基础。

2. 实现社会化的重要手段

社会化是指由自然人向社会人的角色转变过程，是社会交往的基础。通过社会化，个体把社会行为规范内化为自身行为准则，从而逐步适应社会。

大学阶段正是个体社会化的关键时期。大学生社会化的过程就是伴随着其人际交往而逐步展开，并通过其人际关系的协调而逐步实现的。大学生只有在与他人的交往中，才能做好对自身角色的准确定位，实现角色转变；只有在与他人的交流沟通中，才能认清自身角色要求，更快适应角色；只有在与他人的互动反馈中，才能及时调整自身角色行为，解决角色冲突，从而顺利完成角色任务。

3. 维持身心健康的必要条件

人本主义心理学家亚伯拉罕·马斯洛认为，人类的需要包括生理的需要、安全的需要、归属与爱的需要、尊重的需要以及自我实现的需要。其中，归属与爱的需要也就是社交需要，是指个体渴望从家庭、社会团体、朋友、同事那里得到关怀、温暖、理解和信任的需要。它通过人际交往而实现，是个体必不可少的精神需求之一。

大学生只有在社会交往中才能得到心理的满足感和愉悦感，从而有利于身心健康。相反，若失去社会交往，大学生的身心发展必将受到影响和破坏。

4. 获取事业成功的重要保证

大量资料表明，良好的人际关系是个体走向事业成功的重要前提和保证。美国著名的心理学家和人际关系学家卡耐基曾说："一个人的成功只有 15%是靠他的专业能力，而 85%要靠人际关系和他的为人处世能力。"阿尔波特·维哥姆博士的研究结论是：在 4000 名失业人员中，只有 10%是因为他们不能胜任这种工作，剩下的 90%则是因为他们未曾提高自己与他人成功相处的能力。

对大学生而言，大学期间的师生、同学和朋友关系就是一笔宝贵的人生财富，有助于他们事业的成功。

第二节　大学生人际交往现状及问题

一、大学生人际交往的特点

大学生人际交往的特点包括以下几个方面。

1. 迫切性

大学时期是人生中较为特殊的阶段，加上大学生此时期的思想活跃、精力充沛、兴趣广泛、活泼好动，他们对人际交往的需要比其他时期更为迫切。他们力图通过交往去获得友谊，得到他人的理解、关心和尊重，满足自己物质和精神上的各种需要。

2. 平等性

随着生理和心理的日趋成熟，大学生的成人感增强，自主意识增强，对独立和自尊的要求也越来越强烈，期望交往双方真诚、坦率、彼此尊重，表现出强烈的平等意识。那些谦和、真诚、善解人意、平等待人的同学，成为大学生乐意交往的对象，而以自我为中心、居高临下的人则经常受到冷落。

3. 功利性少、情感性强

大学生活的主旋律是学习，而且大学生无论是在学习、生活上还是经济上都是独立自主的，同学之间的利益矛盾和冲突相对较少，因而在交往中很少有直接功利性的动机，同学之间的交往比较单纯，显得真诚、自然并带有理想色彩。无论是学习上的互相帮助、生活上的互相照顾，还是娱乐上的合作，他们都注重情感的沟通和交流，都表现出强烈的情感联系。当然，由于大学生的心理尚未完全成熟，情感很不稳定，好恶易溢于言表，好友之间常常有朝亲夕仇的情况发生，人际关系不太稳定。

4. 与异性交往的意愿强烈

大学生处在青年期，性生理的成熟，性意识的唤醒，使他们对异性产生了兴趣，社团、班集体生活和丰富多彩的课外活动，又为异性交往提供了许多机会，更强化了他们与异性交往的意愿。

5. 广泛性和浅尝性

进入大学后，生活空间被大大拓展，交往的方向从注重纵向交往向扩大横向交往转化。学生与家长、老师的纵向联系减少，重点转向同龄人的横向交往；从以往受地域限制的同班同学之间的交往，扩大到与全校、外校的同学、校友、同乡的交往，参加学生会、社团活动频率增加，棋友、网友、球友等增多，但这些大部分是泛泛之交，不求深度。

二、大学生人际关系常见问题及成因

（一）大学生人际关系常见问题

案例分析

“猫头鹰”与“百灵鸟”、“邋遢大王”与洁癖者的冲突

大一男生小强，入学两个月以来，已多次与舍友发生矛盾。原来，他有早睡早起的习惯，但 3 个舍友都是“夜猫子”，经常因打游戏或上网而晚睡，经多次提醒、劝说，均不见效。另外，小强还爱干净，但 3 个舍友不太讲卫生，换下来的脏衣服不及时清洗、卫生打扫不干净等，造成宿舍脏、乱、差。小强多次批评舍友，仍不见改观。他很郁闷，无奈之下只好逃离宿舍。

分析：大学生进入大学校园后，最重要的生活、学习和休息的场所是宿舍。大学生除去上课时间，每天待在宿舍的时间最长，接触舍友的机会最多，不同性格的成员朝夕相处，形成了一种特殊的人际关系。但由于宿舍的交往空间比较狭小，交往比较频繁，各种摩擦、冲突等宿舍问题层出不穷，同宿舍成员之间常为一些小事发生口角、冲突，宿舍长期笼罩在紧张、沉闷的气氛之中，致使彼此之间互不往来。个别成员戒备心理严重，怀有一种下意识的猜疑和敌视，不知不觉地在情感上筑起了一道防火墙；有的成员嫉妒心较强，心理上经常不平衡；而有的成员比较自我、缺乏同情心，对人冷漠。长期在这种紧张、烦躁和压抑的宿舍环境下生活，会严重地影响大学生的学习、身心健康及人格的发展。

1. 同宿舍之间的关系问题

大学生都是从四面八方为一个目标而来的，每个人的背景不同，家庭情况不同，个人的兴趣爱好不同，有很多不相同的地方。有的大学生在家父母宠着、爱着，由父母照顾，来到新的环境、新的学校，不顾及别人，不会独自生活，以自我为中心，这些都是人际交往的大忌。大学生首先要学会做人，学会尊重、理解别人，自己的事自己做，管理好自己，同时伸出援助之手，宽容别人，相互鼓励、支持，共同成长。

2. 同班之间的关系问题

除了宿舍的同学，大学生经常接触的就是班级这个大集体。在班级大集体中人际关系一般是同学之间的关系，是在平时的学习、生活中相互交往而建立起来的。现在的大学生群体多是“00 后”，他们出生在信息飞速发展的年代以及各种思想、生活理念层出不穷的时代，是信息时代的优先体验者。很多“00 后”大学生主张自我，崇尚自我，再加上目前大学实行的是学分制，选择的课程不尽相同，课外活动又不多，而同学们在课堂听课学习时相互交流的机会也不多，致使班级成员之间出现了一定程度的离散化，其结果是学生集体观念和班级观念不强，做事不积极主动。

3. 师生之间的关系问题

师生关系是高校人际关系中最基本、最重要的关系，高校中的师生关系是大学生与班主任或辅导员、任课教师的关系，良好的师生关系是教育活动取得成功的必要保证。但由于大学教育不同于中学教育，再加上学生多，教师的教学科研任务比较重，除了正常安排的上课时间外，教师和学生很少有交流的机会。一些大学教师忙于教学及科研，没有太多的时间和精力主动与学生交流，致使某些任课教师与学生不熟，师生之间的关系很容易就此冷淡，甚至趋于紧张及疏远。大学教师不仅是传道、授业、解惑的领路人，还是大学生人生的导师。所以，良好的师生关系对大学生的学业和人生至关重要。

4. 异性之间的关系问题

大学生作为一个特殊群体，不管是在生理上还是在心理上，都处于“性”的敏感时期。约有 70%的大学生有和异性交往的强烈愿望，并且男性多于女性。在异性面前，他们勇于表现自己，以引起对方的注意，希望能够得到对方的肯定。但由于性别上的差异，大学生在交往过程中常常紧张、敏感、害羞，甚至不知道该如何恰当地与异性交往。

（二）大学生人际关系失谐的成因

1. 外部环境因素

（1）家庭成长环境因素。父母及亲人在生活、物质上无微不至地呵护，甚至一贯地溺爱，导致部分大学生自私自利，凡事只顾及自己的想法，不会替别人着想。因为升学压力、就业困难等诸多社会现实问题，家长对孩子最殷切的期望就是能够考高分，成绩的高低是很多家长衡量孩子优劣的一个重要指标，从而忽视了孩子的全面发展，使孩子的依赖性一天比一天强，许多本应自理的事务却全权由父母代劳，造成孩子实际动手处理问题和解决问题的能力比较差，缺乏吃苦耐劳的精神。

（2）学校教育因素。学校的教育方式对学生人际关系的影响很大。大学不仅仅要教授学生专业知识，更重要的是要对他们的人生进行正确的引导。然而目前学校在课程的设置上，除了与人际关系学相关的专业之外，其他专业的学生在人际关系知识方面的课程学习主要来自思想道德课，但内容和课时少，加上学校重视不够，因此，大学生很难获得系统的理论学习和实践指导。另外，学校对学生的管理，主要偏重于遵守规章制度，而对学生内部发生的矛盾重视不够，缺少深入细致的思想工作，大学生人际交往一般得不到正确有效的教育引导。

2. 自身心理因素

心理因素是导致大学生不良人际关系的主要方面。人际关系不良的学生一般是心理发展较迟缓或者社会适应能力不强的学生。导致人际关系不良的常见人格弱点有敏感、依赖、嫉妒、偏执、易激怒、怯懦、自卑等。一些大学生存在利己主义、拜金主义思想，在学习、做事和交友上，他们更注重自身的利益及发展，以能否获得物质利益为标准来进行选择，把人际交往当成是自己谋利、发展的一种手段和工具。

第三节 大学生建立良好人际关系的原则与技巧

一、掌握人际交往的一般原则

人际交往能力是一个人是否能够有效适应社会的标志。一个想在现代社会生活中有所作为的大学生，应努力提高自己人际交往的能力，为此，在交往中应遵循一定的原则。

常见的人际印象偏差

爱的语言——非暴力沟通

倾听——最好的陪伴方式

1. 平等尊重——人际交往的前提

心理学研究显示，人都有受人尊重的需要。没有人会愿意与那些妄自尊大、趾高气扬、藐视他人的人交朋友、沟通感情。只有尊重自己和尊重他人，才能保持人际交往各方的平等地位，才能拥有和谐的人际关系。

心理故事

最贵的礼物

一天，俄罗斯大作家屠格涅夫在街上遇到一个乞丐。大作家翻遍全身所有的口袋，却连一个铜子儿也找不到。这期间，乞丐的手一直伸着，在寒风中微微战栗。屠格涅夫又急又羞，不知所措地伸出双手，和乞丐那只冻得发紫的手握在一起。“兄弟，别怪我，”作家尴尬地说，“我身上没带钱。”老乞丐抬起头，布满血丝的眼睛透出的是感激。“你管我叫兄弟，”老人脸上是满足的笑容，“这是最贵的礼物。”

这件“最贵的礼物”就是屠格涅夫对乞丐的真诚与尊重。

2. 互利互惠——人际交往的润滑油

人与人之间的交往是以充分地获得人生经验、获得自身的发展成长为目的的。只有获得没有奉献，双方的关系是不可能持续和发展的。

3. 信用——人际交往的基石

以诚待人、讲求信义是人际交往得以延续和深化的保证。正如孔子所言：“人而不信，不知其可也。”只有那些“一诺千金”的人，别人才敢相信他，才愿意与他交往。一个不讲信用的人很难赢得别人的信任，也很难建立良好的人际关系。

4. 宽容——人际交往的黏合剂

世界上最广阔的是海洋，比海洋更广阔的是天空，比天空更广阔的是人的心灵。在人际交往中，最要不得的是互相之间斤斤计较、患得患失，对对方求全责备，难以容忍对方的丝毫缺点。我们一定要学会宽容、忍耐和克服，要做到将心比心，善解人意；大事清楚，小事糊涂；严于律己，宽以待人。

拓展阅读

海格立斯效应

在古希腊神话中，有位大力士叫海格立斯。有一天，他在回家的途中，看见脚边有个像鼓起的袋子一样的东西，很难看，他带着好奇之心踩了一脚。谁知那东西不但没被踩破，反而膨胀起来，并成倍地增大，这把海格立斯彻底激怒了。他顺手抄起一根碗口粗的木棒狠狠砸向那个怪东西。不料，那东西竟膨胀到把路也堵死了。

海格立斯奈何不了它，正在纳闷时，一位智者出现在他面前，对他说："朋友，快别动它了，忘了它，让它远去吧。它叫仇恨袋，你不惹它，它便会小如当初；你若侵犯它，它就会膨胀起来与你敌对到底。"

海格立斯效应是指那种"你对我不仁，我就对你不义""以眼还眼，以牙还牙""以其人之道还治其人之身"的不懂宽容的狭隘心理。它是一种人际或群体间存在的冤冤相报、致使仇恨越来越深的社会心理效应。它给我们的启示是：要用宽容大度之心包容他人，化仇恨为慈悲。这是人际和谐的黄金法则。

二、矫正认知偏差

在人际交往中，对交往对象的认知正确与否直接影响着人际关系的正常发展。一般来说，大学生应做到以下几点以矫正认知偏差。

1. 减少先入为主的首因效应

首因，即最初的印象或称第一印象。第一印象的好坏，往往成为双方能否继续交往的重要条件和依据。倘若彼此留下好的第一印象，那么双方继续交往的可能性就会大大增加，从而推动人际关系的发展；反之，双方继续交往的可能性就会微乎其微，人际关系则无从建立。因此，初次交往应尽可能给对方留下好印象。

值得注意的是，第一印象往往给人带来先入为主的感觉，极易发生认知的片面性。首因效应所获得的是交往对象的仪表仪容、气质谈吐等初步印象，仅凭现有的表面信息对交往对象加以归类，并做出推断，往往并不可靠。一个人的道德品质、思想修养、素质能力等，不是靠第一印象就能了解的。

拓展阅读

如何建立良好的第一印象

1977 年，社会心理学家古拉德·伊根根据研究发现，在同陌生人交往的最初，按照 SOLER 模式来表现自己，可明显提高别人对我们的接纳度，使我们在别人心目中建立起良好的第一印象。SOLER 是由 5 个单词的首字母拼写起来的专用术语。

Squarely 表示“坐（或站）要面对别人”。

Open 表示“姿势要自然开放”。

Lean 表示“身体微微前倾”。

Eye 表示“目光接触”。

Relaxed 表示“放松自己”。

我们按照 SOLER 模式来表现自己，会给对方留下一个“我很尊重你，对你很有兴趣，我内心是接纳你的，请随意”的轻松、良好的印象。

2. 弱化否定先入的近因效应

近因，即最后的印象。近因效应在感知交往对象时，对最后印象较深，往往压倒最初印象，从而出现后入否定先入的思维判断。这种倾向常会出现以偏概全的认知偏差。在日常生活中，近因效应非常普遍。譬如，一个学生平时表现很好，可一旦做错了事，就容易给人留下深刻的负面印象；一个默默无闻的学生，经过一段时间的勤奋刻苦，结果一鸣惊人，令人刮目相看。

在人际交往中，大学生要注意防止近因效应产生的认知偏差及负面影响。譬如，有的大学生与室友关系情同手足，以兄弟或姐妹相称，但由于对某一问题各执己见，或是一场误会，或是对方无意说错一句话、做错一件事，则以最近“过错”来否定之前的一切，结果双方断交，如同陌路，令人惋惜。为避免不良后果，大学生应采用“对事不对人”的处理方式，并用历史的、动态的、发展的眼光来看待对方。

3. 防止以偏概全的晕轮效应

晕轮效应是个人主观推断、泛化的结果，是一种以点概面、以偏概全的认知反应，在大学生人际交往中普遍存在。例如，男女大学生常赋予那些有魅力的同学较多理想的人格特征，常为那些容貌漂亮的同学设计美好的未来。

在人际交往中，大学生要注意避免晕轮效应带来的不利影响。例如，有的大学生对学习非常看重，认为那些学习好的同学其他方面也好，如思想好、能力强等，把对方视为“偶像”；而对那些平时表现不太好的同学，则可能更会往坏处想，一味否定他们，认为不值得与其交往。事实可能并非如此。为避免因对方某一突出表现而干扰自己的认知视线，大学生应尽量采取客观、公正的态度来对交往对象进行认知。

4. 消除固定刻板印象

刻板印象具有两面性。积极面是人们可以根据固有相关经验对他人或事物做出大概了解，缩短、简化认知过程。消极面是以过去有限的经验为基础，容易使人产生偏见、成见，甚至错觉，给人际交往带来负面影响。例如，男生总认为女生细心、胆小、娇气，若男生以此刻板印象与女生交往，结果就可能碰壁，甚至会伤害对方。

为避免刻板印象带来的消极影响，一方面，大学生要以发展的眼光去认知他人。原有经验固然重要，但由于认识对象的复杂性和发展性，经验并不具有普遍的指导意义。另一方面，大学生要本着客观、全面的原则，具体而深刻地观察和分析各种有关信息，在实践中深入认识和了解他人，切不可想当然、乱对号。

5. 避免以己度人的投射效应

投射效应是指认知者把自己的情感、意志、特征投射到他人身上并强加于人的一种认知障碍。投射效应是人的内在心理的外在化，具有以己度人、由己推人的倾向，认为自己具有某种特征，他人也一定如此，结果往往做出错误判断，造成交往障碍。由投射效应带来的认知主观性、随意性及猜疑心理，会严重影响正常的人际关系。

投射现象在大学生人际交往中也非常普遍。例如，一个自私自利的学生总是认为别人也很自私，一个经常说谎的学生总认为他人的话也是不可信的，等等。受投射作用的影响，大学生在人际交往中容易产生各种误解。因此，要注意克服和摒弃个人主观臆断、妄想猜测，做到一切从实际出发，通过换位思考待人处世，尽量减少人际交往的矛盾和误区。

三、改善人际关系的技巧

建立良好的人际关系，是一个人事业成功的基础。左右逢源，游刃有余，需要一颗宽容的心，需要真诚，需要积极交往，塑造很好的个人形象，善用各种交际手段，克服社会知觉中的偏见。

1. 善用交际技巧

（1）善用赞扬和批评。心理学家认为，赞扬能释放一个人身上的能量，调动人的积极性。赞扬能使羸弱的身体变得强壮，能给恐怖的内心以平静与依赖，能让受伤的神经得到休息和力量，能给身处逆境的人以务求成功的决心。真心真意、适时适度地表达对别人的赞扬，能够增进彼此的吸引力。我们要善于落落大方地说“谢谢”。我们经常认为特别亲近的人不需要说“谢谢”，太小的事不需要说“谢谢”；我们在生活中不太愿意直接表达我们的感谢，而是愿意记在心中。事实上，真诚的发自内心的感谢闪烁着人性的光辉。

与赞扬相对的是批评。一般情况下，应多赞扬，少批评，批评是负性刺激。通常只有用意善良、符合事实、方法得当时，批评才有可能产生积极的效果，才能促进对方的进步。批评时应注意场合与环境，应对事不对人，不能对一个人做全盘否定，否则会挫伤对方的积极性与自尊心。应只针对现在的一件事而不是针对以前的所有类似事情，措辞与态度应是友好的、真诚的。

（2）主动交往。对于风华正茂的大学生来说，需要有丰富的人际关系世界，并在这个世界上帮助与被帮助，同情与被同情，爱与被爱，共享欢乐与承受痛苦。在社会交往中，那些主动去接纳别人的人，在人际关系上较为自信。部分大学生很少主动交往源于两个方面。一是缺乏自信，担心遭到拒绝，担心别人不会像自己期望的那样理解、应答，从而使自己处于窘迫的局面，伤害自己的自尊心。事实上，问题远没有我们想象的那么严重，因为在人际关系中，双方都需要适应，需要人际关系支持陌生情境。二是在人际关系方面有许多误解，如“那些善于交往的人左右逢源，都有些世故，有些圆滑”“我如此麻烦别人，别人会认为我无能，会讨厌我”等。大学生主动交往很重要，特别是在自己面临人际关系危机时，应主动解释，消除误解，重新建立良好的人际关系。

（3）移情。人际关系的本质是人与人之间情感的联系与沟通，情感的沟通越深入，双方共同拥有的心理领域就越大，人际关系就越亲密。移情不是同情，而是交往双方内心情感的共通与同一。人是经验主义者，对别人的理解高度依赖于自己的直接经验，因此，自我经验的丰富是理解与移情的必要前提。

（4）帮助别人。心理学家发现，以帮助与相互帮助开端的人际关系，不仅容易确立良好的第一印象，而且可以使人与人之间的心理距离迅速缩短，使良好的人际关系迅速建立起来。日常生活中的患难之交正说明了这一点。

（5）倾听并恰当地给予反馈。在与人交谈时，要专注，积极倾听他人的谈话，不时地给予适当的反馈和提问。倾听表示尊重、理解和接纳，是连接心灵的桥梁。善于倾听还体现在不随意打断别人的谈话，在别人漫无目的地谈话时，礼貌地转换话题或结束话题。在表达自己的不同看法时，首先要认可当事人的想法，然后有礼貌地提出自己的看法，这样就会在表明观点的同时避免冲突，不伤及彼此的关系。

（6）换位思考，切忌以自我为中心，做损人利己的事。在人际交往中，我们都会站在自己的角度思考问题，首先维护自己的利益，但我们又会非常讨厌那些为了自己利益而不惜牺牲他人利益的人。因此，在争取自己利益的同时，也要兼顾他人的利益，只有这样，才能在人际交往中受人欢迎。切记不要做那些损人利己，甚至损人不利己的事。“己所不欲，勿施于人。”学会换位思考，常想如果自己处在他人的位置上会怎样，就能理解他人的反应，也就不会出现强求别人做连自己也做不到的事情。

（7）遵守宿舍的基本规则。遵守宿舍规则，即意味着尊重、关注他人的需要。不要因为自己影响到其他人，承担自己应尽的责任和义务，主动打扫卫生、整理内务、打开水等。

2. 建立良好的心态

（1）保持独立自主与谦虚的品质。与人交往时要有自己的主见，不要人云亦云、趋炎附势，更不要骄傲自满、目空一切。如果无论是否有理，总要找出依据说明自己如何有理、对方如何无理，处处、事事、时时要显示自己高明、自己是胜利者，长此以往，就会很难让人容忍，从而产生隔阂与不满。

（2）保持微笑和愉快的心情。微笑和些许幽默有助于增进交流、拉近距离和缓解紧张冲突的气氛。在日常交往中，大学生要学会带着热情、微笑与人打招呼，让人体味到与自己交往时的那种轻松与快乐，这样自己就会成为一个受欢迎的人。大学生要学会巧妙地运用幽默，因为幽默是语言的调味品，它可使交谈变得生动有趣。幽默的对象应该指向自我，而非他人；否则，幽默不成反而会引发矛盾。

（3）保持积极乐观的心态。在大学校园里，每个学生的性格、爱好、习惯和信仰都各不相同，各有各的魅力。每个学生也都会有自己的喜恶，会有自己对人对事的看法，因此，不能用自己的标准去要求别人。大学生要避免在没有深入交往的情况下，单凭第一印象或断章取义的某句话就对一个人妄下断语或猜测。另外，我们很容易看到某个人或新事物的阴暗面，但重要的是挖掘其积极面，实事求是、一分为二地看待问题，只有这样，才能找到贴近现实的解决办法。

3. 提升沟通技巧

人人都想提高自己的沟通能力，但是提高沟通能力并不简单，需要大学生下功夫来打好基础。大学生要做到“五多”，即多读、多看、多写，多动、多思。

（1）多读。所谓多读，就是要博览群书，通过读书来获取自己没有的经验并不断积累，使自己掌握各种知识，为沟通打下坚实的语言和文字基础。

（2）多看。所谓多看，就是通过经常上网看资讯，以及通过看电视、看电影、看报纸、看杂志来获取当今社会的热点信息，为沟通冷场时找话题，从而找到共同感兴趣的话题并引导至自己要表达的主题上去。

（3）多写。所谓多写，就是通过多练习写钢（毛）笔字、写文章来提高自己的书法和文笔表达能力，提高自己的文化品位，从而为沟通打下印象基础。

（4）多动。所谓多动，就是要多走出去参加一些活动，如聚会、讲座、瑜伽、游泳、球类活动等，以此来拓宽交友面，从而为沟通创造条件。

（5）多思。所谓多思，就是勤思考，通过思考模拟对方的心理活动，来提高自己的应变能力，使自己在沟通过程中无论遇到什么情况都能处变不惊，妙语连珠。

心理测试

社会交往能力测试

培养社会交往能力对于我们的日常生活具有重要意义。通过以下测试可以了解你的社会交往能力。

[计分方法]

每个题目有 5 个答案（1、2、3、4、5）可以选择，它们分别代表完全不符合、基本不符合、难以判断、基本符合、完全符合，如表 6-1 所示。根据你的实际情况圈出答案，相对应的数字就是你每道题所得的分数。将分数累加，便是最后的得分。

表 6-1 题目和选项

题目	完全不符合	基本不符合	难以判断	基本符合	完全符合
1. 我的朋友都是同我年龄相仿的人	1	2	3	4	5
2. 我不喜欢在大庭广众下讲话	1	2	3	4	5

续表

题目	完全不符合	基本不符合	难以判断	基本符合	完全符合
3. 我害怕做接待工作，害怕与陌生人打交道	1	2	3	4	5
4. 我不喜欢广交朋友	1	2	3	4	5
5. 我只喜欢与自己谈得拢的人交往	1	2	3	4	5
6. 到了一个新的环境，很难适应，无法与人交往	1	2	3	4	5
7. 我的文字表达能力远比口头表达能力强	1	2	3	4	5
8. 到别人家做客时，先要问清楚有没有不熟悉的陌生人出席，如果有，我的热情就会明显下降	1	2	3	4	5
9. 我的知心朋友少	1	2	3	4	5
10. 我不喜欢与地位比我高的人交往，因为那样我会感到拘束、不自由	1	2	3	4	5
11. 在公众场合讲话，我不敢看听众的眼睛	1	2	3	4	5
12. 与陌生人交往时，我感到很难找到交谈的话题	1	2	3	4	5
13. 别人话中带刺揶揄我时，除了生气之外我别无办法	1	2	3	4	5
14. 我宁愿做会议记录，而不愿主持会议	1	2	3	4	5
15. 参加集会时，我总是希望坐在熟人旁边	1	2	3	4	5
16. 我几乎没有异性朋友	1	2	3	4	5
17. 不到万不得已，我不会求助于人，因为我觉得很难对人开口	1	2	3	4	5
18. 当有人对我不友好时，我常常不知道该怎么办	1	2	3	4	5
19. 我很少主动到同学、朋友家串门	1	2	3	4	5
20. 我不知道怎样与妒忌我的人相处	1	2	3	4	5
21. 我不习惯和别人聊天	1	2	3	4	5
22. 我看见陌生人常常觉得无话可说	1	2	3	4	5
23. 我最怕在社交场合中碰到令人尴尬的事情	1	2	3	4	5
24. 尽管我觉得自己很有道理，也不善于说服别人	1	2	3	4	5
25. 在陌生的异性面前，我常感到手足无措	1	2	3	4	5
26. 领导、老师在场时，我讲话特别紧张	1	2	3	4	5
27. 参加一次集会后，我结识不了多少人	1	2	3	4	5
28. 我同别人的友谊，多数是对方主动交流的结果	1	2	3	4	5
29. 我不善于赞美别人，感到很难把话说得自然、亲切	1	2	3	4	5
30. 当别人向我求助，我无能为力时，常感到难以处理	1	2	3	4	5

[评价方法]

70 分以下：你是一个善于社交的人，你喜欢社会交往，能从社交中获得快乐和收获。你能够与不同的人相处，并且能较快地适应环境。

70～90 分：你的社会交往能力尚可。

91～120 分：你的社会交往能力还有待于进一步提高。你对人际交往有些拘谨，如果能够更大胆些，更多地注意培养自己的社交能力，那么你将会从社交活动中获得更大的快乐和成功。

120 分以上：你的社会交往能力存在很大问题。你不太善于交往，也不喜欢社交，社交对于你来说是一件痛苦或害怕的事情。在社交场合，你习惯退却、逃避，你对自己的社交能力没有信心，也还没有学会如何与别人尤其是陌生人打交道。为此，你要走出自我封闭的圈子，尝试去与人交往，不怕失败和尴尬，你会体会到人际交往带给你的许多乐趣和益处。

大学生人际关系综合诊断量表

大学生在人际关系上存在的一些心理健康问题，主要表现为自我中心、多疑、害羞、孤僻、自卑、嫉妒、社交恐惧症等。一些研究表明，人际关系不和谐的大学生，其个人的成长和未来的发展会因此受到严重的影响。及时诊断并采取必要的措施予以治疗，是消除大学生人际关系方面心理障碍的有效途径。以下给出的是郑日昌等编制的人际关系综合诊断量表，请你根据自己的实际情况在括号内打“√”或打“×”。

1. 关于自己的烦恼有口难言。（　）
2. 和陌生人见面感觉不自然。（　）
3. 过分羡慕和嫉妒别人。（　）
4. 与异性交往太少。（　）
5. 对连续不断的会谈感到困难。（　）
6. 在社交场合会感到紧张。（　）
7. 时常伤害别人。（　）
8. 与异性来往感到不自然。（　）
9. 与一大群朋友在一起，常感到孤寂或失落。（　）
10. 极易受窘。（　）
11. 与别人不能和睦相处。（　）
12. 不知道与异性相处如何适可而止。（　）
13. 当不熟悉的人对自己倾诉他的生平遭遇以寻求同情时，自己常感到不自在。（　）
14. 担心别人对自己有什么坏印象。（　）
15. 总是尽力使别人赏识自己。（　）
16. 暗自思慕异性。（　）
17. 时常不愿表达自己的感受。（　）
18. 对自己的仪表（容貌）缺乏信心。（　）
19. 讨厌某人或被某人所讨厌。（　）
20. 瞧不起异性。（　）
21. 不能专注地倾听。（　）
22. 自己的烦恼无人可倾诉。（　）
23. 受别人排斥与冷漠。（　）
24. 被异性瞧不起。（　）
25. 不能广泛地听取各种意见、看法。（　）
26. 自己常因受伤害而暗自伤心。（　）

27. 常被别人谈论、愚弄。 (　　)

28. 与异性交往不知如何更好地相处。 (　　)

[计分方法]

此量表可分为Ⅰ、Ⅱ、Ⅲ、Ⅳ共4类，各类得分为其所包含的各题得分之和，总分为4类得分之和（表6-2）。

表6-2　计分表

Ⅰ	题号	1	5	9	13	17	21	25	小计
	分数								
Ⅱ	题号	2	6	10	14	18	22	26	小计
	分数								
Ⅲ	题号	3	7	11	15	19	23	27	小计
	分数								
Ⅳ	题号	4	8	12	16	20	24	28	小计
	分数								
评分标准		打“√”的给1分，打“×”的给0分							总分

[量表解释]

1. 总分

0～8分：说明你与朋友相处时困扰较少。你善于交谈，性格比较开朗，主动关心别人，你对周围的朋友都比较好，愿意和他们在一起，他们也喜欢你，而且你能够从与朋友相处中得到许多乐趣。你的生活是比较充实而且丰富多彩的，你与异性朋友相处得也比较好。总之，你不存在或较少存在交友方面的困扰，你善于与朋友相处，人缘很好，能获得许多好感与赞同。

9～14分：你与朋友相处存在一定程度的困扰。你的人缘一般，也就是说，你和朋友的关系并不牢固，时好时坏，经常处在一种起伏波动之中。

15～28分：你在同朋友相处时困扰较严重。分数超过20分，表明你的人际关系困扰程度很严重，而且在心理上出现较为明显的障碍。你可能不善于交谈，也可能是一个性格孤僻的人，不开朗，或者有明显的自高自大、讨人嫌的行为。

2. 计分表栏目Ⅰ的小计分

计分表栏目Ⅰ的小计分表明你在交谈方面的行为困扰程度。

6分及以上：说明你不善于交谈，只有在极需要的情况下你才同别人交谈。你总是难以表达自己的感受，无论是愉快还是烦恼。你不是个很好的倾诉者，往往无法专心听别人说话或只对某个话题感兴趣。

3～5分：说明你的交谈能力一般，你会诉说自己的感受，但不能讲得条理清晰；你努力使自己成为一个好的倾听者，但还是做得不够好。如果你与对方不太熟悉，开始时你往往表现得拘谨与沉默，不大愿意跟对方交谈。但是这种局面一般不会持续很久。经过一段时间的接触与锻炼，你可能主动与对方搭话，这一切来得自然而非造作。这表明你的交谈能力已经大为改观，这方面的困扰也会逐渐消除。

0～2分：说明你有较高的交谈能力和技巧，善于利用恰当的谈话方式来交流思想感情，因此在与别人建立友情方面，你往往比别人获得更多的成功。这些优势不仅为你的学习与生活创造了良好的环境，而且常常有助于你成为伙伴中的领袖人物。

3．计分表栏目Ⅱ的小计分

计分表栏目Ⅱ的小计分表明你在交际方面的困扰程度。

6分及以上：表明你在社交活动与交友方面存在较大的行为困扰。例如，在集体活动与社交场合，你比大多数伙伴更为拘谨；在有陌生人或老师出席的场合，你往往感到更加紧张，会过多地考虑自己的形象而使自己处于被动、孤独的境地。总之，交际与交友方面的严重困扰，会使你陷入情感危机和孤独困窘。

3～5分：表明你在被动地寻找被人喜欢的突破口。你不喜欢独自一个人待着，你需要和朋友在一起，但又不太善于创造条件并积极主动地寻找知心朋友，而且你害怕主动行为后的“冷”体验。

0～2分：表明你对人较为真诚和热情，不存在较明显持久的行为困扰。

4．计分表栏目Ⅲ的小计分

计分表栏目Ⅲ的小计分表明你在待人接物方面的困扰程度。

6分及以上：表明你缺乏待人接物的机智与技巧。在实际的人际关系中，你也许会有意无意地伤害别人，或者你过分地羡慕别人以致在内心妒忌别人。因此，一些同学回报你的可能是冷漠、排斥，甚至是愚弄。

3～5分：表明你是一个较圆滑的人。对待不同的人，你有不同的态度，而不同的人对你也有不同的评价。你的朋友关系在某些方面是和谐的、良好的，但在某些方面却是紧张的、恶劣的。因此，你的情绪很不稳定，内心极不平衡，常常处于矛盾状态中。

0～2分：表明你较尊重别人，敢于承担责任，对环境的适应性强。你常常以真诚、宽容、责任心强等个性获得众多的好感与赞同。

5．计分表栏目Ⅳ的小计分

计分表栏目Ⅳ的小计分表明你在与异性朋友交往方面的困扰程度。

5分及以上：表明你在与异性交往时存在较为严重的困扰。也许你过分地思慕异性或对异性持有偏见，这两种态度都有其片面之处。也许你会因不知道如何把握好与异性朋友交往的分寸而陷入困扰。

3～4分：表明你与异性朋友交往的困扰程度一般，有时会觉得与异性朋友交往是一件愉快的事，有时又会认为这种交往是一种负担，你不懂如何与异性交往最为适宜。

0～2分：表明你懂得如何正确处理与异性朋友之间的关系。你对异性朋友持公正的态度，能大方自然地与他们交往，并且在交往中得到了许多从同性朋友那里得不到的东西，既增加了对异性的了解，也丰富了自己的个性。你可能是一个较受欢迎的人，无论是同性朋友还是异性朋友，都较喜欢你和赞赏你。

心理训练

成长训练营

一、无家可归

目的：使学生意识到归属感的重要性，并学会主动交往。

时间：15～20 分钟。

人员与场地：20～50 人，宽阔的室内或室外。

规则与程序：

1. 全体学生手拉手围成一个大圆圈并走动起来。

2. 当教师喊“8 人一组”的时候，学生立即解散并组成 8 人一组的小组。

3. 活动继续，当教师喊“5 人一组”时，学生要重新组成 5 人一组的小组……

讨论：教师请那些没有找到“家”的学生谈谈游离在团体外的感受，大多会谈到孤单、孤独、被抛弃、没依靠、失落、担心等；也可以请团体成员分享和大家在一起的感受，大多会表达温暖、有力量、安全、踏实等。

教师可以多次变换人数，让学生有机会改变自己的行为，积极融入团体，让学生体验“家”的感觉，体验团体的支持，从而更愿意和团体待在一起。

二、信任之旅

目的：引导学生通过助人与受助的体验，增加对他人的信任与接纳。

时间：15～20 分钟。

人员与场地：20～50 人，宽阔的室内或室外。

规则与程序：

1. 学生两人一组，一个做“盲人”，另一个做“盲人”的帮助人。

2.“盲人”蒙上眼睛，原地转 3 圈，暂时失去方向感。然后帮助人搀扶“盲人”，沿着指定的路线，带领“盲人”在室内外活动。

3. 其间，帮助人不能讲话，只能用手势、动作帮助“盲人”体验各种感受。

4. 互换角色，再来一遍。

5. 活动结束后两人交流当“盲人”的感受和帮助别人的感受，并在全班范围内交流。

讨论：

1. 对于“盲人”，你看不见后是什么感受？你想起什么？你对伙伴的帮助是否满意？为什么？你对自己或他人有什么新发现？

2. 对于帮助人，你怎样理解你的伙伴？你是怎样想方设法帮助他的？这使你想起什么？

人际交往体验

一、自我发现

我的朋友愿意与我为友是因为：

我在与人交往中不喜欢哪类人？为什么？从他们身上我看到自己的影子了吗？

二、请你出主意

有一个大学新生，在课堂上与同宿舍的一个同学在理论观点上发生了不小的争执，他从不喜欢对方的理论观点，发展到越看该同学越不顺眼，甚至连对方的长相、生活方式都看着别扭，不愿接纳。但是想到从小学到中学老师的要团结同学的谆谆教诲，想到“以和为贵”的古训，他便采用了消极回避矛盾的方式：每天清早，他第一个起床，以最快的速度洗漱，之后，离开宿舍去吃早餐，到教室上课；午休时间也是在教室里度过的；晚自习结束的铃声响过多时，他才最后一个回到宿舍。他常常在宿舍门外听到舍友们有说有笑，可当他一迈进宿舍，大家都不说话了。他十分不解，总以为舍友在一起议论他。一次又一次后，他忍不住向一位舍友询问：“我一回来你们就不说话了，是不是总在议论我？”舍友惊讶地说：“哪里的事情呀，你学习那么刻苦，每天早出晚归，挺不容易的，大家就照顾你早点休息呀！”他心里说：“我哪里是在学习呀！我孤独、苦恼，没有人倾诉，学习成绩也一落千丈。”

到底什么是团结同学？怎样与观点和自己不一致的人相处？请你为这个学生出出主意。

感悟成长

请用一段文字来分享你对本章的学习体会和感悟（也可以提出你存在的困惑和需要解决的问题）。

知识链接

[书籍推荐]

1. 曾仕强．人际的奥秘[M]．北京：北京联合出版公司，2022．

推荐理由：世间复杂的莫过于人与人之间的关系，而中国人之间的关系更加微妙，更加难以把握。一方面，中国人认为“在家靠父母，出外靠朋友”，靠不靠得住，就看关系如何；另一方面，中国人又希望凡事凭本事，讨厌“拉关系”。殊不知，一个毫无能力的人，是无法依靠人际关系获得成功的。缺乏良好的人际关系，即便能力再强，也无法顺利获得成功。

2. 马歇尔·卢森堡．非暴力沟通[M]．阮胤华，译．北京：华夏出版社，2021．

推荐理由：作为遵纪守法的好人，也许我们从来没有想过和“暴力”扯上关系。不过如果稍微留意一下现实生活中的谈话方式，并且用心体会各种谈话方式给我们的不同感受，我们一定会发现，有些话确实伤人。言语上的指责、嘲讽、否定、说教以及任意打断、拒不回应、随意出口的评价和结论给我们带来的情感和精神上的创伤，甚至比肉体上的伤害更加令人痛苦。这些无心或有意的语言暴力让人与人变得冷漠、隔膜、敌视。非暴力沟通能够疗愈内心深处的隐秘伤痛；超越个人心智和情感的局限性；突破那些引发愤怒、沮丧、焦虑等负面情绪的思维方式；用不带伤害的方式化解人际冲突；有利于建立和谐的人际关系。

[影片推荐]

剧情片《十二公民》，中国，2015 年，片长 108 分钟。

内容简介：电影基于一个富二代杀害了自己生父的案子，在社会上引起广泛讨论。12 个人，不同的身份，组成一个陪审团，用举手表决的方式决定这个富二代是否有罪。陪审团成员的偏见、焦虑、人际互动和影响力在案件审判中都扮演了重要角色。

第七章　做情绪的主人
——管理与调控情绪

心语引导

能控制好自己情绪的人，比能拿下一座城池的将军更伟大。　　——拿破仑

成功的秘诀就在于懂得怎样控制痛苦与快乐这股力量，而不为这股力量所反制。如果你能做到这点，就能掌控自己的人生；反之，你的人生就无法被你掌控。
——安东尼·罗宾斯

愉快的笑声，是精神健康的可靠标志。　　——契诃夫

情绪和情感是心理的重要组成部分，与人的生活、学习、人际交往、发展密切相关。人非草木，孰能无情。喜、怒、哀、乐、忧、悲、恐等乃人之常情，几乎每个人都有这样的体验。可以说，每个人的日常生活都是在某种特定的情绪背景下展开的，一定的情绪活动总是伴随着我们的日常活动而发生的，直接影响着我们的生活、学习和健康。因此，渴望成功、成才的大学生必须认识情绪、驾驭情绪，使自己真正成为健康和成熟的人。

第一节　情绪概述

一、情绪的含义与分类

（一）情绪的含义

所谓情绪，是指客观事物能否满足人的生理和精神需要的心理体验。客观事物满足了人的需要就会产生积极的肯定性（正性）情绪，如快乐、兴奋、愉快、舒畅、幸福等；客观事物不能够满足人的需要就会产生消极的否定性（负性）情绪，如悲伤、愤怒、厌恶、失落等。情绪是一种复杂的心理现象，包括生理唤醒、主观感受和外在行为。

（1）情绪有其生理基础。心理学家研究发现，大脑皮质是情绪最高调节和控制的机构。大脑两半球具有情绪的功能不对称性：左半球为正性情绪优势，右半球为负性情绪优势。在不同的情绪状态下，人的心率、血压、呼吸乃至人的内分泌系统、消化系统等，都会发生相应的变化。例如，人在焦虑状态下，会呼吸急促、心跳加快；人在恐惧状态

下，会身体战栗、瞳孔放大；人在愤怒状态下，则会出汗、面红耳赤等。这些变化都是受人的自主神经支配的，是不由人的意识控制的。因此，情绪状态下的这些变化，具有极大的不随意性和不可控制性。例如，当我们考试失利、情感受挫、学习压力大时，不可避免地会出现一些情绪上的反应，即使再不愿意，甚至去控制，情绪也会出现。

（2）情绪是人对需求的满足程度的一种内心感受和体验。人的不同情绪必然会反映在人的知觉上，进而反映到人的意识上，从而形成人的不同的内心感受和体验。例如，人在受到伤害时，会感到痛苦；在与朋友聚会时，会感到由衷的快乐；当面临极度危险时，会产生毛骨悚然的恐惧感；当自己的某些需要得到充分满足时，会感到幸福愉快；在受到欺辱时，会感到愤怒；在失去亲人时，会感到悲伤。不同主体对同一件事也可能会产生不同的情绪体验。例如，教师在课堂上批评两个上课说话的学生，其中一个学生觉得老师是为了他好，是对他关心，虽然当时有些不好意思，但很快就忘记了这件事；而另一个学生则认为老师是在故意刁难他，让他当众出丑，是对他的打击报复，所以产生了十分痛苦的情绪。

（3）情绪的表现形式——表情。情绪不仅体现在生理反应和内心体验上，而且会直接反映到人的行为表现上，主要表现在人的面部表情、语态和行为动作上，也有人称其为面部表情、体态表情和声态表情。面部表情最直接反映人的情绪状态，我们可通过一个人的面部表情的变化，来了解这个人的情绪状态。例如，当自己所希望的球队获胜时，会不由自主地喜笑颜开；当遇到困难和挫折时，会愁容满面。体态表情也反映了一个人的情绪状态，如狂喜时捧腹大笑、悔恨时捶胸顿足、愤怒时摩拳擦掌等。在期末考试过后，我们可通过考生的坐立不安、手舞足蹈和垂头丧气，看出他们当时的情绪状态和面临的境地。声态表情则是指人们在与人交流时的声音、声调、音色和说话节奏等方面的变化。例如，人在悲伤时，语调低沉，言语缓慢，话语断断续续；人在兴奋时，则语调高昂，语速加快，声音抑扬顿挫、清晰有力。

拓展阅读

微表情心理学

微表情，是心理学名词。人们通过做一些表情把内心感受表达给对方看，人在做不同表情时，面部会“泄露”信息。微表情最短仅持续 1/25 秒，虽然一个下意识的表情可能只持续一瞬间，但有时会表达出相反的情绪。

微表情一闪而过，甚至连做出表情的人都察觉不到。比起人们有意识做出的表情，微表情更能体现人们真实的感受和动机。虽然人们会忽略微表情，但是大脑依然受其影响，改变对对方表情的理解。

（二）情绪的种类

人的情绪是复杂的、多种多样的，其类型难以有一个统一的划分方法。情绪大致有以下几种分类方法。

1. 七情之分

人们通常将情绪按其表现分为喜、怒、哀、惧、爱、恶、欲，称为七情。下面主要解释前四种情绪。

（1）喜，即喜悦，是人在其需求得到充分满足时产生的一种满意、愉快和欢乐的情绪体验。喜悦会使人感到轻松、舒畅和满足。

拓展阅读

装笑也管用

美国某广告公司的部门经理弗雷德工作一向很出色。有一天，他感到心情很差，但由于这天要和客户见面，所以他不能有情绪低落、萎靡不振的表现。于是，他在会谈中笑容可掬，谈笑风生，装成心情愉快而又和蔼可亲的样子。令人惊奇的是，他的这种心情“装扮”带来了意想不到的结果：不一会儿，他就发现自己不再抑郁不振了。

美国心理学家霍特指出，弗雷德的这种行为符合心理学中的一项重要规律：装着有某种心情，模仿着某种心情，往往能帮助自己真的获得这种心情。

有些人通常在情绪低落时避不见人，直到这种心情消散为止。这样做果真是好办法吗？多年来，心理学家认为，除非人们能改变自己的情绪，否则行为通常不会得到改变。当然，情绪、行为的改变也不是说变就变、想变就变的“瞬间”现象，而是有一个心理变化的内在过程。心理学家艾克曼的研究表明，一个人老是想象自己进入了某种情境，并感受某种情绪时，这种情绪十之八九果真会来。需要注意的是：年龄、性别、职业、性格等因素不同，情绪变化的程度和时间也不一样。情绪有了变化之后，伴随每种情绪的外在变化，生理反应也会出现变化。华东师范大学心理学系教授孔德明认为：一个故意装作愤怒的实验者，由于“角色”行为的潜移默化影响，他会真的愤怒起来，表现在待人接物、言谈举止等方面；同时，他的心率和体温（愤怒的生理指标）也会上升。因此，为了调控好情绪，我们不妨偶尔对自己的心情“乔装打扮”一番。

（2）怒，是指愤怒，往往是因为当事者的愿望和需求不能得到满足或是为此进行的活动受到阻碍时产生的一种不满和恼怒的情绪体验。愤怒的情绪会使人产生紧张、压抑甚至狂躁的感觉。

（3）哀，即悲哀，常由于当事者的期望或愿望不能得到实现和满足，或是遭遇重大的事故而引起的一种悲凉和哀叹的内心感受。悲哀的情绪会使人产生一种失落、无奈、痛苦的心理感受。

（4）惧，是指惧怕、恐惧，是当一个人面对危险境地或是巨大灾难时产生的一种极度的恐慌和畏惧感。恐惧的情绪会使人感到呼吸急促、紧张、心悸、全身战栗，甚至使人本能地产生想逃离的心理。

除此之外，情绪还有喜爱、憎恶等表现，而且一个人的情绪状态会表现为复合情绪反应。例如，一个人做了错事后，会有一种内疚感，包含了自责、悔恨等方面的内心体验；一个人经过了多年的努力，终于取得了博士学位，会产生百感交集的情绪状态，它包含着酸、甜、苦、辣各种心情。

拓展阅读

踢猫效应

一位父亲在公司受到了老板的批评，回到家就把在沙发上跳来跳去玩耍的孩子臭骂了一顿。孩子心里窝火，狠狠去踹身边打滚的猫。猫逃到街上，正好一辆卡车开过来，司机赶紧避让，却把路边的孩子撞伤了。这就是心理学上著名的“踢猫效应”，描绘的是一种典型的坏情绪传染。

花费上千元做的新潮发型，却被好友称为“雀巢”；精心打扮去赴约，平时 20 分钟就能到却因堵车用了一个多小时；熬夜马上就要完成的报告，计算机突然死机了，却没来得及保存……美国心理学家南迪·内森研究发现：人的一生中，平均有 30%的时间会被坏情绪占据，而让我们心情不爽的通常就是这些突如其来的小麻烦。因为毫无心理准备，我们的情绪反应通常更为强烈和糟糕，仿佛瞬间从天堂堕入地狱。坏情绪不仅会影响自己，还会殃及周围的人。

2. 基本情绪和社会情绪（情感）

情绪从形成与发展的角度可分为基本情绪和社会情绪（情感）。

（1）基本情绪，主要是指与人的生理需要相联系的内心体验。例如，人的恐惧、焦虑、满足、悲哀等。人的基本情绪在人的幼年时期就已经形成了，且带有先天遗传的因素。

（2）社会情绪（情感），是指与人的社会性需要相联系的情绪反应，表现为一种较为复杂而又稳定的态度体验。例如，一个人的善恶感、责任感、羞耻感、内疚感、荣誉感、美感、幸福感等，是后天随着人的成长而逐步形成和发展的。社会情绪是在基本情绪上形成和发展起来的，并通过基本情绪表现出来。

3. 情绪的三维理论

1896 年，德国心理学家冯特第一次提出了情绪的三维理论，他认为情绪是由愉快—不愉快、兴奋—抑制、紧张—松弛 3 个不同的维度所表现出来的。每种具体情绪都处在这 3 个维度的两极之间的不同位置上。这一理论后被美国心理学家普拉奇克所发展，他于 1962 年提出了普拉奇克三维情绪模型（图 7-1），并编制了情绪多维量表。普拉奇克从生物学的角度提出了情绪的强度、相似性和两极性的三维性特点，即情绪不仅具有两极性，情绪与情绪之间还具有相似性、强弱性。例如，喜悦的情绪在兴奋程度上可表现为舒畅、愉悦、快乐、欢喜、狂喜等不同的心理体验层次；愤怒的情绪在紧张程度上可分为不满、气恼、愤懑、恼怒、愤怒、大怒、狂怒等；悲哀的情绪在程度上可分为忧虑、忧愁、忧郁、哀伤、悲伤、悲痛、痛不欲生；恐惧的情绪在程度上可分为担心、不安、害怕、恐惧、惊恐、极度惊恐等。

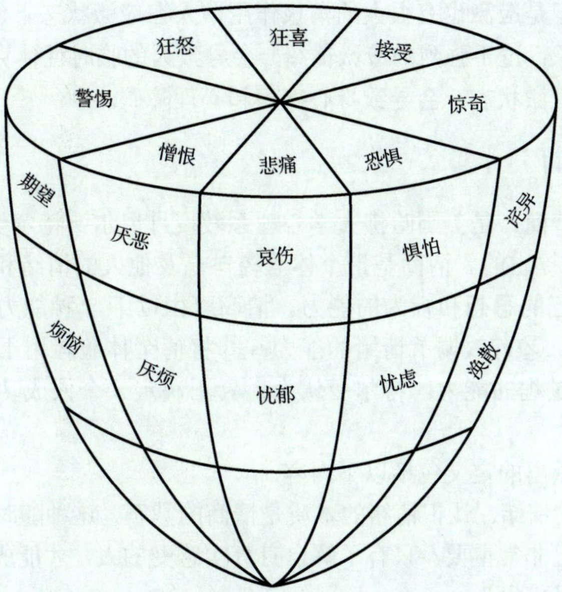

图 7-1　普拉奇克三维情绪模型

4. 心境、激情与应激

情绪根据发生的强度、持续性、紧张度，可分为心境、激情与应激 3 种状态。

（1）心境，是指比较微弱、持久地影响人整体精神活动的情绪状态，具有弥散性的特点。“忧者见之而忧，喜者见之而喜”就是心境的表现。心境有消极和积极之分。它不是关于某一事物的特定体验，而是由一定情境唤起后在一段时间里影响主体对事物态度的体验。处于某种心境的人，往往以同样的情绪状态看待一切事物。例如，当一个人心情舒畅时，看什么都觉得乐观积极；而当一个人郁郁寡欢时，则对许多事情没有兴趣。生活中，不同的人或是每个人在不同的阶段，都会有不同的心境，对人的生活有很大的影响。积极良好的心境有助于提高效率，克服困难；消极不良的心境使人厌烦、消沉。因此，对自己或他人心境的感知，有助于克服消极心境。

（2）激情，是一种强烈的、短暂的、有爆发性的情绪状态，如狂喜、愤怒、绝望等。在激情状态下，人的理解力、自制力等都有可能降低。激情也有积极和消极之分，积极的激情能增强人的探索欲和魄力，激励人们克服艰险，攻克难关；消极的激情则会导致理智的暂时丧失，情绪和行为的失控。激情往往由重大的事件所引起，如成功后的狂喜、失败后的沮丧和绝望、亲人去世后的极度悲伤等，都是激情状态。激情的特点是强烈的冲动性和爆发性，情绪作用时间短，往往会随着时间而弱化或消失。

（3）应激，是指在出乎意料的紧迫情况下所引起的高度紧张的情绪状态，人们在遇到突如其来的紧急事故（如地震、火灾等）时就会出现应激状态。在应激状态下，人的身体处于充分的动员状态，心率、血压、呼吸和肌肉紧张度等会发生显著的变化，从而增强身体的应变能力。应激往往有两种极端的表现：一种是惊慌失措、目瞪口呆；另一种是急中生智、沉着冷静。在应激状态下，人们往往能做出平时难以做到的事，使自己尽快地转危为安。但是应激也有很大的消极作用，人在应激状态下，会出现行动刻板、注意力被局限等现象；过于强烈的应激情绪，会导致人的临时性休克甚至死亡。一个人长期或频繁地处于应激状态，会导致身心疾病和心理障碍。

（三）情绪与情商

情绪智商简称情商，是美国哈佛大学心理系教授丹尼尔·特尔曼在 1995 年出版的《情绪智力》一书中提出的。情商是指个体监控自己及他人的情绪和情感，并识别、利用这些信息指导自己的思想和行为的能力。情商可由以下 3 种能力组成：①准确评价和表达情绪的能力；②有效调节情绪的能力；③将情绪体验运用于行动、计划和追求成功等动机和意志过程的能力。特尔曼认为：真正决定一个人成功与否的关键是情商而非智商。

特尔曼给情商做出的定义包括以下内容。

（1）认识自身的情绪。认识情绪的本质是情商的基石，这种随时随地认知自身感觉的能力对于了解自己非常重要。只有了解自身真实感受的人，才能成为生活的主宰，否则必然沦为感觉的“奴隶”。

（2）妥善管理情绪。情绪管理必须建立在自我认知的基础上。这方面能力较差的人常受低落情绪的困扰，而能控制自身情绪的人则能很快走出命运的低谷，重新奔向新的人生目标。

（3）自我激励。自我激励包含两个方面的意思：①通过自我鞭策保持对学习和工作的高度热忱，这是追求一切成就的动力；②通过自我约束以克制冲动和延迟满足，这是获得任何成就的保证。

（4）理解他人情绪。能否设身处地理解他人的情绪，是了解他人需求和关怀他人的先决条件，特尔曼用同理心来概括这种心理能力。同理心是同情、关怀与利他主义的基础，具有同理心的人常能从细微处了解他人的需求。

（5）人际关系管理。恰当管理他人的情绪是处理好人际关系的一种艺术。一个人在这方面的能力很强意味着他的人际关系和谐，人缘好，“会做人”，适于从事组织领导工作。显然，这种能力要以同理心为基础。

对不良情绪的调节和控制是情商的重要组成部分，因此，大学生应学会有效调节自己的情绪，保持良好的情绪状态，这样才会成为一个高情商的人。不善于调节自己情绪的人，是不可能成为用自己的言行来影响他人情绪的人的，所以对自我情绪的调节，是提升情商水平的关键。

心理故事

几十秒内的选择

小宋到一家公司应聘，在电梯里只有他和另外一个女孩，当他按下去应聘考场 19 楼的按钮时，女孩并没有伸出手去按其他按钮。小宋因此留意了一下这个也许到同一楼层的女孩，她抱着两包文件，正试图把两包文件转移到一只手上，于是小宋微笑着询问她是否需要帮忙，她点了点头，回答说："19楼。"随即，小宋为她按下了按钮。出了电梯后，他们彼此微笑着点头道别。当天公司的面试和笔试，小宋竭尽所能但发挥得仍不理想。尽管他很乐观，但还是觉得没有希望。两个星期后，小宋意外地收到了录用通知书。

到新公司工作了几周后，小宋才知道改变自己命运的竟是那次被按下的按钮和留给那个女孩的微笑。原来，那个女孩是人力资源部的职员，公司巧妙地把她安排成了对求职者测试的一部分。因为公司要招聘的是"网上代言人"，即代表公司解答所有网上客户的问题。这是一个要在网上传播微笑的工作，它不但需要相应的网络知识、对公司业务的了解，还需要细致和热情。那个站在电梯里的女孩就是情商测试的考题，而小宋是唯一完成了这道题的人。

二、情绪的发生机制与功能

（一）影响情绪的因素

我们每天的活动都伴随着一定的情绪，有时轻松，有时焦虑，有时欢乐，有时忧愁，那么，是什么在左右着我们的情绪？情绪发生的机制是什么？

1. 情绪与情境

人的情绪不会无缘无故地产生，必然有其发生的情境。例如，人逢喜事精神爽，当人们学业成功、身处优美的环境，随之会产生愉快的心情；反之，人际冲突、学习压力、生活挫折，甚至恶劣天气，则会使人感到烦躁和抑郁。除了外在的环境和事件会直接引起情绪变化外，生理的和心理的反应也会引起情绪的变化。例如，在青春期，人身体的急剧变化引起内分泌紊乱，并由此造成了情绪上的躁动。

2. 情绪与需求

情绪产生与变化的背后，实际反映了人们的需要。例如，当得到他人称赞时，满足了自己的自尊需要，从而产生荣誉感和喜悦感；相反，当受到他人冷落时，就会产生失落感和孤独感，因为自己的被接纳和亲情的需要没有得到满足。在大学的学习和生活过程，也是大学生满足自身各种需求的过程。大学生的需求是多样化的，如完成学业、培养能力、发展自我、追求爱情等。这些需求是多层次的，有些是眼前的需求，有些是长远的需求，需求之间还相互矛盾。实现和满足这些需求，会受到各种条件的局限与制约，必然会引起大学生的情绪波动。在现实生活中，大学生对他人、对自己、对事物期望值太高，势必因难以满足需求而产生失望、绝望、不满等不良情绪。因此，大学生要学会把期望值调整到适当的高度，要能够在一定范围内懂得知足。只要对人对事不苛求十全十美，并能够对自己拥有的一切心怀感激，大学生就可以减少烦恼，保持良好的心境。

3. 情绪与认知（信念）

人们通常会认为诱发事件直接导致了人的情绪和行为结果，发生了什么事就引起了什么情绪。然而，同样一件事，对不同的人会引起不同的情绪。例如，在沙漠里迷路的两个人只剩下了半壶水，一个人想，沙漠这么大，只剩下半壶水，肯定要命丧沙漠了；另一个人却想，太好了，竟然还有半壶水。这样一来，前者可能绝望，甚至轻易地放弃；而后者可能充满信心，最终走出沙漠。同一门考试，成绩刚刚及格的学生对此却有着不同的感受，有的人庆幸，“好歹及格了”；有的人惋惜，“怎么没考得更好一些”；有的人会感到无地自容，因为他从小到大从没得过这么低的分数。有人会因为受不了上司的严厉批评而选择辞职，也有人因“严师出高徒”而使自己能胜任更复杂的工作，最后不断晋升。为什么会如此？这都是因为认知的作用。心理学研究表明，人们只有通过认知客观事物与需要的满足情况，并做出判断与评价，才会产生相关联的情绪反应，认知改变了，情绪也相应发生了变化。

拓展阅读

情绪 ABC 理论

转变观念很重要

A 代表诱发事件（activating event）。B 代表信念（belief），是指个体在遇到诱发事件后相应而生的信念，即对这一事件的看法、解释和评价。C 代表结果（consequence），即症状。情绪产生的机制是：客观事物（刺激）→评价（信念）→情绪（结果）。

美国心理学家艾利斯认为，情绪的产生不是因为某个事件，而是因为人们对事件的解释和评价。并非诱发事件 A 直接引起症状 C，A 与 C 之间还有中介因素在起作用，中介因素是人对 A 的认知、评价或看法，即信念 B。艾利斯认为，人极少能够纯粹客观地知觉经验 A，总是带着或根据大量的已有信念、期待、价值观、意愿、欲求、动机、偏好等来经历 A。因此，对 A 的经验总是主观的、因人而异的。同样的 A 在不同的人身上会引起不同的 C，主要是因为他们的信念有差别，即 B 不同。换言之，事件本身的刺激情境并非引起情绪反应的直接原因。个人对刺激情境的认知、解释和评价，才是引起情绪反应的直接原因。合理信念引起人们对事物适当、适度的情绪反应，而不合理信念则是导致自卑、焦虑、抑郁、恐惧、冷漠等不良情绪的根本原因。坚持某些不合理信念，总处于不良情绪状态之中，会大大影响人的生活。

根据艾利斯的情绪 ABC 理论，我们可以改变对诱发事件所持的不合理信念，建立合理信念，这样就会产生积极的情绪反应，使我们对自己和周围事件的认知变得更客观。具体步骤如下。

（1）将引发不良情绪的事件和认识一一列出。

（2）找出引发不良情绪的不合理信念。

不合理信念包括以下几个方面。

一是绝对化要求，即总是以绝对命令式的语言来要求和暗示自己，如“我必须……”“我应该……”“我不得不如此”等。这样的个体总要对事物做出绝对化的判断，并且认定某一事物一定会发生，或者一定不会发生。

二是过分概括化，即以偏概全，自我评价和对他人的评价，都以一个事件或一次经验定论。例如，一次考试失败、一次失恋、与朋友之间出现了一次关系紧张，就认定自己是无能的、无法成功的，从而自卑、抑郁或焦虑。

三是糟糕至极，即在自己的精神世界设定了极其可怕、极其糟糕的观念，认为自己是无法接受这一事情发生的。例如，认为“我跟他（她）分手就活不下去了”“我无法承受父母的离异”“这次考试要是失败的话，我就完了”等，这样的想法会让人陷入极度的悲观、恐惧或自责之中。

（3）通过对不合理信念的认识和纠正，找出合理信念。例如，“塞翁失马，焉知非福”“是压力也是动力”“成功的道路不止一条”等，用辩证的眼光从事物的消极面看到积极面，建立合理信念。

（4）通过建立合理信念，最后达到情绪感受的改变。

古希腊哲学家埃皮克迪特斯有一句名言：“人不是被事情本身所困扰，而是被其对事情的看法所困扰。”19 世纪德国著名哲学家叔本华也曾经说过：“事物本身并不影响人，人们只受对事物看法的影响。”

4. 情绪与行为

行为是人的情绪的重要表现形式，情绪状态会使人产生或消除导致行为的动机，并直接影响人的行为模式、过程和结果。例如，一个学生因取得优异的成绩而产生的成就感，会使他学习更加努力；一个学生过度的焦虑情绪，会使他感到心烦意乱而无法专心学习。对考试的过度恐惧，也会使人在考试中发挥失常。情绪对行为起着一定的调节作用，能满足人需要的一些行为会令人产生一种欣慰和充满热情的情绪感受，它会使人的行为得到加强；而当某一行为未满足人的某种需要时，就会使人产生厌烦、排斥的情绪感受，它会削弱人的行为动机。可见，情绪与行为是相互影响的。

（二）情绪的功能

情绪对于大学生具有重要的功能，概括起来，主要有以下几个方面。

（1）自我保护的功能。每一种情绪对人都具有保护功能，负性情绪并非一定是不良情绪，因为伴随着一定紧张状态的愤怒、憎恨、忧愁、恐惧、痛苦等负性情绪的产生，是人们适应环境的一种必要的反应，可以激起人的内在潜能，使之改变或脱离造成这种不良心态的环境。例如，当人处于危险的境地，恐惧的情绪反应能促使人更快地脱离险境；当人在工作或学习中承担的负荷超出了自身的承受能力时，疲惫的情绪状态会使人不得不放弃一些工作，放松自己；在面对伤害时，愤怒的情绪会促使人奋起反抗，保护自己。

（2）人际沟通的功能。人际交往不仅仅是出于信息上的交流和工作中的协调，更是心理、情绪上的需求与满足。曾有一个大学生面对人声嘈杂的宿舍，自叹特别孤独，引来周围同学的诧异。有同学问：“这么拥挤的生活环境，想找个清静的地方都难，你怎么还感到孤独？”他自嘲地说：“我就像是被关在一个透明的玻璃瓶中，尽管周围有的是人，但对于我而言，只是看得见而摸不着啊！”其实这个大学生感到的孤独，正是缺少情绪上的沟通和对情感交流的一种渴望。情绪在人际沟通中起着非常重要的调节作用，像微笑、轻松、热情、喜悦、宽容和善意的情绪表达，会促进人际沟通；而冷漠、猜疑、排斥、偏执、嫉妒、轻视的情绪反应，则会构成人际交往中的障碍。

（3）信息传递的功能。情绪还能起到信息传递的功能。例如，情人之间的一个眼神、一个微笑，就可以表达爱意；知己之间的一个动作、一个表情，就能使对方心领神会；考场中，监考教师威严的目光，就足以使那些想投机取巧的人望而却步。情绪还可以相互影响和传播。当一个人兴高采烈时，他的这种情绪就会感染周围的人；而当一个人沮丧、愤怒时，他也会使这种情绪在周围传播开来，并且会将这些负性情绪迁移到他人身上。

（三）情绪对大学生的影响

（1）对学业方面的影响。对于大学生来讲，情绪状态对于学业有着举足轻重的影响。不少大学生有这样的体验，当自己的情绪积极乐观时，学习效率倍增；而当自己的情绪处于低迷、忧郁或烦躁不安时，学习状态往往也是一团糟。一个人再聪明，如果没有好的情绪状态，他的能力就无法发挥出来，而良好的情绪状态正是一个人最大限度地发挥自己能力的基础和前提。

（2）对身心健康的影响。良好的情绪状态，不仅有利于大学生的学习，而且有益于大学生的身心健康。世界卫生组织认为，人的健康长寿，15%取决于遗传因素，10%取决于社会因素，8%取决于医疗条件，7%取决于气候因素，60%取决于自己，而在这 60%当中有 35%取决于个人的情绪因素。情绪的影响相应地表现在正反两个方面：不良情绪压抑过久或某种情绪表现过激都会影响人的身心健康；合理控制情绪的变化，巧妙地运用情绪调节人体生理指标又会增进人的身心健康。现代医学研究证明，70%的生理疾病患者伴有心理疾病，尤其是高血压、心脏病、癌症等病症，都与人的情绪状态有着直接的关系。长期的学习压力，导致一些大学生出现失眠、神经性头痛、消化系统疾病等症状，大多是因为情绪状态没能得到很好的调整。大学生群体存在的抑郁症、恐惧症、强迫症等心理障碍和疾病，也与不良情绪密切相关。因此，保持良好的情绪状态，是大学生心理健康的重要标志。

拓展阅读

情绪实验

古代阿拉伯学者阿维森纳曾把一胎所生的两只羊羔置于不同的外部环境中生活：一只小羊羔随羊群在水草地上快乐地生活；而另一只羊羔和一匹拴在树上的狼生活，这只羊羔总是受到来自自己面前那只野兽的威胁，在极度惊恐的状态下，它根本吃不下东西，不久就因恐慌死去。

医学心理学家还用狗做实验。他们把一只饥饿的狗关在一个铁笼子里，让笼子外面的另一只狗当着它的面啃肉骨头，笼内的狗在急躁、气愤和嫉妒的负性情绪状态下，产生了神经症性的病态反应。

上述实验告诉我们，长期被恐惧、焦虑、抑郁、嫉妒、敌意、冲动等负性情绪困扰，就会引发身心疾病。

（3）自身成长的作用。情绪不仅对大学生的身心健康至关重要，而且对大学生的人格的形成与发展具有同样重要的作用。弗洛伊德的精神分析理论和埃里克森的心理社会发展阶段理论都强调情绪在人格形成和发展中的核心作用。良好的情绪有助于增强学习兴趣，提高学习效率，促进潜能开发，并有助于自信心的建立。培养积极健康的情绪，是大学生心理素质养成的重要内容。

第二节　大学生常见情绪问题

大学生作为一个特殊群体，情绪控制能力尚未成熟，不仅要面对纷繁复杂的社会，还要处理好学习、生活、工作、交友之间的关系，承受进一步深造或就业的压力，因此大学生情绪上的困扰和障碍时有发生。不良情绪持续时间过长，将会严重影响大学生的学习和生活，需要及时有效地进行调适。

找到生活中不合理的认知

一、大学生情绪的特点

进入大学后，由于生活领域的扩大、学识的增长和自我意识的增强，大学生的诸多需要开始走向高峰，如独立需要、尊重需要、理解需要、交往需要、成才需要等。随着各种需要得到满足或没有得到满足，大学生内心会产生复杂的情感体验与矛盾冲突带来的震荡。心理学家称大学时期为“疾风怒涛”时期。具体来说，大学生的情绪具有以下6个特点。

1. 两极性与动荡性

大学生在情绪状态上具有两极性。一方面，相对于中学阶段，大学生的情绪趋于稳定和成熟；另一方面，与成年人相比，大学生“心血来潮”“血气方刚”，其情绪带有明显的起伏波动性，容易从一个极端走向另一个极端。大学生的情绪有时会表现为大起大落、大喜大悲的两极性：取得成绩时，就兴高采烈、沾沾自喜，甚至得意忘形；遇到挫折时，又会悲观失望、心灰意懒，甚至一蹶不振。情绪的动荡性是大学生在发展过程中迅速走向成熟而又未完全成熟的正常表现，正是通过摇摆起伏，他们逐渐地认识了自己，认识了社会，从而走向成熟。

2. 情绪反应迅速，具有冲动性

大学生由于性成熟，性腺功能的作用，性激素的分泌会通过反馈增强下丘脑部位的兴奋性，使下丘脑神经表现出兴奋性亢进。但大学生的心理发展相对缓慢，心理调节机制不完善，缺乏对外界变化的控制力和应变能力，造成大脑皮质与皮质下中枢之间发生暂时性平衡失调。因此，大学生的情绪表达常常带有较强的冲动性，“疾风骤雨”式的，喜怒哀乐常常一触即发，难以控制。“喜”往往表现为手舞足蹈，欣喜若狂，欢呼雀跃；“怒”则表现为火冒三丈，暴跳如雷，甚至大动干戈，有时还可造成一些连他们自己都不希望出现的后果。例如，某大学校园里，学生因琐事发生口角，导致拳脚相加，甚至事态扩大，酿成多人参加的校园持械斗殴事件，严重破坏了学校的正常教学秩序，造成了恶劣影响。事后，同学们在反思这一事件时说：“当时也知道打架不对，可就是太冲动了，控制不住。”青年情绪的冲动性和爆发性并非都不好，强烈的情绪也会使大学生表现出见义勇为、舍己为人、为真理和正义而献身的热忱，做出惊人的壮举。

3. 情绪延迟性及趋向于心境化

情绪心境化是大学生情绪的重要特点。中学生的情绪往往受制于外部情境，随着外部情境的变化，情绪反应来得快，消失得也快；大学生情绪反应的发生，往往不会随着外界刺激环境的改变而随即消失，而表现出一定的延迟性，趋向于心境化。

4. 情绪内容丰富，具有多样性

大学生情绪内容的丰富性与深刻性较之中学生有了很大发展。大学生有着强烈的求知和成才欲望，能够自觉地学习科学文化知识；他们十分渴望得到父母的理解与尊重，十分渴望与同龄人广泛交往。同时，大学生又特别重视友情、讲义气，需要生活在友爱的集体中。他们还渴望自己具有崇高的社会情感，如道德情感、社会公德情感、爱国主义情感、理智感、荣誉感等。如此广泛的需求决定了大学生情绪活动的丰富性、多样性。

5. 压抑性与矛盾性

相当多的大学生常常感到自己的情感不能尽情地得到倾诉，不能得到充分的满足和寄托，时时感到情绪的压抑。大学生面临着许多重大选择，常常会呈现出一种矛盾和复杂的情绪状态。例如，希望自己具有独立性和希望依赖于他人的需要同时存在，既对自己不满又不想承担责任，既希望得到他人的理解又不愿意接受他人的关心等。

6. 内隐性与掩饰性

大学生的情绪表现，虽然有时也会喜形于色，但已经不像少年时期那样坦率直露了。进入大学后，很多人变得“虚伪”了，明明自己不高兴，却非要装出一副若无其事的样子。其实这正是一些大学生在这个年龄段表现出来的情绪掩饰性。这也在无形中给同学之间的相互交流带来障碍，使一些大学生出现孤独和苦闷的情感困惑。

大学生心理尚未完全成熟，情绪尚不稳定，所以要有意识地进行自我调节，努力培养优良的情绪，克服纠正不良的情绪，做一个情感健全的人。

心理故事

我们需要的是水不是杯子

一次，几个毕业生去拜访母校老师。老师问他们过得怎么样。一句话勾出了大家的满腹牢骚，大家纷纷诉说着生活的不如意，工作压力大呀，生活烦恼多呀，做生意不顺呀，当公务员的仕途受阻呀，等等。一时间，大家仿佛都成了上帝的弃儿。老师笑而不语，从柜子里拿出许多杯子，摆在茶几上。这些杯子各式各样，有陶瓷的，有玻璃的，有塑料的；有的杯子看起来高贵典雅，有的杯子看起来简陋廉价……老师说："都是我的学生，我就不把你们当客人看待了。你们要是渴了，就自己倒水喝吧。"几个毕业生已经说得口干舌燥了，便纷纷拿了自己中意的杯子倒水喝。等他们手里都端了一杯水时，老师说话了，他指着茶几上剩下的杯子说："大家有没有发现，你们挑选的杯子都是最好看、最别致的，像这些塑料杯就没有人选。"几个毕业生并不觉得奇怪，谁都希望自己拿到的是一只好看的杯子。老师说："这就是你们烦恼的根源。大家需要的是水，而不是杯子，但我们有意无意地会去选用好看的杯子。这就如同我们的生活，如果生活是水的话，那么工作、金钱、地位这些东西就是杯子，它们只是我们用来盛起生活之水的工具。杯子的好坏，并不能影响水的质量，如果将心思花在杯子上，你哪有心情去品尝水的甘甜，这不是自寻烦恼吗？"

二、大学生常见的情绪问题及调适

（一）抑郁

抑郁是一种愁闷的情绪低落的心境，表现为没有激情、忧心忡忡、长吁短叹、话语减少、食欲不振等生理和心理反应。

心理学家通过实验归纳出抑郁症症状"五字要诀"——懒、呆、变、忧、虑。

懒：患者无缘无故变得疲乏无力，懒散不想动，不爱活动，严重时卧床不起，不肯外出，无法胜任工作和进行生活。

呆：思维迟钝，构思困难，记忆力和注意力减弱，行动迟缓，反应迟钝，语轻音低，严重者呆钝笨拙，如同痴呆。

变：性格与过去相比，迥然相异。自我感觉很差，感到精力和体力不足，对任何事物毫无兴趣和乐趣，视外部世界一片灰暗，死气沉沉。

忧：情绪忧郁、悲观、沮丧，意志消沉，消极厌世，有强烈的自杀倾向。

虑：部分患者焦虑不安的症状很突出，整天陷入痛苦和焦虑，对人、对事和对外界环境均缺乏信心和活力，对过去、现在和未来表现出焦虑不安的情感障碍。此称为"抑郁症三联症"。

特别需要指出的是，抑郁情绪与抑郁症既有联系，又有质的区别。前者属于一种不良情绪困扰，需要的是心理上的调整；而后者属于精神疾病，需要及时到医院就诊。

成长案例

小张以优异的成绩考入某高校。她在初中、高中都担任班干部，信心满满。一进入大学便制订了大学发展计划，即学习上要获得奖学金，工作上要成为学生会干部，续写高中的辉煌。然而，到了第一学期期末，之前制定的两个目标均未能实现，她的情绪一落千丈，变得郁郁寡欢，无心学习，也不关心身边的事，和同学的关系也无法处理好，而且整夜失眠。最后她不得不去医院精神科检查，结果诊断是患了抑郁症。

消除抑郁的情绪障碍需从以下几个方面入手。

（1）宣泄心中的压抑。抑郁往往是因某种情绪、情感被压抑而引起的，找亲朋好友倾诉一番，有助于抑郁的消除。

（2）换个角度看问题。有位诗人说得好：忧愁的眼睛到处看见凄凉，欢笑的眼睛到处看见光明。当背向太阳的时候，只能看到自己的影子，这时不妨转过身来试试，面向太阳，便会看到一个灿烂的世界。

（3）进行体育锻炼。只有保持健康的身体，才能保持旺盛的精力和良好情绪，健康的精神寓于健康的身体之中。美国加利福尼亚州一个科研小组在对 1800 名男女跟踪观察 18 年后发现，不运动者患抑郁症的概率大大高于体育锻炼者。这说明进行体育锻炼可消除抑郁、振奋精神。

（4）多参加社交活动。有意识地多参加各种社交活动，尽量多交几个朋友并与之来往，这种方法的效果常常胜过药物。

（二）焦虑

焦虑情绪是令大学生烦恼的情绪之一。

“焦虑”这个词可用于描述许多问题。例如，恐怖反应，即对特殊物体或情境的惧怕，如高度、电梯、昆虫等；惊恐反应，即强烈的焦虑感，在该情境里，人们感觉自己快疯了或快死了；精神创伤后应激障碍，即可怕创伤的记忆重复出现且伴随高度的烦恼；强迫性神经症，即重复或不断地思考或做同样的事情；广泛性焦虑障碍，即忧虑和焦虑相混合的症状。我们还可以用“焦虑”这个词来描述面对生活困难时所感受到的短暂的紧张或惧怕。

焦虑的生理反应是掌心冒汗、肌肉紧张、心跳加速、双颊发红、头昏眼花和呼吸困难。降低焦虑频率和强度的有效方法通常有认知重组、松弛训练（如肌肉渐近放松、呼吸控制、想象图像、分心法）、药物治疗。

成长案例

小果，大一学生，女，18 岁，来自云南，性格较为内向。身体健康，无疾病。父母均为普通工人，家境一般。父母对她比较宠爱，唯一要求就是学习好，但她的学业一直一般，最后她凭借较高的文化课分和一般的艺术成绩考进大学。近一个月来，她睡眠不好，食欲低下，上课常常注意力不集中，记忆力下降，学习效率低下，宿舍人际关系不良。

面对焦虑，大学生可以这样做。

（1）活在当下。焦虑来临时，坐下来，专注于脚踩在地上的感觉，把手放在腿上，缓慢而均匀地通过鼻子呼吸，做一次从腹腔到胸腔的深呼吸，持续练习大约 5 分钟。“活在当下”练习可以帮助大学生有效缓解焦虑情绪。

（2）制作一张平衡表，列出你知道的和你能影响的。焦虑潜藏在黑暗中，所以用“手电筒”去照亮那些干扰你的事情吧。大学生可以在一张纸上写下 4 栏内容：我知道什么，我不知道什么，我能影响什么，我不能控制什么。

（3）想想最极端的结果。焦虑就像多米诺骨牌游戏。“灾难性层叠”就是当你有一个想法的时候，让它在多米诺骨牌效应下产生更糟糕的结果。例如，担心约会失败，可以把自己带入多米诺骨牌效应：假如约会很糟糕，那么接下来会发生什么？你的约会对象会告诉他的朋友，你显得很失败，人们会嘲笑你，没人再约你，你将孤独终老……问问你自己：“这是最糟糕的情况吗？”当你意识到焦虑之下出现的最坏的结果是怎样的，你就会发现上述想法毫无逻辑。

（4）运用矛盾意向法。应对焦虑的一种手段便是远离它，不必过于执着，顺其自然即可。如果失眠让你变得焦虑，那么深夜醒来的时候就起床，而不是勉强自己继续睡觉。

（5）创建一个担忧期，并在这段时间内尽可能地沉迷于担忧。在一天中给自己某段时间坦然面对焦虑，在那段时间里，把所有的注意力集中在担忧上，列出所有潜在可能出错的事情，以及生活将会变得多糟糕。然后一旦这个时间段过去了，你心里知道明天将会有另一个担忧期，就会把当天的焦虑想法从大脑中驱逐出去。

（三）愤怒

愤怒（即发脾气）是人对客观事物不满而产生的一种紧张情绪体验，是一种比较强烈的情绪表现。愤怒是人类的基本情绪之一，有程度轻重之分，从不满、气恼、气愤直到大怒、暴怒、狂怒等。愤怒常常是在个体的愿望不能实现或行动持续受到挫折时产生的。工作失败、受人侮辱、上当受骗、权利被侵犯、恋爱受挫折、隐私被他人发现、疾病缠身、劳累过度等，都会在一定的心理条件下产生愤怒情绪。愤怒情绪的认知反应包括别人的威胁或伤害、规则受到破坏、受到不公平待遇。引发愤怒的事件类别与个人的经历、信念及个人的生活规则有关。例如，有的人可能因排队而愤怒，却能镇静地倾听班主任对其行为表现的批评；有的人可以安心地排队，但会对批评他的同学做出强烈的反击。

愤怒是人体内的一种自我保护机制，是人面对威胁的时候身体本能的一种情绪反应。愤怒时，人体内的肾上腺素分泌增加造成身体紧张（如紧握双拳）、心肺负荷过重，这就是“气”的结果。压制愤怒是一种不健康的选择，它会威胁人的身心健康，削弱人的意志，使人变得郁闷、焦虑、消沉甚至绝望。从心理健康的角度讲，发泄是消除心中怒火的极为有效的手段，发泄也可以减轻精神疲劳，使人变得轻松愉快，精力充沛地投入到今后的工作之中。另外，愤怒在一定条件下可激发人的责任感，提高创造性能力，可使人发愤图强。

无论什么原因产生的愤怒，都会影响人的身体健康。正如《黄帝内经》所说：喜怒不节，则伤脏，脏伤则病起。当人愤怒时，交感神经的兴奋性增强，从而导致心率加快、血压升高。所以，经常发怒的人易患高血压、冠心病等生理疾病，而且易使病情加重，有的甚至危及生命。愤怒可使食欲降低，影响消化。经常发怒，可使消化系统的生理功能发生紊乱。愤怒还可影响人体腺体的分泌功能，如正在哺乳的母亲，发怒可使乳汁分泌减少，这对婴儿是十分不利的。

愤怒还会影响人际关系。愤怒往往会导致攻击性行为，特别是在狂怒时，情绪暴躁，言辞过激，大脑皮质处于兴奋状态，此时思维狭窄，不能意识到自己行为的意义和后果，对别人的善意劝告不能入耳，心理失去平衡，使理智与自我控制力减弱，甚至失去意志控制力，导致的是冲动性攻击行为，易造成严重的社会危害，暴怒之下伤害人，甚至杀死人等，造成激情犯罪。愤怒时最坏的后果是，人在愤怒的情绪支配下，不顾及别人的尊严。伤害他人的感情和自尊无异于自绝后路，自挖陷阱，意味着一时冲动的愤怒之后要付出巨大代价，其损失往往可能是无法弥补的，可能从此失去一个好朋友。冲动的情绪其实是最无力的情绪，也是最具破坏性的情绪，在愤怒情绪控制下，人们往往易做出使自己追悔莫及的事情来。因此，大学生必须学会控制自己的愤怒情绪。

成长案例

话不投机引发打架事件

王冲正在操场上和同学玩单杠。突然，一只足球飞过来，打中了王冲的头。这时，只见小强跑过来说：“对不起，对不起。”王冲生气地说：“你眼睛长哪里去了？踢球也不看着点！”小强也生气了，说：“我又不是故意的。我已经道过歉了，你怎么还骂人？”王冲说：“就骂你，谁叫你用足球打我的头？”小强说：“你再骂，我就打你。”王冲说：“就骂你。看你敢不敢打我！”于是，小强就打了王冲。

大学生应有效地驾驭愤怒，把它控制在一定范围内，防止给他人和自己带来伤害。可以采取以下措施控制自己的愤怒情绪。

1. 拓宽心理容量

心理容量和怒气的爆发是呈反比关系的，心理容量越小的人，越容易怒气冲天；心理容量越大的人，越能经受较强的刺激而不动怒。因此，在生活中，要拓宽心理容量，做到“宰相肚里能撑船”。拓宽心理容量要加强以下几个方面的修养。

（1）要树立远大的生活目标，改变以眼前区区小事计较得失的习惯，更多地从大局、从长远去考虑一切，一个人只有确立了远大的人生理想，才能宽待他人，有较大度量就不会容忍自己的精力被微不足道的小事羁绊，而妨碍对理想事业的追求。

（2）要加强文化知识的学习，培养高尚的人生情趣。人的心理容量是受文化素养制约的。有较高文化知识修养的人，思想和情趣的境界一般比较高，看问题比较开通，因而有比较大的心理容量，一般情况下不会发火。缺乏文化素养的人，易受传统偏见和落后习俗的影响，看问题不大开通，心理容量也一般比较小。

（3）在生活的点滴小事上培养容人之量。生活中令人气恼的事情是很多的，如果没有一点心理容量，我们大概会有发不完的火，生不完的气。中国近代史上的禁烟功臣林则徐的脾气很大，他为了控制自己的怒气，在中堂上挂了一幅写有“制怒”二字的条幅，以便随时提醒自己。人都是有理性的，可以通过心理暗示来调节身心。将要发怒时，可以通过自我暗示来提醒自己、激励自己、释放自己，使自己的不良情绪得以缓解，恢复到良好的状态。

2. 学会制怒

在怒气已经产生时，要更加注意控制自己的行为，防止因行为的失控而导致新的致怒因素。

（1）先冷静下来。当意识到自己的怒火已经起来时，最好的办法是强迫自己不要讲话，采取静默的方式，加强自我克制，这样会有助于我们冷静思考。如要发怒，先从 1 数到 10 再开口，或接受俄国作家屠格涅夫的忠告，将舌头在口腔内转上 10 圈。要立即暗示自己：“我不能发脾气！不要做冲动的牺牲品！”“生气是拿别人的错误来惩罚自己，又何必呢！”“冷静，别发火！”“我的忍耐力很强！我的修养很好！我能控制自己！”或者默念：“我不在意你说什么！我有我的做人标准！不跟小人一般见识！不值！”

（2）快撤。当感到控制不住愤怒时，应当迅速离开现场，避开双方“气头”，谁先撤离现场，谁得益。切忌在愤怒的状态之下，由于自我控制力不强，以暴力或不恰当的方式发泄情绪，否则不但不利于问题的解决，而且会造成更为严重的后果，引发新的问题。

如果不能立即离开生气的现场，如正在听长辈、老师、领导的批评想要大发脾气时，可以就地进行“数颜色”练习，即环顾周围，心中自言自语：那是一面白色的墙壁，那是一张棕色的桌子，那是一把深色的椅子，那是一套蓝黑色的西服……一直数 10 个，大约数 30 秒。这是一种运用生理反应控制情绪的方法。因为一个人发怒时，肾上腺素的分泌使肌肉紧绷，血流速度加快，生理上做好了“攻击”的准备。这时随着愤怒情绪的升高，注意力就转移到了内心的感觉上，理性思考能力因而减少，某些生理功能也暂时被削弱。例如，当我们在气头上时，反应不如平时灵敏，对周围环境的感觉变得迟钝，心中全被不满的情绪占有，满脑子只有一种想法：他怎么会这么令人气愤呢？通过运用“数颜色”法，强迫自己恢复缜密的思维能力，使大脑恢复理性思考。因此，数完颜色时，心情就会冷静一些。撤离以后，要采用缓解情绪的方法，使自己的情绪得到及时合理的发泄。

① 转移注意力。将愤怒情绪能量转移到其他方面，让时间来冷静自己的头脑。例如，出去散散步，在喧闹的音乐声中随便跳一跳；洗个澡，把愤怒“洗掉”；用双手挤压泥土，撕废纸；到户外或者自己的房间大叫；做一些既能消耗体力又能转移注意力的体育运动。这样积聚的怒气就会随着大量的体力消耗而得到释放，避免了怒气淤积而伤害身心。另外，还可以找信任的朋友倾心交谈，将心中的郁闷及时发泄出来。根据现代生理学的研究，人在遇到不满、恼怒、伤心的事情时，会将不愉快的信息传入大脑，逐渐形成神经系统的暂时性联系，形成一个优势中心，而且越想越巩固，日益加重。例如，忧愁者越是朝忧愁方面想，就越觉得自己有许多值得忧虑的理由；发怒者越是想着发怒的事情，就越觉得自己发怒完全应该。如果马上转移，想高兴的事，向大脑传送愉快的

信息，争取建立愉快的兴奋中心，就会有效地克制不良情绪。

② 认知调控法。当一个人被激怒时，常会做出过激的行为，但如果此时能够先冷静地分析引起愤怒情绪的原因，分析问题的症结所在，用辩证的观点去审视，以多元的思维去认识，换一个角度去思考，并选择其中较为理智、恰当的方法去解决问题，就可以使过分激动的情绪反应得到适当的平静，避免过激的情绪反应和行为的出现。“逆性思维”有助于我们冷静下来，在生活的道路上，每当我们的怒火像烈火一样燃烧时“回头想”是十分重要的。可以转而回想他人的优点和过去愉快相处的经历，可以把自己的思维从愤怒情绪的指向中拉回来，使自己考虑到问题的其他方面，这样就会渐渐地平息怒气，从而避免做出过激的举动和追悔莫及的事情。

第三节　大学生良好情绪的培养

一、健康情绪的标准

有效的情绪宣泄方式

情绪健康的主要标准是情绪稳定、心情愉快。具体体现在以下几个方面。

（1）愉快的情绪多于不愉快的情绪。愉快的情绪一般表现为乐观开朗、充满热情、富有朝气，善于自得其乐，对自己、对生活充满信心和希望。愉快表示人的身心活动的和谐与满意。一个人经常情绪低落，总是愁眉苦脸、心情苦闷，则可能是心理不健康的表现。一个人在人生的道路上难免会发生挫折或不幸，如亲友病故，情绪悲哀，这当然是正常的情绪反应。正常的心情应该是稳定的，对人的身体和工作都有益处。在正常的生活中，可以有悲伤、惊恐等否定性情绪，但是必须是与引起这种情绪的情境相称的、作用时间随客观情境而转移的短暂的情绪过程。

（2）情绪稳定性好，善于控制和调节自己的情绪。对不良情绪既能克制约束又能适度宣泄，不过分压抑，使情绪的表达既符合社会规范的要求也符合自身的需要。情绪稳定表明个人的中枢神经系统活动处于相对的平衡状态，反映了中枢神经系统活动的协调。情绪很不稳定，变幻莫测，是情绪不健康的表现。

（3）情绪反应是由适当原因引起的。一个人的喜、怒、哀、恐等情绪是由具体的可感受的现象和事物引起的，而非莫名其妙的无端反应。欢乐的情绪是由可喜的现象引起的；愤怒、悲哀的情绪是由不愉快事件或不幸的事情所引起的。一定的事物引起相应的情绪是情绪健康的标志之一。一个人受到挫折反而高兴，受人尊敬反而愤怒，是情绪不健康的表现。同时，情绪反应的性质、强度和持续时间应与引起这种情绪的情境相符合。

判断情绪是否健康是有一定标准的，一般有这样 3 个标准。①各种情绪的产生是否有因可循。如果喜怒哀乐可找到它的缘由，尽管事后当事人不马上觉察，但过后也会省悟过来，则属正常。如果经常无缘无故地悲愤交集，或喜不自禁，则属异常。②情绪反应是否过度。健康的情绪反应的“度”往往与引起它的情境相符，且与外部刺激呈正相关性，即外部刺激越大，则情绪反应越大；反之，外部刺激越小，则情绪反应越小。如果情绪过于强烈或毫无反应便是过度，应属异常。③情绪反应后是否能够情随境迁。当引起情绪反应的因素消失后，当事人的反应便渐趋稳定，心境也会趋向平衡。这样的情绪反应是正常的，而为一些无足轻重的小事便陷入无休止的烦恼中的情绪反应则是不正常的。大学生应理解、把握以上 3 个衡量标准，并以之为尺度来衡量、判断自我情绪反应，以便更好地识别自己情绪的健康状况。

二、培养情绪管理能力

大学生对情绪的态度大致有以下 3 种模式：自觉型、难以自拔型和逆来顺受型。自觉型大学生非常清楚自己的情绪状态，他们普遍表现为自主性强，进退适宜，心理健康，乐观向上，情绪不佳时也不会终日忧患、反复思考，能很快走出情绪旋涡，这种类型的大学生是善于管理情绪的人。难以自拔型大学生常被情绪左右，又无力逃脱，情绪善变，加之无力控制情绪，索性听任自己深陷低潮。逆来顺受型大学生通常很清楚自己的感受，但不求改变，逆来顺受。很显然，后两种类型的大学生往往是不善于管理自己情绪的人，需要情绪辅导。

拓展阅读

软糖实验

实验人员把小朋友们带到实验室，在每个小朋友面前放了一块糖果，然后告诉他们：如果现在就吃，每个人就只能吃一块糖；如果 20 分钟之后再吃，则每个人可以吃两块糖。然后实验人员观察孩子们对糖果的反应。实验人员根据反应将孩子们分成了 3 组：高情商组、中情商组和低情商组。结果表明，控制冲动、延迟满足是情商高的表现。实验人员对参加实验的孩子进行了 14 年的追踪研究。结果发现，那些向往未来而能克制眼前诱惑的孩子，后来在学业、品质、行为、操守方面，与其余两组相比有着显著优越的表现。这说明，非智力因素特别是情绪管理对于个人的成功有着极其重要的影响。

培养情绪管理能力的方法有以下几个方面。

1. 充实自己的精神生活

（1）树立远大理想。有理想的人精神自然有寄托，工作有动力，生活充实，而且为了实现理想会自觉地调整情绪，情绪自然就会处于积极稳定、乐观向上的状态。

（2）多读书、学习，提高思想文化修养。思想文化修养高的人胸襟开阔，少猜疑，不嫉妒，情绪自然能够保持健康的状态。

拓展阅读

握住属于你的快乐钥匙

一个成熟的人握住自己的快乐钥匙，

他不期待别人使他快乐，
反而能将快乐与幸福带给别人。
每人心中都有把“快乐的钥匙”，
但我们却常在不知不觉中把它交给别人掌管。
一位女士抱怨道：“我活得很不快乐，因为先生常出差不在家。”
她把快乐的钥匙放在先生手里。
一位妈妈说：“我的孩子不听话，叫我很生气！”
她把钥匙交在孩子手中。
男人可能说：“上司不赏识我，所以我情绪低落。”
这把快乐钥匙又被塞在老板手里。
婆婆说：“我的媳妇不孝顺，我真命苦！”
年轻人从文具店走出来说：“那个老板服务态度恶劣，把我气炸了！”
这些人都做了相同的决定，就是让别人来控制他们的心情。
当我们允许别人掌控我们的情绪时，我们便觉得自己是受害者。
对现状无能为力，抱怨与愤怒是我们唯一的选择。
我们开始怪罪他人，并且传达一个信息：
“我这样痛苦，都是你造成的，你要为我的痛苦负责！”
此时我们就把重大的责任托给周围的人，即要求他们使我们快乐。
我们似乎承认自己无法掌控自己，只能可怜地任人摆布。
这样的人使别人不喜欢接近，甚至望而生畏。
一个成熟的人握住自己快乐的钥匙，
他不期待别人使他快乐，
反而能将快乐与幸福带给别人。
他的情绪稳定，为自己负责，
和他在一起是种享受，而不是压力。
你的钥匙在哪里？
在别人手中吗？
快去把它拿回来吧！

2. 增强自信

自信心是一个人对自己积极的感受，觉得自己是有能力、有价值的。自信的人更容易表现出乐观的情绪，同时，自信也是保持情绪健康的必备品质。大学生若要保持自信，应做到以下几点。

（1）要善于发现自己的优点，不要过分关注自己无法改变的先天条件，如身高、家庭等客观条件。

（2）要用发展的眼光来评价自己，看到自己各方面的进步。

（3）学会积极地悦纳自己，凡是自身的现实都应该积极接受，无论是好的，还是需要改进的。不回避、不厌恶自己，在自我悦纳的基础上，积极地发展和提高自我。

（4）注意自我激励。

心理故事

昂起头来的你真美

珍妮是个总爱低着头的小女孩，她一直觉得自己长得不够漂亮。有一天，她到饰物店去买了一个绿色蝴蝶结，店主不断赞美她戴上蝴蝶结特别漂亮，珍妮虽然不信，但是挺高兴，不由昂起了头，急于想让大家看，出门与人撞了一下都没在意。

珍妮走进教室，迎面碰上了她的老师。“珍妮，你昂起头来真美！”老师慈爱地拍拍她的肩说。

那一天，她得到了许多人的赞美。她想一定是蝴蝶结的功劳，可往镜前一照，头上根本就没有蝴蝶结，一定是出饰物店时与人碰了一下弄丢了。

自信原本就是一种美丽，而很多人却因为太在意外表而失去很多快乐。

无论是贫穷还是富有，无论是貌若天仙还是相貌平平，只要你昂起头来，快乐会使你变得可爱——人人都喜欢的那种可爱。

感激伤害你的人，因为他磨炼了你的心智；感激欺骗你的人，因为他擦亮了你的眼睛；感激藐视你的人，因为他觉醒了你的自尊；感激遗弃你的人，因为他教会了你怎样去独立。感激一切，感谢伴你成长的人。美好心情，由学会感激开始……

3. 调控期望值

情绪是人们对自身需要满足与否的一种反应。在现实环境中，一个人如果对他人、对自己或者对周围事物的期望值太高，在难以满足需要时，就会出现失望、绝望、不满等不良情绪。因此，大学生要学会把期望值调整到适当的高度，在一定范围内懂得知足，保持良好的心境。

拓展阅读

把快乐的定位降得低一点

人生在世，每个人都希望自己能快快乐乐地过完一辈子，但为什么有的人明明拥有了很多，却依然不快乐呢？其实关键就在于他们是如何定位快乐的。例如，有了 10 万元的人，却想拥有 20 万元，所以他感觉不到快乐。又如，恋人其实很爱她了，但她却希望恋人更爱她，所以她感觉不到快乐。

人想获得快乐其实很简单，只要把快乐的定位降得低一点，就会获得快乐。有 20 万元的人，如果把快乐的标准定在 10 万元，肯定会为现在多出的 10 万元而感到幸福无比；有恋人的人，如果把快乐定位在找到一个爱自己的人，就会因为恋人为自己付出的点点滴滴而感动得落下幸福的眼泪。

4. 发展友谊

个体在良好的人际关系中获得的理解、尊重、同情等精神上的支持，可以减轻和消除心理应激带来的紧张、痛苦、焦虑、抑郁等不良情绪。良好的人际关系能够满足人的安全感和归属感，使人情绪稳定、精神愉快。

心理故事

快 乐 箴 言

一个青年人拜访年长的智者。青年人问：“我怎样才能成为一个自己愉快也能使别人快乐的人呢？”智者说：“我送你 4 句话。第一句话是：把自己当成别人，即当你感到痛苦、忧伤的时候，就把自己当作别人，这样痛苦自然就减轻了；当你欣喜若狂时，把自己当作别人，那些狂喜也会变得平和些。第二句话是：把别人当作自己，这样就可以真正同情别人的不幸，理解别人的需要，在别人需要帮助的时候给予恰当的帮助。第三句话是：把别人当成别人，要充分尊重每个人的独立性，在任何情形下都不能侵犯他人的核心领地。第四句话是：把自己当作自己。”青年人问道：“如何理解把自己当自己，如何将这 4 句话统一起来？”智者说：“用一生的时间，用心去理解。”

三、调控负性情绪

一般人一生中大约有 1/3 的时间处于情绪不良的状态。例如，因为一点小事烦躁，就把火气带到单位，同事成了出气筒；由于受到一点小挫折，就长期郁郁寡欢，提不起工作热情。这些都是不善于自我调控情绪的表现。

不良心情是可以预防和控制的，情绪控制是心理调适的重要内容之一。我们不能无限制地任凭情绪发展，也不能压制情绪，而是要使情绪有适当的表达。许多人在心情不愉快时，会使自己陷入一种含有敌意的沉默当中，实际上，如果能把这种不快表达出来，就会感到某种真正的轻松和愉快。因为人们不可能完全避开苦恼，所以要自觉控制心情，不要长期被烦恼、悲伤等消极情绪左右，同时保持情绪的稳定和适度，快乐时不得意忘形、目空一切，愤怒时不鲁莽冲动、意气用事，恐惧时不畏首畏尾、张皇失措，悲哀时不垂头丧气、意志消沉。

1. 情绪控制的一般步骤

（1）必须承认某种情绪的存在。例如，一个人惧怕黑暗，要想除去这种反应，先得承认他对黑暗有惧怕的心理。如果他认为这是丢人的事情而不愿承认，那么将无法克服这种恐惧。同样，一个人怀有愤怒之心而又不肯承认有愤怒的存在，就无从消除那些愤怒。

（2）找出产生情绪的原因。在承认有某种情绪存在之后，就应去找出产生该情绪的原因，弄清楚究竟为什么会有焦虑或恐惧的反应，这样，我们就容易发现情绪反应的适宜性。换句话说，我们应清楚地看到自己所惧怕的事物是否确实具有危险性，再看看那些会愤怒的对象是否真的具有某种缺点或妨碍了自己动机方面的满足。如果我们发现这一切原本都并不真实存在，那些恐惧愤怒之心就会烟消云散，不复存在。如果发现某个情境确实具有危险性，就必须进入情绪控制的第三步。

（3）找出控制不良情绪的办法。寻求适当途径去消除那些危险的东西，或是设法避开它。这时，当事人对所恐惧的事物细做分析，了解其所具有危险的性质、危害的程度及可能的防护措施。初上战场的士兵，听到枪炮声会有惊慌失措的表现，而从前线回来的有经验的战士却说，自己在听到敌人的枪炮声时，常能立即判断出对方所用武器的类型与威力，并知道自己所处位置的危险程度，以避免无谓的伤亡。这时候，恐惧的情绪促使人采取建设性的安全措施，这些措施反过来又会帮助人们减少或消除恐惧情绪。总之，对于不良的情绪或不适当的情绪，如狂喜、暴怒、恐惧、焦虑、紧张等，人们首先应当勇敢地正视它们，然后理智地寻找产生它们的原因和适当的解决方法。

2. 克服心理摆效应

心理学家认为，人的情绪在外界刺激的影响下具有两极性的特点。每一种情绪具有不同的等级，还有着与之相对立的情绪状态，如爱与恨、欢乐与忧愁等。在特定背景的心理活动过程中，情绪的等级越高，在这种情形下出现的“心理斜坡”就越大，因此，也就越容易向相反的情绪状态进行转化。心理学上把这种情绪由一级向相对的另一级转化的心理现象，称为心理摆效应。要克服这种心理摆效应带来的心理上的不良反应，应注意以下几点。

（1）消除思想上的偏差。人生不能总是高潮，生活也不可能永远诗情画意，人生有聚也有散，生活有乐也有苦。如果希望永远生活在激情、浪漫的理想境界之中，对平凡生活状态总是心存排斥之意，心境会因生活场景的变化而大起大落。

（2）学会体验各种生活状态的不同乐趣。既能在激荡人心的生活中体验热烈奔放，又能在平淡如水的日常生活中享受悠然自得的生活乐趣。唯有如此，才能在生活场景发生剧烈转换时，避免产生巨大的失落感和消极情绪。

（3）加强理智对情绪的调控作用。人在快乐兴奋时，应保持适度的冷静和清醒。当自己转入情绪的低谷时，要尽量避免回顾自己情绪高潮时的“激动画面”，隔绝有关刺激源，把注意力转到一些能平和自己心境或振奋自己精神的事情中去。

心理测试

情绪稳定性测试

你想知道自己的情绪状况吗？请根据下列情绪稳定性测试，了解自己的情绪状况。对下列题目做出“√（是）”或“×（否）”的回答。

1. 尽管发生了不愉快的事情，仍能毫不在乎地思考别的事情。（　　）
2. 不计小节，经常保持坦率诚恳的态度。（　　）
3. 习惯于把担心的事情写在纸上并进行整理。（　　）
4. 在做事时，往往确定有可能实现的目标。（　　）
5. 失败时仔细思考，反省其原因，但不会愁眉不展，整天闷闷不乐。（　　）
6. 有悠闲自娱的爱好。（　　）
7. 常常倾听别人的意见。（　　）

8. 做事有计划地积极进行，遇到挫折也不气馁。（　　）
9. 无路可走时，能够改变生活方式和节奏，以适应新的环境。（　　）
10. 在学业上，尽管别人比自己强，但仍坚持“走自己的路”。（　　）
11. 对自己的进步哪怕只是一点点，也会高兴地表达出来。（　　）
12. 乐于一点一滴地积聚有益的东西。（　　）
13. 很少感情用事。（　　）
14. 尽管很想做某件事，但自己觉得不可能时也会打消念头。（　　）
15. 往往理智、周密地思考和判断问题，不拘泥于小节。（　　）

[计分方法与说明]

每题打“√”记1分，打“×”记0分，各题得分相加即为总分。

0～6分：你的情绪不是很稳定，经常患得患失，又不能很好地生活；常常拘泥于一些小事情；无论做什么事情都过分认真，总是忙忙碌碌，耗费心机；难于做出重大的决策，一丝不苟反而使自己感觉迟钝。

7～9分：你的情绪比较稳定。

10～15分：你的情绪很稳定，善于对问题进行思考、判断，并能采取恰当的方法解决问题；不拘泥于细节，能积极大胆地处理一些事情，在各种困难面前毫不动摇。

SDS抑郁自评量表

[指导语]

表7-1中有20道题目，请仔细阅读每一道题目。每道题目后有4个选项，分别表示：A——没有或很少时间（过去一周内，出现这类情况的日子不超过一天）；B——小部分时间（过去一周内，有1～2天有过这类情况）；C——相当多时间（过去一周内，有3～4天有过这类情况）；D——绝大部分或全部时间（过去一周内，有5～7天有过这类情况）。根据你最近一个星期的实际情况在适当的方格里面打“√”。

表7-1　测试题

问题	A	B	C	D
1. 我觉得闷闷不乐，情绪低沉				
2. 我觉得一天之中早晨最好				
3. 我会一阵阵地哭出来或是想哭				
4. 我晚上睡眠不好				
5. 我吃得和平时一样多				
6. 我与异性接触时和以往一样感到愉快				
7. 我发觉我的体重在下降				
8. 我有便秘的烦恼				
9. 我心跳比平时快				
10. 我无缘无故感到疲乏				
11. 我的头脑和平时一样清晰				
12. 我觉得经常做的事情并没有变得困难				

续表

问题	A	B	C	D
13. 我觉得不安而平静不下来				
14. 我对将来抱有希望				
15. 我比平常容易激动				
16. 我觉得做出决定是容易的				
17. 我觉得自己是个有用的人，有人需要我				
18. 我的生活过得很有意思				
19. 我认为如果我死了别人会生活得更好				
20. 平常感兴趣的事我现在仍然感兴趣				

[计分方法与说明]

本测试的主要统计指标为总分。把20道题的得分相加为总分（第1、3、4、7、8、9、10、13、15、19题A、B、C、D代表的得分依次为1分、2分、3分、4分，其他题A、B、C、D代表的得分依次为4分、3分、2分、1分），总分乘以1.25，四舍五入取整数，即得到标准分。分数越高，抑郁倾向越明显。

心理训练

情绪比萨

目的：了解自己的情绪状态，思考这些情绪的来源以及情绪对自身的影响。

时间：20分钟左右。

操作：画一个大圆代表自己近两周的情绪内容，分别用小圈面积的大小来表示以下8种情绪所占的比例（图7-2）：①快乐；②痛苦或悲伤；③愤怒；④恐惧；⑤爱；⑥焦虑；⑦害羞；⑧其他。

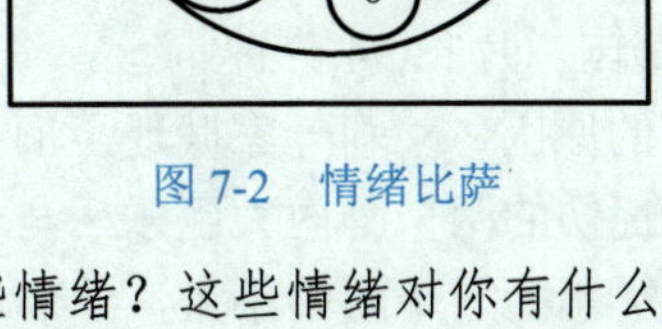

图7-2　情绪比萨

讨论：为什么会产生这些情绪？这些情绪对你有什么影响？

感悟成长

1．健康的情绪特征是什么？你是如何培养健康情绪的？

2．大学生的情绪特点有哪些？

____

____

3．大学生常见的情绪问题有哪些？分析自己常见的情绪障碍并找出科学的调节方法。

____

____

4．完成下面的句子。

我最生气的一件事：________________

我最难过的一件事：________________

我最焦虑的一件事：________________

我最害怕的一件事：________________

我最丢脸的一件事：________________

我最无助的一件事：________________

5．本章学习对你最大的启发是什么？

____

____

知识链接

[书籍推荐]

1. 曾仕强．情绪的奥秘[M]．北京：北京联合出版公司，2014．

推荐理由：作者认为，生气、抑郁、焦虑等情绪只是人对环境的一种反应，没有好坏之分，却深深地影响着我们的生活。因此，我们要了解情绪、接受情绪，并适度地调节情绪，才能更好地生活并与他人和谐相处。

2. 芭芭拉•弗雷德里克森．积极情绪的力量[M]．王珺，译．北京：中国纺织出版社，2021．

推荐理由：这是一本教我们追寻幸福的书。通过书中所列出的 10 多种方法，我们可以提升自己的积极情绪，降低有害的消极情绪。

[影片推荐]

故事片《头脑特工队》，美国，片长 94 分钟。

内容简介：因为父亲工作的原因，莱莉一家搬迁至旧金山，准备适应新环境，但就在此时，莱莉脑中控制欢乐与忧伤的两个脑内大臣乐乐与忧忧迷失在茫茫脑海中，大脑总部只剩下掌管愤怒、害怕与厌恶的 3 个脑中小人，导致本来乐观的莱莉变成愤世嫉俗的少女。乐乐与忧忧必须尽快在复杂的脑中世界回到大脑总部，让莱莉重拾快乐正常的情绪。

第八章　人生的历练——挫折应对和意志力培养

心语引导

前事之不忘，后事之师。——《战国策·赵策一》

锲而舍之，朽木不折；锲而不舍，金石可镂。——《荀子·劝学》

胜败兵家事不期，包羞忍耻是男儿。江东子弟多才俊，卷土重来未可知。

——杜牧《题乌江亭》

“人有悲欢离合，月有阴晴圆缺，此事古难全。”尽管人们希望能一帆风顺、万事如意，但挫折总是不可避免的。成功固然可贵，失败也并非毫无意义。挫折既可以使人振奋精神、激发潜能、战胜困难、创造辉煌，也可以使人灰心丧气、一蹶不振，甚至精神崩溃、行为失常。大学生是一个承载着社会、家长高期望的特殊群体，成长、成才的欲望非常强烈，但心理发展尚未完全成熟、稳定。大学生要想在挫折前不气馁、在压力前不焦虑、在逆境中能站起来，需要培养自己的挫折承受能力。

第一节　挫 折 概 述

一、挫折的定义

挫折，即失败、失利。心理学中的挫折是指人们在某种动机的推动下，为实现目标而采取的行动遭遇到无法克服或自以为无法克服的障碍和干扰，使其动机不能实现、需要不能满足时所产生的一种紧张、消极的情绪反应和体验。挫折包括3个方面的含义：一是挫折情境，即造成需要不能获得满足的内外障碍或干扰的情境状态或条件，构成刺激情境的可能是人或物，也可能是各种自然、社会环境；二是挫折认知，即对挫折情境的知觉、认识和评价；三是挫折反应，即个体在挫折情境下所产生的烦恼、困惑、焦虑、愤怒等负面情绪交织而成的心理感受，也即挫折感。其中，挫折认知是核心因素，挫折反应的性质及程度主要取决于挫折认知。

个体受挫与否是由当事人对自己的动机、目标和结果之间关系的认识、评价和感受来判断的。“横看成岭侧成峰”，某些可能对一个人构成挫折的情境和事件，对另一个人来说却不一定构成挫折，这就是个体感受的差异。

二、挫折产生的心理机制

挫折的产生与以下 5 个方面有关。一是需要和由此产生的动机。二是在动机驱使下有目的的行为。三是挫折情境。挫折情境既可以是实际存在的，也可以是当事人想象中的。四是挫折认知。挫折认知既可以是对实际遇到的挫折情境的认知，也可以是对想象中可能出现的挫折情境的认知。五是挫折反应。

在以上 5 个方面中，挫折认知是产生挫折最重要的因素。因为只有在挫折情境被知觉后人们才会产生挫折感，否则即使挫折情境实际存在，只要不被知觉，人们也不会有挫折感。所以，挫折感的实质是当事人的一种主观感受，当事人是否有挫折感和挫折反应的强弱，主要取决于当事人对挫折情境以及对自己的动机、目标与结果之间关系的知觉。不同的人，需要和动机的强度、对实现目标的评价标准、对自我的预期以及对挫折的归因等都不尽相同，所以，面对同样的挫折情境，不同的人会产生不同的挫折反应。例如，同样是考试不及格，有的学生痛不欲生，有的学生懊悔不已，有的学生则不以为意，这就是因为他们对考试不及格这一挫折情境的认知不同。正如巴尔扎克所说：“世上的事情，永远不是绝对的，结果完全因人而异。苦难对于天才来说是一块垫脚石，对于能干的人来说是一笔财富，而对于弱者来说是一个万丈深渊。”

通过图 8-1，我们可以进一步认识挫折产生的机制。

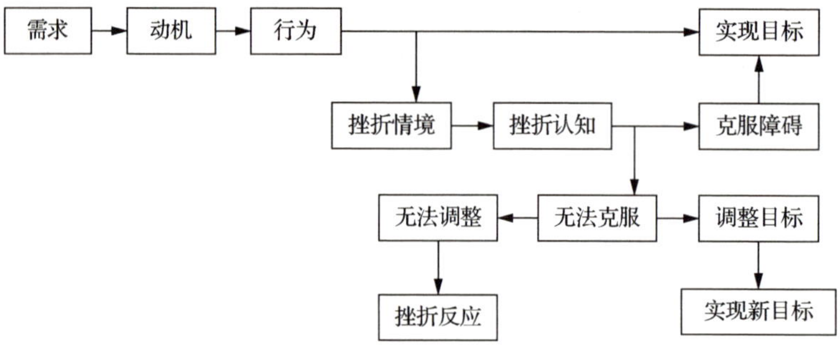

图 8-1　挫折产生的机制

因为当事人对挫折及其意义的认识和评价受他本人的信念、判断、价值观念等认知因素的影响，所以，当事人在以往社会生活中形成的固有的认知结构对挫折的产生以及挫折反应的强度具有重要作用。人们的认知结构中常常存在一些不合理的信念，这些不合理信念会导致不适当、不适度的情绪和行为反应。

拓展阅读

受控的饿猫

桑代克曾经设计了一个迷笼，把一只饥饿的猫放进迷笼，迷笼外面用猫爱吃的鱼来引诱它。迷笼设计得很巧妙，它的底部有一块踏板，如果猫能踩到这块踏板，迷笼的门就会打开，猫就能逃出迷笼而吃到外面的鱼。假如每次在猫很辛苦地逃出迷笼之后，就一把抓住它而不让它吃到鱼，然后把猫重新送回迷笼里面，猫每次的努力都以失败而告终，在这种情境下，猫会出现什么行为呢？

第一种情形，猫会一直努力尝试逃出迷笼而去吃那条鱼，不管失败了多少次，它还是想逃出迷笼，并且逃出迷笼的时间越来越短，表现出越挫越勇的样子，成了“坚强猫”。

第二种情形，猫出现了自我攻击行为，它会用头猛撞迷笼的框架，最后弄得头破血流，甚至还会用牙齿咬迷笼。猫似乎失去了自我控制能力，成了“疯狂猫”。

第三种情形，猫不再做出任何逃出迷笼的行为，干脆趴在迷笼底部，眼里带着哀伤，看着外面的鱼发出哀叫。猫好像患上了抑郁症，变成了“抑郁猫”。

三、挫折的特点和作用

从挫折产生的基础和过程看，挫折是不可避免的和随时随地都可能发生的，所以，挫折具有必然性和普遍性。挫折还具有两面性：一方面，挫折具有消极性，使人失望、痛苦、沮丧，或引起粗暴的消极对抗行为，甚至导致攻击侵犯行为或失去对生活的追求，给自己和他人造成严重伤害；另一方面，挫折又具有积极性，给人以教益，使人认识错误，接受教训，磨炼意志，使人更加成熟、坚强，在逆境中奋起，从而获得进一步的发展。

挫折的消极性和积极性都是相对的，也是可以转化的。挫折的转化是指当人们遇到挫折时，以积极的态度向挫折学习，将挫折变为动力，以顽强的毅力继续奋斗，或重新调整目标，从而使需要或动机获得新的满足的心理过程和实践过程，即减少挫折的消极因素，积极寻找挫折积极的一面，促使挫折产生的消极因素向积极方面转化。

四、挫折阈限和挫折承受力

挫折阈限是指引起人们产生挫折感的最小刺激量。一个人挫折阈限的高低与挫折本身的刺激量有关，但更主要的是取决于当事人对挫折情境、挫折事件的主观认识与感受，即更多的是由当事人主观因素决定的。不同的人对具有相同刺激量的挫折情境和挫折事件会产生不同的主观感受，因而产生不同的反应。一般情况下，挫折阈限与挫折感呈反比关系，即挫折阈限越低，越容易感受挫折，挫折感就越强；挫折阈限越高，对挫折越不敏感，挫折感就越弱。

挫折承受力是指人们在遇到挫折时，能够忍受和排解挫折的程度，也就是人们适应挫折、应对挫折的一种能力。挫折承受力包括挫折耐受力和挫折排解力两个方面。挫折耐受力是指人们受到挫折时经受得起挫折的打击和压力，保持心理和行为正常的能力。挫折排解力是指人们受到挫折后，对挫折进行直接的调整和转变，积极改善挫折情境、摆脱挫折状态的能力。挫折的耐受力和排解力是两个既有联系又有区别的概念。两者的联系在于它们都是对挫折的适应能力，共同组成挫折的承受力。挫折耐受力是适应的前一阶段，是对挫折消极的被动适应，表现为对挫折的负荷能力，为挫折排解力提供基础；挫折排解力是适应的后一阶段，是对挫折的主动适应，表现为对挫折情境的改造能力，是对耐受力的进一步发展。耐受挫折是接受现实，能够减轻挫折情绪反应的强度；排解挫折是改变现状，促使需求的满足和目标的实现。

五、产生挫折的原因

压力缘何而起

与压力同行

造成挫折的原因是多方面的，也是复杂的，挫折的形成与自然环境、社会环境、自身条件以及个人的动机冲突等多种因素有关。大学生处于人生发展的关键时期，一方面，他们精力充沛，思想活跃，自我意识强，发展欲望强烈，需求广泛而执着，个人的理想抱负水平普遍较高；另一方面，他们的人格发展尚不够成熟，社会阅历浅，挫折经验不足，加上大学校园是一个竞争激烈的环境，因此，大学生遇到挫折是必然的，也是普遍的，甚至遭遇挫折的频率相对还会更高一些。

1. 构成挫折的外界因素

构成挫折的外界因素是指个人自身因素以外的自然因素和社会因素给人带来的限制与阻碍，使人的需要不能满足、目标不能实现而产生挫折。

构成挫折的自然因素是指个人不能预料和控制的天灾人祸、时空限制、意外事件等，如地震、洪水、交通事故、疾病、死亡等。自然因素造成的挫折，每个人随时都可能遇到，其后果可能很严重，对人的影响很大，如亲人去世、因交通事故致残等；有些也可能不严重，对人只产生暂时的影响，如有些大学生刚入学时不适应当地气候、不习惯集体住宿等。

构成挫折的社会因素是指个人在社会生活中受到的各种人为因素的限制与阻碍，包括政治、经济、法律、道德、宗教、风俗习惯等方面。任何人都生活在一定的社会历史条件下，社会生活及其变化对人的影响和限制无处不在，因此人们因社会因素而产生的挫折是普遍存在的。当前，科学技术飞速发展，社会生活节奏不断加快，生存竞争日益加剧，使人们的紧张感和心理压力大大增加，挫折感不断增强。大学生进入大学以后，面临着一个全新的环境，他们不仅受到自然环境的影响，更多受到大学与社会环境的影响，如他们要面对繁重的学业和考试压力、复杂的人际关系冲突等。

2. 构成挫折的个人因素

构成挫折的个人因素是指由于个人在生理、心理以及知识、能力等方面的阻碍和限制，使人的需要和目标不能满足和实现而产生挫折。例如，身高、体形、容貌、知识结构、健康状况、表达能力、自我期望、经济条件等都可能是挫折源。大学生普遍有强烈的自尊心，争强好胜和追求完美的心理较强，所以，大学生的挫折很多来自个人因素。

大学生的自身条件和能力与自我期望之间的矛盾是造成挫折的重要因素。许多大学生往往过于自信，过高地估计自己的能力，对自我发展的预期和要求不是从客观实际情况出发，而是从主观愿望出发，常常对自己提出不切实际的要求，制定过高的甚至无法达到的目标和计划。一旦这些目标和计划因为能力不及无法实现，而自己又不能清醒地认识到这一点，就会产生强烈的挫折感。

3. 动机冲突

在现实生活中，人们的需要是多种多样的，常常会因多种需要而产生多个动机，并指向多个目标。当这些并存的动机相互排斥，或者由于条件限制不可能全部实现而必须有所取舍时，就形成了动机冲突。动机冲突常常导致部分需要不能满足，于是就造成了挫折。动机冲突也是构成挫折的个人因素的一个方面。动机冲突在每个人的生活中是经常出现的，也是大学生的重要挫折源，其表现形式主要有双趋冲突、双避冲突、趋避冲突和双重趋避冲突。

双趋冲突是指人们在有目的的活动中，有两个具有同样吸引力的目标，而这两个目标因条件所限又无法同时实现，从而产生难以取舍的冲突情境。例如，有些大学生同时对两个异性有好感，但只能选择其中一个而放弃另一个；有些大学生既想做好社会服务工作，又想不影响学习取得好成绩等。

双避冲突是指人们同时遇到两个具有相同威胁性的目标，两者都想躲避，但因条件所限而必须选择其一，从而产生左右为难的冲突情境。

趋避冲突是指人们在面对同一目标时产生的互相矛盾的心态，即这一目标既具有吸引力，能够满足某些需要，又具有排斥力，能够构成某些威胁。例如考试时，有些大学生因平时没有认真学习和复习害怕考试不及格，于是就产生了作弊的想法，但又怕被监考老师发现受到校纪处分；有些大学生想参加演讲比赛，但又怕失败有损自尊心等。

双重趋避冲突是指人们同时遇到两个或两个以上的目标，而每个目标又同时存在趋避冲突。

第二节　大学生常见挫折及反应

一、大学生常见挫折

不同年龄段和不同类型的人面对的挫折具有不同的特点。大学生遇到的挫折与大学生活环境和大学生自身特点密切相关，具有鲜明的特点。

（一）大学生挫折的特点

（1）大学生正处于人生发展阶段的青年期早期，这一时期是大学生自我意识形成的关键时期，也是性生理发育日趋成熟的时期，所以，大学生遇到的挫折常常与自我认识、自我定位、性心理、恋爱等方面有关。

（2）大学是一个集体生活环境，同时也是一个学习压力大和竞争激烈的环境。很多大学生第一次离开父母和家庭开始独立生活，所以，大学生在人际交往、个人发展过程中经常遇到挫折。

（3）大学是一个不同于中学的新的成长环境，大学生，特别是低年级学生，面临大量的适应问题，在生活习惯、专业学习、人际关系、经济来源等方面经常会遇到各种各样的挫折。

（4）大学是为未来职业生涯打基础的阶段，大学生，特别是高年级学生，越来越关注就业问题，在求职择业过程中也常常会遇到这样或那样的挫折。

（二）大学生常见的挫折类型

1. 学习挫折

（1）专业意识与价值观的困惑带来的挫折感。大学的专业学习对很多学生而言是陌生的。大多数学生的高考志愿是在教师和家长的劝说和参谋下填报的。有的是为了高考可以过分数线；有的是为了毕业之后就业可以方便一些；还有的是跟风而盲目地选择热门专业。因此，大学生对专业的选择具有很大的盲目性，多数学生是被动服从，只有少数学生是出于个人志向的主动选择。在这样的情况下，进入大学校门之后，专业学习和个人志向的矛盾就暴露出来了。在所学专业与自己的志向大体一致的时候，大学生当然会感到满足、欣喜和安慰，学习动力高涨。但当所学专业与自己的志向不一致时，他们就会感到苦恼、失落、迷惘、困惑与彷徨。这样的大学生必须自觉进行学习心理的调整，否则有可能与烦恼和痛苦相伴很长时间，影响身心健康。

（2）“力不从心”与学习动机过强导致的挫折感。学习动机缺乏会产生心理上的空虚和无聊，影响大学生学业成绩；反之，学习动机过强也会降低学习效率，并更容易导致心理上的困扰和生理上的不适。有些大学生不顾自己的客观条件，把自己的学习目标定得很高：总分一定要考入班级前三名；专升本一定要考上重点大学等。他们认为，只要自己努力了，就一定能够达到目标。由于为自己设定的目标太高，这样的大学生即使有了成就也没有成就感，有了一点点疏漏，就会无休止地责怪自己，使自己总是生活在紧张、焦虑和不安的情绪之中。

2. 人际交往挫折

人际交往在人的需要结构中居于重要的地位。在大学校园这一特定环境之中，大学生具有强烈的归属感，对友谊、对朋友有着热切的依恋和期望，大都渴望有较高的人际沟通能力，以不断促进自我认知和自我完善。交往经验与技巧的不足，交往过程中沟通不足、关系失调、人际冲突等现象时有发生，从而导致心理挫折。例如，许多大学生不知道如何与同学、老师、辅导员交往。由于人际交往的受挫，不少大学生便产生了“大学同学之间的交往怎么和高中不一样”“在大学里没有知心朋友，感到孤独”的感叹。此外，在大学生的人际交往中，那些具有封闭性和攻击性性格的学生，很容易与他人在心理上产生隔阂，虽然他们终日周旋于人们之间，却感到缺少知心朋友。他们在集体生活中往往不合群，受到周围人的排斥甚至孤立，人际交往中存在着冷漠、猜忌甚至敌意。

3. 恋爱挫折

大学生处于性机能成熟与性意识觉醒而引起心理上微妙变化的时期。大学是青年人相对集中的地方，男女交往有较为宽松的环境。他们在学习、生活中朝夕相处，交往密切，异性之间容易产生感情，大学阶段成为青年人恋爱心理的“活跃期”。有恋爱就有可能失恋，当恋人因为社会现实、他人干预、情意不合等因素而感情破裂时，失恋的挫折就会严重影响大学生的心理、生活和学习。

同时，青年期是人的一生中性的能量最为旺盛的时期，但从性成熟到以合法婚姻形式开始正常的性生活，一般需要近 10 年的时间，有人将这段时间称为“性饥饿期”。浙江大学教授马建青等曾对 319 名大学生做过一个调查，结果显示，在这段时间里，大学生的性心理发展往往表现出矛盾性的特征：一是正常的性生理冲动与传统道德约束之间产生的强烈心理冲突，这种心理冲突造成部分大学生心理负荷严重超载；二是与异性的亲近性与文饰性的冲突，这主要表现在他们与异性的交往过程中，行为表现的矛盾性比较明显。例如，明明心里对异性很感兴趣，表面上却显得无动于衷，甚至采取回避的态度；在内心深处很想体验异性之间的亲昵行为，但表面上又很讨厌这种亲昵行为。

4. 就业挫折

随着就业制度改革的不断深化，大学生拥有了更多的择业自主权和择业机会，同时也在择业中遇到了更多的困难和挫折。择业挫折对大学生生理、心理、行为都会产生直接影响，对顺利择业不利。如何正确认识择业挫折、应对择业挫折，以良好心态参与社会竞争，克服面临的困难，获得择业成功，是社会、学校、大学生普遍关心的问题。

引起大学生择业挫折的原因是复杂的，可从客观因素和主观因素两方面进行分析。

从客观因素上来讲，首先，大学生面临新的就业形势。随着大学招生规模和毕业人数的增加，大学生就业必将面临新的情况和新的挑战。在新的就业形势下，就业竞争激烈，大学生难免会遇到曲折和艰辛，这时就会出现择业挫折。其次，毕业生政策有着严肃性和权威性，如果高校就业主管部门就业指导或政策宣传不到位，毕业生对政策缺乏了解，我行我素，就难免在就业过程中遇到困难和挫折。再次，在毕业生择业过程中，不正之风还有一定的市场，往往出现能力强和能力弱的学生在就业上的“错位”现象，使相当一部分大学生自信心动摇，导致价值观、择业观不正，从而不能正确地对待择业问题，不能正确地对待择业挫折。

从主观因素上来讲，首先，一个人择业的成功，起决定作用的固然是自身的知识、能力、素质，如果自身知识储备量少，能力不突出，综合素质不高，这种自身条件的限制和需求之间发生冲突，大学生自然会在择业中受挫。当然，在择业过程中，材料准备不充分、择业技能和技巧运用不得当也会使大学生遇到一些意想不到的挫折。其次，不少大学生在就业问题上存在认识偏差，就业观念不更新，确定的就业期望值偏高，当理想与现实发生矛盾时，心理困惑，产生消极情绪。最后，择业动机冲突引起择业挫折。大学生在择业时有时面临两个甚至两个以上的用人单位可供选择，两个单位都是一心向往的单位，“鱼和熊掌，二者不可兼得”，出现了难以取舍的冲突，即双趋冲突。有时大学生又面临选择两个不太满意的用人单位，自己又无法回避，出现“二者必居其一”的心理冲突，即双避冲突。

成长案例

小金来自边远山区，家庭经济困难。进入大学后看到同学们身着名牌，熟练地使用各种电子产品，小金只是默默地低头走开。但是他并没有为此感到自卑，也没有被各种压力击倒，他带着父辈们“有文化才能改变命运”的信念，开始了自己的大学生涯。在别的同学约会逛街、追求浪漫潇洒的时候，他在图书馆学习。除了课堂认真听讲，他还在课外广泛阅读，积极参加各种实践和比赛。一年过去了，小金的努力换来了回报，他不仅获得了奖学金，缓解了经济上的压力，同时也提前获得了一家大公司的青睐。

二、大学生的挫折反应

大学生对挫折的反应有着不同的情形：有的情绪反应强烈，有的则不明显；有的以各种偏激的行为表现出来，有的则以积极的方式来对待。下面主要从以下 3 个方面进行分析。

1. 情绪性反应

情绪性反应是指人们在受到挫折时伴随着强烈的紧张、愤怒、焦虑等情绪所做出的反应，既可能表现为强烈的内心体验，也可能表现为特定的表情或行为反应。情绪性反应多为消极反应，主要表现为焦虑、冷漠、退化、幻想、逃避、固执、攻击、自杀等。

（1）焦虑，是一种模糊的、紧张不安的综合性负性情绪，常常伴随焦急、忧虑、恐惧等感受，甚至可能会出现出冷汗、恶心、心悸、手颤、失眠等神经生理反应。当人们面临心理冲突、情境压力、遇到挫折，或者预感到某种不祥的事情或不良的后果将要发生，而又没有把握预防和解决时，一般会产生焦虑情绪。挫折是引起焦虑的重要方面，人们遇到挫折时一般会表现出某种程度的焦虑情绪。一般来说，焦虑的情绪体验总是不愉快的，甚至是痛苦的。过度的焦虑会使人情绪很不稳定、心情烦躁、神经过敏，对生活事件反应过度，致使认知能力、思维能力、对外界的适应能力和自信心显著降低。因此，持续的、过度的焦虑对人们的身心健康是有害的，若不及时调整，设法尽快摆脱或降低焦虑，可能会导致心理障碍，如焦虑症等。然而适度的焦虑也有积极作用。当人们面对挫折或感到即将面临挫折时，适度的焦虑常常有助于使人们集中注意力，活跃思维，从而最大限度地调动身心资源，集中精力去应对挫折或即将到来的挑战。例如，考试前适度的焦虑可以使大学生集中精力去准备；当众演讲时适度的焦虑可以使演讲者的思维更敏捷，发挥得更好。

（2）冷漠，是指当一个人遇到挫折时表现出的一种无动于衷和漠不关心的态度。这是一种复杂的挫折反应。表面上看，冷漠似乎是逆来顺受，毫无情绪反应，而事实上并不意味当事人没有反应，反而是对挫折更加痛苦的内心体验，只是被压抑或以更间接的形式表现出来了。一般情况下，对挫折的冷漠反应是在一个人长期遭受挫折或感到没有任何希望摆脱或消除困境时产生的。例如，某些大学生第一次出现考试不及格时，一般会感到难过、自责或抱怨，接下来会更积极努力地学习；但当第二次、第三次，甚至十几次考试不及格时，他们就会表现出对学习和考试漠不关心，不再努力学习，甚至不上课、不做作业、不参加考试，对老师和家长的劝说、批评、鼓励无动于衷。

（3）退化，是指当人们受到挫折时所表现出的与自己年龄和身份不相称的幼稚行为。通常，不同年龄阶段的人，各有其不同的情绪和行为模式。随着年龄的增长，在社会生活方方面面的影响下，人们在情绪和行为方面会日益成熟起来，使自己逐渐学会控制自己，在适当的场合和适当的时候，表现出与自己年龄相符的情绪反应和行为。遇到挫折后，一些人在一定程度上会失去对自己的控制，以简单、幼稚的方式应对挫折。这种情况，当事人自己常常不能清醒地意识到。例如，有些大学生，甚至一些学习成绩好的大学生，在考试过程中，每当感觉考得不理想时就会生“病”，并告诉别人自己是带病参加考试的，甚至申请不参加后面的考试；有些大学生每当遇到自己认为无法摆脱的困境时就离校或离家出走。可见，退化是一种由成熟向幼稚倒退的反常现象，非但不能有效地应对挫折，反而会使人的判断能力降低、工作效率下降，甚至使人缺乏主见、脱离现实、意志衰退。

（4）幻想，是指一个人在遇到挫折时企图以自己想象的虚幻情境来应对挫折。任何人都有幻想，大学生又处在多幻想的年龄段，所以大学生的幻想特别多。通过幻想，大学生可以暂时脱离现实，在自己想象的情境中满足自己的需要和欲望，使自己产生一种愉快和满足的感觉。例如，有些大学生经常幻想当自己在事业上获得了巨大成功、当自己处于很高的地位，如何受到世人的敬仰，或者当自己得到了意中人的青睐时，如何扬扬自得的情境。应该说，在遇到挫折时，暂时的幻想可以使人在一定程度上缓解挫折情绪，偶尔为之，也是正常的。但如果用幻想来应对现实中的挫折，特别是长期处于幻想状态，或养成了在幻想中实现现实生活中实现不了的目标的习惯，人就会降低对现实生活的适应能力，甚至严重脱离现实生活，可能产生精神疾病。

（5）逃避，是指一个人在遇到挫折时，不能面对现实，正视挫折，而是以消极的态度逃避现实的一种挫折反应方式。例如，有些大学生谈恋爱失败后就不敢再谈恋爱，有些大学生当众演讲失败受到别人的嘲笑后再也不参加集体活动等。逃避虽然可以使人降低因挫折产生的挫败感，或者避免再次受到挫折的伤害，但当事人面对的现实问题并没有解决，而有些问题又是不能回避的，所以，逃避常常使人更害怕困难，不求进取，长期下去将大大降低人们的适应能力和自信心，甚至可能会导致适应不良。大学生逃避挫折的方式多种多样，幻想也可以看作是一种特殊的逃避方式。

（6）固执，是指一个人在受到挫折后，采取刻板的方式盲目地、反复进行某种单调、机械的无效动作，尽管他知道这些动作对目标的达成、需要的满足并无帮助。通常，固执是在一个人反复遭受挫折而又一时无法克服或回避的情况下产生的，过多、过严的惩罚和指责，或者当人处于惊慌失措的状态时也容易产生固执行为。例如，有些大学生考试失败后，受到家长的责备，几经努力后仍没有效果，于是丧失信心，破罐破摔，不再进行新的努力和尝试，茫然地按照往常已被证明是无效的做法刻板地反复去做，无论家长怎样责备也无济于事。固执行为的特点是呆板、无弹性，具有强制性，是大学生在遇到挫折后感到无能为力和不知所措时产生的反应方式，所以，这种挫折反应方式并不是不可改变的，一旦大学生获得了更适当的反应方式，固执行为就会被取代。

（7）攻击，是指当一个人受到挫折时，为了将愤怒的情绪发泄出去，或者对构成挫折的对象进行报复而产生的攻击性行为。攻击性行为的对象可能是构成挫折的人或物，也可能是其他替代物，还有可能是受挫者自身。攻击性行为的表现形式多种多样，一般分为直接攻击和转向攻击两种。直接攻击是指受挫者将愤怒的情绪直接指向造成挫折的人或物上，通过动作、表情、言语、文字等形式表现出来。转向攻击是指受挫者觉得引起挫折的真正对象不能直接攻击或不便攻击，或者挫折的来源无法确定时，将愤怒的情绪发泄到其他人或物上的一种变相的攻击方式。例如，有些大学生在比赛时没有获得期望的名次，便乱砸乱摔东西等。一般情况下，当人们遇到挫折时，最原始的反应便是攻击，当攻击不能解决问题，甚至可能带来更坏的结果或让自己遭受更大的挫折时，人们又常常以间接的攻击方式或者以冷漠、逃避等方式来对待挫折。大学生正处于生理、心理发育的关键时期，攻击性较强，而自我控制能力又普遍较弱，因此，受挫后常常出现攻击行为，往往产生更严重的后果，导致更大的挫折。

（8）自杀，是一个人遭受挫折后的一种极端反应方式，也可以看作是受挫后针对自身的一种典型的、特殊的攻击行为。当一个人受到突然而沉重的挫折打击，或者长期受到挫折的困扰和折磨而感到万念俱灰、不能自拔时，就可能产生自暴自弃、轻生厌世的想法，此时若得不到外力的帮助，受挫者就可能出现自杀行为。通常，自杀行为是在挫折的打击大大超出受挫折者的挫折承受能力的情况下发生的，特别是当受挫者将受挫的原因归结为自己，并对自己丧失信心，将自己作为迁怒的对象时更易于导致自杀行为。如今大学生的成长过程一般比较顺利，很少遇到大的挫折，他们的挫折承受能力普遍较低，有时很小的挫折就会让他们产生自杀行为。例如，某高校的一名学习成绩十分优秀的学生，得知自己有一门课考试不及格时就跳楼自杀了；还有些大学生失恋后痛苦万分、难以自拔而自杀。

2. 理智性反应

理智性反应是指人们在受到挫折后，采取积极进取的态度，在理智的控制下所做出的反应。通常，人们在遭受挫折后都会出现紧张状态，都会做出某种情绪性反应。其中，有些人始终被情绪所控制而无法摆脱，有些人则能够及时调整，保持冷静，面对现实，审时度势，采取积极的态度和方式对待挫折。所以，理智性反应是对挫折的积极反应方式，主要表现在以下两个方面。

（1）坚持目标，逆境奋起，矢志不渝。人们在遇到挫折后，经过客观冷静的分析，发现自己所追求的目标是现实的和正确的，当前的挫折只是暂时的，是在实现目标的道路上遇到的一些绊脚石，经过努力是可以清除的，则应设法排除障碍，克服困难，坚持不懈，朝着既定目标矢志不渝地前进，直至最终实现自己的愿望和目标。人类社会发展的历史证明，许多科学发现和发明是在十分艰苦的条件下进行的，有时还冒着被攻击、迫害的危险，经过多次失败，几经努力才获得成功。大学生大多具有强烈的发展需求和对未来生活的美好愿望，同时又面临着竞争激烈的发展环境，科学技术的飞速发展对每个大学生都提出了更高的要求，所以大学生在成长过程中不可避免地会遇到各种各样的挑战和考验，这就需要大学生在实践中不断提高自己的意志力，培养顽强拼搏的毅力和敢于面对和战胜困难的勇气。例如，有些大学生为了得到一项实验数据在实验室一待就是几天几夜；有些大学生家庭经济条件不佳但意志坚定，不图虚荣，刻苦学习而奋发成才等。

（2）调整目标，循序渐进，不断努力。由于自身条件或社会因素的限制，人们的需求和目标并不是都能满足和实现的，或者在目前的条件下是不可能满足和实现的。因此，在实现目标的过程中，几经努力和尝试都失败后，就要冷静下来，认真客观地分析导致失败的真正原因，并根据实际情况对自己的奋斗目标进行适当的调整。一方面，可能是自己定的目标太高，不符合目前自己的实际情况，或实现目标的条件尚不具备，这时就需要适当降低目标，或将目标分成几个阶段性目标，并根据实际情况适当变换实现目标的途径和方法，循序渐进，经过不断努力，逐步获得成功。另一方面，满足需求和实现愿望的途径和方式是多种多样的，一旦遇到挫折，发现原定的目标难以实现，可以更换目标，寻找新的能够实现的目标取而代之，同样可以达到满足自身需要的目的。调整目标并不是害怕困难的表现，而是实事求是的表现，是一个人成熟和理智的表现，还可以避免目标选择不当而难以实现所导致的对个人自信心的挫伤，以及由此产生的挫败感和焦虑情绪。

3. 个性的变化

通常情况下，挫折对人的影响是暂时的，随着具体挫折情境和条件的改变，随着时间的推移或受挫者认识上的变化，受挫者在受到挫折后感受到的紧张状态会逐渐消失。人们在受到挫折后，除了上述直接表现出的挫折反应外，还会出现间接的挫折反应，并对受挫者产生久远的影响，甚至影响到受挫者个性的形成与发展。挫折对个性的影响，一般是在人们连续经历挫折，或者遭受特别重大挫折的情况下产生的。由于导致挫折的情境和条件相对稳定并长期持续，由此产生的紧张状态和挫折反应就会反复出现，久而久之，这些反应方式就会逐渐固定下来，使受挫者形成习惯和一些突出的个性特点。例如，有些大学生在儿童时期长期受到父母过分严厉的管教甚至责难和打骂，就易形成畏缩拘谨、胆小怕事、逆来顺受或者倔强执拗、偏执敌对等不良的个性特点；有些大学生与同伴不能友好相处，长期处于紧张的人际关系状态之中，就易养成多疑、多虑、孤僻、狭隘、情绪不稳定等个性特点。挫折对个性的形成与发展也可能产生积极的影响，如经历了重大挫折后，或者长期身处逆境之中，使人养成了坚强、刚毅和不屈不挠的个性特点。总之，挫折对个性的影响在很大程度上取决于受挫者对挫折的适应情况，对挫折的消极反应如果得不到及时纠正，就会给受挫者的个性形成与发展带来不利的影响。

在遇到挫折时，人们产生各种挫折反应是正常的。当遇到挫折时，大学生常常盲目自信和固执，缺乏灵活性，从而使自己长期处于不良情绪反应之中不能自拔，致使挫败感不断增强。因此，学会适应和驾驭这些反应，使这些反应不至于失控而导致异常，进而能够面对现实，调整身心，摆脱负面情绪，采取积极和理智的方式应对挫折是大学生发展过程中的重要任务。

第三节　大学生抗挫折能力培养

一、正确认识挫折，树立正确的挫折观

心理学研究表明：一个人越是能够获得与挫折事件相关的信息，就越能够有效地处理它；越是敢面对他怕面对的挫折，就越能够有效地应对这种挫折。可见，个体对挫折的反应和承受能力不仅仅取决于挫折本身，更重要的是取决于其对挫折的认知。既然挫折是社会生活的组成部分，是不可避免的人生经历，大学生就应该正确地认识挫折、战胜挫折，并把挫折作为成功的阶梯。

正确地认识挫折首先应该认识到挫折的双重性：一方面，挫折对人有消极的影响，如挫折会影响个体实现目标的积极性，降低个体的创造性思维水平，损害个体的身心健康；另一方面，挫折也有积极的作用，如挫折能增强个体情绪反应的力量，增强个体的容忍度，提高个体对挫折的认识水平。因此，辩证地看待挫折的两面性，就能够变不利因素为有利因素，化消极因素为积极因素，促使挫折向积极方面转化。其次，大学生还应学会正确认识客观事物、挫折情境。例如，有的大学生因一次考试不及格就悲观失望，甚至自暴自弃，这种表现是由其错误认知造成的。人生的道路不总是平坦的，一次失败并不能够代表什么，人生成才的道路、成功的机会很多，只要不懈努力，就会有一个崭新的未来。

1. 充分认识挫折承受力的必要性与重要性

那些在人生的道路上不畏艰难困苦、一次次跌倒又一次次顽强站起来并善于总结经验、勇于进取的人，更易创造人生的辉煌，而经不起挫折考验的人必然被淘汰。

“没有挫折就没有成长。”大学生在成长过程中，必定会遇到各种危机与挫折，危机与挫折在给人带来巨大的心理压力与情绪困扰的同时，也给人带来了成长的契机。人们只有在努力承受和克服挫折的过程中，才能发现自身的不足，进而发挥潜力，学习新的技能，逐步完善自我。挫折是一把“双刃剑”，既可以刺伤自己，也可以保护自己。挫折具有两面性，它既可以给人带来痛苦与不幸，也可以使人在与困难的斗争中获得经验与信心。正确的人生心态需要在生活实践中培养与获得，一个人没有经过生活的磨炼，很难对生命的顽强与伟大有真正的认识。

挫折，可能是一座埋葬弱者的坟墓，使人在成才的道路上夭折；也可能是磨炼强者的火炉，使人百炼成钢，登上成功的高峰。

（1）挫折能够增强大学生的聪明才智。发明家爱迪生说过：“失败也是我所需要的，它和成功一样对我有价值。”人们在遭遇挫折之后，总要反省自己，去认真总结经验教训，探究失败的原因，寻找摆脱困境的方法。因此，挫折的经历对大学生是十分可贵的。挫折使大学生“吃一堑，长一智”，使大学生学会反省、思考、总结、探索、创造，使大学生不断提高认知、增长才智。

（2）挫折能激发大学生的进取精神。对一个有志气的大学生来说，挫折会唤起他的斗志，激发他的进取心。在复杂的现实生活中，成功和失败并不是绝对的，两者之间往往仅一步之遥，此时的失败可能连着彼时的成功。如果拒绝了失败，实际上也就拒绝了成功。因此，避免失败的最好方法，就是下决心获得成功。挫折是使人迈向成功的催化剂。每一次挫折的洗礼，都会使人更懂得为人处世之道，不断深化对自我的认识，特别是对自我的错误与缺点的认识，在思想上和行为上走向成熟。

（3）挫折能增强大学生的耐受力。人们的挫折耐受力与其过去生活中的挫折经验相关。当代大学生大多从小备受父母呵护，成长的道路往往一帆风顺，挫折耐受力较低。一个人只有“忍人所不能忍，为人所不能为”，才能获得成功。另外，挫折会对大学生的自傲心态给予无情的打击，使他们不得不对自己的过去进行检讨，从而变得谦逊一些，为人处世更谨慎一些；不再像以前那样自以为是，而是虚心向别人学习，善于学习他人的长处。

（4）挫折能磨砺大学生的意志。从未经受过挫折打击的人，在情感上往往是脆弱的，一次微不足道的挫折就会将其打垮。但挫折在给人打击的同时又给人以一定的压力，它能磨炼人的意志和毅力，造就人才。“自古英雄多磨难，从来纨绔少伟男”。历史上一帆风顺而又有大成就的人是少见的。真正出类拔萃的人，通常是那些历尽艰辛、在挫折中磨炼出坚强的意志、在逆境中不懈地奋斗的人。越王勾践卧薪尝胆，终报亡国之仇；罗斯福身有残疾，却凭借渊博的知识、睿智的头脑、自强不息的精神获得人民的拥护，连任四届美国总统；爱迪生 67 岁那年一场火灾让他多年的研究成果付之一炬，但他并未伤心消沉，第二天又同往常一样，重新埋头于自己的发明工作。

“人生不如意之事十有八九。”挫折是人生的一笔财富，只有当人们认真地反思自己的行为，反思自己过去的错误，找到错误发生的原因与纠正错误的办法，才会少走弯路，最终攀上成功的巅峰。

2. 建立“失败”的正确观念

大学生刚踏入社会，对失败比较敏感，害怕失败，害怕挫折。因此，大学生首先应对失败有科学的认识，建立正确的失败观。在现实生活中，人们通常把没有成功或没有达到目标看作是失败，但是这种看法并不科学。因为人们的许多工作，并不可能一下子就能圆满完成，常常是经过多次的尝试、失败后不断努力，才获得理想的结果。其中每一次失败都会使人们获取更多的知识与经验，使其在下一次努力时更接近成功。可以说，没有失败，就没有成功。因此，从这个意义上说，失败也是成功。大学生面对挫折、失败时，应坦然面对、泰然处之，没有必要过分担心、害怕。

3. 树立“失败也是我所需要的”思想

“失败也是我所需要的”是爱迪生一生奋斗经验的总结。爱迪生一生有两千多项发明，每项发明都不是一帆风顺的。因此，他的事迹对不愿面对失败与挫折的大学生有很大的启发。

其一，在现实生活中，很多事情不会是一帆风顺的，而是充满各种困难与艰辛。人们在成才之路上只能是脚踏一个又一个失败与挫折，去夺取胜利。换句话说，人们需要一个接一个地战胜挫折，才能取得成功。这正如法国著名作家巴尔扎克所说的：“不幸，是天才的晋升之阶，信徒的洗礼之水，能人的无价之宝，弱者的无底之渊。”

其二，挫折是一种心理预报系统。它要求人们坚强，面对现实，探明遭受挫折的根源，找出失败的原因，根据具体情况继续努力奋斗。倘若由于判断失误，所遇的确实是不可跨越的障碍，那就应当承认现实，躬身自退，转移目标；倘若“不可跨越的障碍”并非不可跨越，则应鼓起勇气，面对现实，下定决心，排除障碍，转败为胜。一个人是强者还是弱者，如何对待挫折便是一面镜子。在大学生的人生道路上，这样的“心理预报”是必需的，“心理预报”能引导大学生在人生道路上不断发展自己。

其三，挫折是人生的催熟剂。在现实生活中，那些担心挫折、害怕失败的人，总是沉溺于万事如意的想象之中，不敢面对复杂的现实社会，更不能搏击人生，稍遇挫折就意志消沉、一蹶不振，甚至痛不欲生。大学生应该记住贝多芬的一句话：“卓越的人有一大优点：在不利与艰难的遭遇里百折不挠。”大学生要成为卓越的人，应当投身社会，历经磨难，不断克服困难，战胜困难。经历挫折、忍受挫折是提高人生修养的必修课。

心理故事

松下公司的招聘

有次松下电器公司招聘管理人员，采取笔试加面试的方法，计划招聘 10 人，报名者有几百人，利用电子计算机计分。

松下幸之助在浏览录取者名单时，发现一个给他留下深刻印象的年轻人未在其中，这个人叫神田三郎。于是，松下幸之助就叫人复查。结果发现，电子计算机发生故障，其实神田三郎是第二名。于是他立刻让人纠正错误，给神田三郎发录取通知书。第二天，下属告诉松下幸之助：“神田三郎因没被录取而自杀了。”

松下幸之助的助理听到后，感慨道：“多可惜，这么有才干的青年我们竟因失误没有录取他。”松下幸之助却摇摇头说：“幸亏没有录取他，意志如此不坚定的人干不成大事。”

二、合理运用挫折防御机制

挫折防御机制是指人在遇到挫折时，有意无意地寻求摆脱由挫折产生的心理压力、减轻精神痛苦、恢复正常情绪和心理平衡的自我调节和自我保护的方式。挫折防御机制是一种自发的心理调节机能，具有两面性：一方面，挫折防御机制可以起到使人适应挫折、减轻精神痛苦、促进发展的作用；另一方面，挫折防御机制又会使人逃避现实，降低对生活的适应能力，从而导致更大的挫折，甚至使人产生心理疾病。

合理运用挫折防御机制可以有效缓解情绪上的痛苦，提高对挫折的承受能力，为人最终战胜挫折提供条件。特别是积极的挫折防御机制的运用，还可以促使人们面对现实，积极进取，战胜挫折，获得进一步的发展。但如果挫折防御机制使用过度，或使用不当，非但减轻不了紧张和焦虑，反而可能破坏心理活动的平衡，妨碍个人的社会适应，甚至可能造成心理异常和行为偏差。

挫折防御方式可以分为三大类：积极的心理防御、消极的心理防御和中性的心理防御。

1. 积极的心理防御

积极的心理防御是指正视挫折，承认挫折，正确分析产生挫折的主客观原因，总结经验教训，争取积极的行为方式，最后战胜挫折。

成长案例

小朱自小就是个伶牙俐齿的姑娘，经常与人发生争论，甚至吵架斗嘴，每次争论都不甘落下风。后来她对辩论充满了兴趣，经常练习辩论的技巧，学习各种知识，经常在辩论赛中因为她的口才赢得阵阵掌声。

积极的心理防御主要表现为坚持、表同、补偿。

（1）坚持，指个体发现目标难以达到，要求自己加倍努力，使目标最终实现。电影《阿甘正传》中的主人公阿甘面对挫折的方法就是忽视它并坚持不懈地努力，最后赢得了人们的尊重，赢得了自己的事业，也收获了自己的幸福。正如有的学者所说：成功就在于最后的坚持之中。

（2）表同，指个体在现实生活中无法获得成功时，将自己比拟为某一成功者，借以减弱挫折产生的痛苦；或者迎合能满足自己需要的人，按照他们的希望去支配自己的思想和行动，来冲淡自己的挫败感，并以此求得内心的满足。当一个人在没有获得成功与满足而遭遇挫折时，可将自己想象为某一成功者，使自己的思想、信仰、目标和言行更适应环境和社会的要求，增强自信心，减少挫败感。例如，大学生常以一些历史名人、科学家，或小说中所欣赏的人物、老师甚至同学作为自己效仿的对象，建立自己心中的榜样，并依照榜样进行积极的自我激励与自我暗示。

（3）补偿，即当个体行为受挫时，或因个人某方面的缺陷而使目标无法实现时，往往以新的目标代替原有目标，以其他方面的成功来补偿因失败而丧失的自尊与自信。这就是人们常说的“失之东隅，收之桑榆”。例如，某大学生没有当上班干部，无机会施展自己的才华，于是努力使自己的成绩名列班级前茅。又如，某大学生失恋了，便积极参加文体活动，以此来减轻失恋的痛苦。应该注意的是，补偿的行为反应并非都是积极的。个体要实现的目标有高尚与平庸之分，挫折后对补偿的选择也有进取与沉沦之别，从而决定了补偿有积极与消极之分。如果补偿选择的新的目标和活动符合社会规范和人的发展需要，那么这种补偿反应行为是积极的、有益的。如果补偿选择的新的目标和活动不符合社会规范或有害于人的身心健康，那么这种补偿的反应行为只是让个人暂时获得心理平衡和心理满足，无助于心理健康发展，有时还会让人自暴自弃，甚至堕落犯罪，危害他人与社会。

2. 消极的心理防御

消极的心理防御是指大学生在遭受挫折后所表现出来的带有强烈情绪色彩的非理性行为。

常见的消极心理防御方式有以下几种。

（1）固执。当个体一而再、再而三地遭受到同样的挫折，就会慢慢失去信心，失去随机应变的能力，进而形成刻板的反应方式，固执盲目地重复同样无效的行为。固执行为不同于执着，在这种行为反应中，个体往往不能客观正确地分析失败的原因，反而采用刻板的方式盲目地重复某种无效行为，是一种极不明智的对抗形式。例如，某大学生多次违反校规校纪，因晚归受到批评，他却固执地认为自己没错，屡教不改。固执行为容易发生在一些性格内向、倔强、看问题片面的大学生身上，以及以情感为纽带形成的消极的大学生非正式团体中。固执是非理性的消极的行为，它往往使人企图通过重复无效动作以对抗挫折，对大学生的成长极为不利。

（2）退化，又称回归，是指当个体受到挫折时，往往表现出与自己的年龄、身份很不相称的幼稚行为，或盲目地轻信他人等。表现出这种行为方式的大学生往往对自己缺乏信心，看不到自己的力量，像孩子一样依赖他人。例如，某女生刚入校，参加学生会干部竞选失败了，感到很委屈，无法理智面对失败，不吃饭，也不上课，成天蒙头大睡。

（3）逆反，用通俗的语言来说就是“你要我朝东，我偏朝西”。一般来说，个人的行为方向和他的动机方向应当是一致的，但是，当个体遭到挫折后，如果不仅一意孤行，而且对正确的方面盲目地持反抗、抵制与排斥态度，这种行为便是逆反。例如，某大学生因为上课时受到教师的批评，便采取逃课或不理睬教师的方式来表达自己的不满。持逆反心理的人往往为了发泄内心的不满，会采取一些不符合社会规范、不被允许的反社会性行为。

（4）攻击性行为，指大学生在遭受挫折后，在情绪与行动上会产生一种对相关人或物的攻击性的抵触反应，以减弱挫折产生的痛苦。攻击是一种破坏性行为，这种行为可分为两种：一是直接攻击，如大学里发生的打架斗殴、损害公物等现象；二是转向攻击，如某大学生受到老师批评后，把怒气发泄到别人或物品上。

（5）轻生，是大学生受挫以后表现出的一种极为消极的行为反应。在现实中，那些受突然打击的大学生，在得不到外界帮助的情况下，很可能自暴自弃，产生轻生厌世、自杀自残的行为，以此来获得内心的解脱。

3. 中性的心理防御

中性的心理防御是指大学生在受到挫折后，采取的一些暂时减轻受挫感的行为方式，以减轻挫折对自己带来的心理烦恼，减轻内心的冲突与不安。它主要表现为以下8种形式。

（1）求得注意，即大学生想方设法引起别人对自己的注意，如以大声喧哗、用恶作剧来引起别人的注意等。

（2）合理化作用，即自我安慰，指大学生无法达到追求的目标时，给自己一个好的借口来解释，但用来解释的借口往往是不真实的、不合逻辑的，而本人却能借此说服自己，使自己心安理得。

（3）自我整饰，是指大学生遇到挫折之后，往往表面上不动声色，把烦恼、焦虑、苦闷统统埋藏在内心深处，以提高别人对自己的评价，从而减轻心理压力，找回一点面子。这种行为反应往往起着自我欺骗和自我麻痹的作用，如《伊索寓言》中的狐狸吃不到葡萄就说葡萄酸的行为反应。

（4）责任推诿，是指大学生遭到挫折后，不是从自身的缺点、弱点方面加以分析，而是把责任推给他人、埋怨他人，以减轻自己的焦虑与不安。这是一种文过饰非的行为。

（5）反向，即行为相反于动机而行，如自卑的大学生往往表现出高傲自大；对异性充满向往，却装出不屑一顾的样子等。持反向心理的人，往往不敢正面表露自己的真实动机，于是便从相反的方向表现出来。虽然这种行为可以在一定程度上掩饰个体的真实动机，但是掩饰包含着压抑，长期如此会从根本上扭曲自我意识，使动机与行为脱节，造成心理失常。

（6）逃避，是指大学生受到挫折后，不敢面对自己所处的挫折情境，而逃避到比较安全的环境中去的行为。逃避有以下两种表现：一是逃到虚拟世界中，如学习不好就玩网络游戏，沉溺其中；二是通过拒绝来逃避，如某大学生因为英语口语较差，每次上课从不开口说英语，甚至拒绝上英语课，不参加考试，以此来逃避失败。

（7）冷漠，即表现出对挫折漠不关心、无动于衷等情绪反应。例如，有些大学生的社交能力较差，他们渐渐地对大学生活、同学关系、社交活动持冷漠的反应行为，表现出死气沉沉、缺乏集体感。

（8）压抑，是指把不愉快的经历和体验压抑到无意识中，不去回忆，主动遗忘。适度的压抑有利于情绪的调整，但长期的压抑会导致更大的挫折与更强烈的心理不适。

总之，积极的心理防御有助于大学生适应挫折、化解危机，有利于他们的成长；消极的心理防御只能起暂时平衡心理的作用，不能解决问题，有时会使当事人在自我欺骗中与现实社会脱节，降低适应能力，形成一些恶习，埋下心理病患的种子，影响其身心健康和全面发展。大学生应该树立积极的心理防御机制，增强自己的挫折耐受能力，以适应社会的发展。

三、积极投身实践活动，不断磨炼自己

挫折具有两面性，既具有给人打击、使人痛苦的消极一面，也具有使人奋进、成熟，从中得到锻炼的积极一面。生活中的挫折和磨难并不都是坏事。平静、安逸、舒适的生活，往往使人安于现状和享受；挫折和磨难却能使人受到磨炼和考验，让人变得更加成熟和坚强。因此，大学生应积极投身实践活动，在实践中不断磨炼自己，提高自己的意志力，培养坚强的意志品质。在实践过程中，不要惧怕失败，要善于从失败中总结经验教训，化消极因素为积极因素，使挫折向积极方向转化，不断提高自己解决困难、战胜挫折的能力。在总结经验教训时，应着重考虑确定的奋斗目标是否恰当，实施的途径和方法是否正确，造成挫折的原因来自何处，转败为胜的办法在哪里。首先，要学会多方

面收集信息，了解困难所在；其次，要学会合理归因，避免归因的片面性，学会实事求是地承担责任，避免过分承担责任或完全推诿责任，避免因过多自责而带来的挫败感；最后，要采取积极措施，主动改变挫折情境因素，从而有效应对挫折。例如，在学习过程中发现最近学习效率不高，分析原因之后，在解决自身问题的同时，可以尝试改变学习地点、学习时间，或改变学习科目的顺序、学习内容的结构等，从而避免学习效率不高给自己带来的压力和困扰。

四、掌握自我心理调适方法，主动寻求社会支持

大学生掌握一些自我心理调适方法可以有效化解因挫折而产生的焦虑、紧张等不良情绪，从而提高挫折承受力。常用的自我心理调适方法有自我暗示法、放松调节法、想象脱敏法、想象调节法和呼吸调节法等。

提高挫折的承受力，还应建立和谐的人际关系，营造自己的情感社会支持系统。当一个人遇到挫折时，一般伴有强烈的情绪反应，使他处于焦虑和痛苦之中，这时，如果有几个亲友能够给予安慰、关心、支持、鼓励和信任，就会有效地缓解此人的心理压力和缓和情绪反应，从而增强挫折承受力。所以，大学生在遇到挫折时，不应将自己封闭起来，而应尽快找自己的好朋友和家人进行沟通，寻求他们的支持和帮助。

大学生在受到挫折陷入不良情绪中难以自拔时，还可以寻求心理咨询师进行疏导帮助，在心理咨询师的引导下，矫正主观认识，发挥内在潜力，消除心理障碍，明确前进方向，化解不良情绪，提高挫折承受力，最终获得心理上的成长。

心理测试

挫折耐受力测试

1. 在过去的一年中，你自认为遭受挫折的次数：（　　）
   A. 0～2 次　　B. 3～4 次　　C. 5 次以上
2. 你每次遇到挫折：（　　）
   A. 大部分能自己解决
   B. 有一部分能自己解决
   C. 大部分自己解决不了
3. 你对自己才华和能力的自信程度如何？（　　）
   A. 十分自信　　B. 比较自信　　C. 不太自信
4. 出现问题时你经常采用的方法是：（　　）
   A. 知难而进　　B. 找人帮助　　C. 放弃目标
5. 遇到非常令人担心的事情时，你会：（　　）
   A. 无法安心学习　　B. 可以安心学习　　C. 介于 A 与 B 之间
6. 碰到讨厌的对手时，你会：（　　）
   A. 无法应对　　B. 应对自如　　C. 介于 A 与 B 之间

7. 面临失败时，你会：（　　）
   A. 破罐子破摔
   B. 将失败转化为动力
   C. 介于A与B之间
8. 工作进展不快时，你会：（　　）
   A. 焦躁万分　B. 冷静地想办法　C. 介于A与B之间
9. 碰到难题时，你会：（　　）
   A. 失去自信
   B. 为解决问题而动脑筋
   C. 介于A与B之间
10. 工作中感到疲劳时，你会：（　　）
   A. 总是想着疲劳，脑子不好使了
   B. 休息一段时间就忘了疲劳
   C. 介于A与B之间
11. 学习条件恶劣时，你会：（　　）
   A. 无法安心学习
   B. 克服困难好好学习
   C. 介于A与B之间
12. 产生自卑感时，你会：（　　）
   A. 不想再学习了
   B. 立即振奋精神去学习
   C. 介于A与B之间
13. 上级交给你很难完成的任务时，你会：（　　）
   A. 敷衍了事　B. 千方百计干好　C. 介于A与B之间
14. 当困难落到自己头上时，你会：（　　）
   A. 厌恶之极
   B. 认为这是个锻炼的机会
   C. 介于A与B之间

[计分方法与说明]

第1～4题，选“A”得2分，选“B”得1分，选“C”得0分。
第5～14题，选“A”得0分，选“B”得2分，选“C”得1分。
19分以上：你的抗挫折能力很强。
9～18分：你虽有一定的抗挫折能力，但对某些挫折的抵抗力较弱。
8分以下：你的抗挫折能力很弱。

心理训练

压力挫折大家谈

请在表 8-1 中写下你经历过的令自己伤心、失望、沮丧、痛苦的事件，并总结你从这些事件中学到了什么。全班学生分组交流，每组 6～8 人。

表 8-1　经历过的事件

事件	学到的道理
①	
②	
③	
④	

1．你在面对压力或挫折时，身心会有怎样的表现？请用 5 个词总结描述。

____

____

2．面对压力或挫折，你有什么样的应对方法？请列举出 5 种。

____

____

3．你遇到困难时可以求助的人有哪些？尽可能多地写下他们的名字。

____

____

4．你认为应对压力或挫折最重要的是什么？

____

____

5．今后你将如何面对压力、挫折或恐惧？

____

____

6．当遭遇压力、挫折或恐惧时，直面现实，排除万难、锐意进取才是“王道”。请设想一下：“假如我无所畏惧，会怎样？”

____

____

感悟成长

今后你将如何面对挫折和压力？

____

____

____

知识链接

[书籍推荐]

1. 俞敏洪. 我的2022[M]. 北京：群言出版社，2023.

推荐理由：2022年，塑造了我们每个人各自独特的生命记忆，寻常却珍贵。这一年对于俞敏洪也意义非凡，他开启了人生的新篇章。他以一个历尽千帆的智者姿态分享自己的处世哲学以及对生命、社会、知识、人与世界的思考和对天地日月、四季更迭中细节的审视和欣赏。

2. 安杰利斯. 逆境的祝福[M]. 汪芸，译. 北京：中国人民大学出版社，2006.

推荐理由：或许你的生活因为一次重大挫折而陷入困境；或许你曾经被流言蜚语中伤，你的诚实和善良遭受恶意；或许你正在为孩子的教育而苦恼、为夫妻的交流而困惑；抑或是生活的奔波、工作的压力让你一筹莫展……在人生旅途中总有突如其来的意外，有没有方法让人在逆境中变得豁达，让人生更为轻松？安杰利斯博士将智慧、技巧与建议融为一体，帮助你做到：认识与了解人生旅程中的重要转折点；把恐惧转化为勇气，把困惑转化为理想，把自我怀疑转化为自信；重新燃起对爱、对生活的热情，建立新的目标；由内而外，找到自由、真实与充实的感觉。

[影片推荐]

故事片《鲁迪传奇》，美国，片长114分钟。

内容简介：本片是一部改编自真人真事的励志电影，讲述了喜爱橄榄球的鲁迪心怀梦想，克服重重困难创造奇迹的故事。鲁迪的形象可以说是勇敢追求梦想、执着不懈的象征。多次申请失败，多次落选球队主力，但他最后还是坚持实现了自己的梦想。很多时候，我们不是没有目标，而是意志不够坚定，也许这就是本片给予我们的最大启示。

第九章　探究爱的神秘花园
——在爱中成长

心语引导

相信爱情，即使它曾给你带来悲哀。——泰戈尔

“你最可爱”，我说时来不及思索，而思索之后，还是这样说。——普希金

情不知所起，一往而深。——汤显祖

爱情是古老而又常新的话题。人们从不吝啬用美丽的言语来描绘爱情的永恒和不朽。爱情能给人带来精神上的激励、情绪上的欢愉、生活上的充实，但同时也会带来伤痛，甚至消沉。大学时期恰好是初次深入了解爱情的阶段，恋爱不再是遮遮掩掩的事情，而是轰轰烈烈的青春体验。在大学中经历爱情是成长的一部分。

第一节　大学生爱情概述

什么是真爱？应该如何看待性？怎样才能拥有甜蜜的爱情？如何在爱情中收获与成长？大学是大学生学习独立生活和充分发展自我的重要阶段，因此要学会正确认识爱情的本质，处理好恋爱关系，这样爱情才会给人生带来幸福。

情为何物

一、爱情心理学

（一）爱情的含义

马克思说：“真正的爱情是表现在恋人对他的偶像采取含蓄、谦恭甚至羞涩的态度，而绝不是表现在随意流露热情和过早的亲昵。”“如果你以人就是人以及人同世界的关系是一种充满人性的关系为先决条件，那你只能以爱去换取爱，以信任换取信任，如果你想欣赏艺术，你必须是一个有艺术修养的人，如果你想对他人施加影响，你必须是一个能鼓舞他人的人。你同人及自然的每一种关系必须是你真正的个人生活的一种特定的、符合你的意志对象的体现，如果你在爱别人，但没唤起他人的爱，也就是你的爱作为一种爱情并不能使对方产生爱情，如果作为一个正在爱的人，你不能把自己变成一个被人

爱的人，那么你的爱情是软弱无力的，是一种不幸。”

瓦西列夫在《情爱论》中说：“爱情是作为男女关系上的一种特殊的审美感而发展起来的，爱情创造了美，使人对美的领悟能力敏锐起来，促进对世界的艺术化认识。”“爱情把人的自然本性和社会本质联结在一起，它是生物关系和社会关系、生理因素和心理因素的综合体，是物质和意识等多方面的、深刻的、有生命的辩证体。”

每个人的心中也许都有一本爱情字典，虽然答案可能各不相同，但有些显然是共同的部分，即爱情离不开男女之间的情感，爱情是一种强烈的内心情感体验。概括地说，所谓爱情，就是一对男女基于一定的社会关系和共同的生活理想，在各自内心中形成的对对方最真挚的倾慕，并渴望对方成为自己终身伴侣的最强烈的感情，是两颗心灵相互向往、吸引，达到精神升华的产物，是人类特有的一种高尚的精神生活。

拓展阅读

爱情是什么？每个人心中有不同的答案。柏拉图说：恋爱是严重的精神病，为什么这么说呢？因为恋爱在给我们带来快乐的同时，无形中也会给我们增添很多痛苦，我们似乎就是爱情的精神病患者。有人问4～8岁的孩子这样的问题：“爱是什么意思？”他们是这么回答的：

当有人爱上你，他说你的名字的方式是不一样的。你就知道你的名字在他嘴里说出来感觉棒极了。（4岁）

爱就是女孩喷香水，男孩喷古龙水，然后他们出去，互相闻着。（5岁）

我奶奶得了关节炎，再也不能弯下腰来涂脚指甲。于是我爷爷总是给她涂，即使当他自己的手得了关节炎他也继续给奶奶涂，这就是爱。（8岁）

爱就是你告诉一个男孩你喜欢他的衬衫，他就每天都穿着它。（7岁）

爱就是妈妈把最好的鸡块给爸爸。（5岁）

当你爱上某个人，你的睫毛忽上忽下的，小星星从里面跑出来。（7岁）

（二）爱情的实质与特征

1. 爱情的实质

人类历史上曾出现过两种厚此薄彼、相互对立的爱情观。古希腊“柏拉图式”的爱情说，把爱情推上了纯粹的精神世界，这是一种“唯精神论”的观点。与此相反，文艺复兴时期资产阶级学者提出的“唯性欲论”观点却把爱情看作是性欲的本能。他们认为人类爱情产生的唯一根源是性欲，爱情的目的是满足性欲。就这两种观念而言，无论是强调精神的“唯精神论”，还是强调性欲的“唯性欲论”，都仅仅反映了爱情的一个侧面。在人类社会从诸多矛盾走向逐步统一的进程中，随着辩证唯物主义的产生与发展，人们开始用一种科学的态度来揭示爱情的本质。

爱情具有两种属性：自然属性和社会属性。自然属性主要满足人的生理需要，即性爱；社会属性指满足人的精神需要和责任（家庭责任），即情爱。爱情是性爱与情爱两者相互作用而产生的，它是人类的一种高级精神生活。它不仅要求男女双方在思想、情感、性格等方面共鸣和谐，而且要求男女双方共同承担社会责任和义务。爱情是一种责任，是一种奉献，而不是索取和占有。教育家苏霍姆林斯基这样教导儿子："要记住，爱情首先意味着对你的爱侣的命运、前途承担责任……爱，首先意味着献给，把自己的精神力量献给爱侣，为他（她）缔造幸福。"正是无私的奉献和给予，才使爱情高尚而纯洁。爱人双方的彼此付出正是爱的最好表达。可见"爱情的本质就是给予"的概念，集中体现了科学恋爱观的核心内容。只有懂得爱情的本质，才可能获得真正的爱情，相爱才能成为永恒。

2. 爱情的特征

（1）互爱性。所谓互爱，是指男女双方既是爱者又是被爱者，既是爱情的主体又是爱情的客体，二者在地位上是完全平等的，不存在依附和占有关系。爱情不是私欲，也不等同于同情或怜悯。任何牵强和欺瞒的感情付出都不会带来真正的爱情。爱情，是以男女双方的互相爱慕为前提的。

（2）专一性。所谓专一性，也可称为排他性，是指爱情的忠贞不渝。爱情的专一性与传统道德中的从一而终有着本质的区别。经过一段时间的接触，发现对方并非自己理想中的伴侣，应该勇敢而明确地提出分手，而不能认为"嫁鸡随鸡，嫁狗随狗"，否则带来的将是终身的痛苦。爱情要求双方在感情上和性关系上都忠贞专一，不与任何第三者分享。爱情所包含的特有的感情和义务只能存在于恋爱者两人之间。同时，爱情的排他性并不意味着对他人的排斥和漠不关心，它只是在两性结合的意义上排除对他人的爱，因此，恋爱的任何一方与他人包括异性建立友谊都是正当和正常的。

（3）无私性。成熟的爱情是在保留自己完整性和独立性的条件下，也就是在保持自己个性的条件下与他人合二为一。真爱的双方，不会在乎对方给自己带来多少物质上的享受，只会考虑自己为对方奉献了多少。

（4）持久性。青年人中流行这样一句话："不在乎天长地久，只愿曾经拥有。"看似潇洒，其实不如说是对爱情难以把握的一种无奈。恋爱中的人"信誓旦旦，海枯石烂"，结婚后则把爱情像美丽的婚纱般弃置一旁，后悔地说："婚姻是爱情的坟墓。"诚然，婚后的生活更多的是柴米油盐酱醋茶，但并非就远离了爱情。相反，婚后现实的生活把爱情带出了象牙塔，使之在生活的风风雨雨中接受考验，使爱情之花走出温室，开得更健硕、更鲜艳。爱情的持久性，便体现在爱情内容的更新上。首先，双方原有的新鲜感渐渐消退后，要不断地更新自我、完善自我，带给对方新的认识、新的感受，而在这种新的认识中，两人的爱情又达到一个新的境界，而不能认为反正"生米已煮成熟饭"，便不修边幅，也不再顾忌自己的缺点，全然放松自己，否则只会使爱情之花逐渐枯萎。其次，爱情的持久性还表现在对爱情的珍惜上。有的人婚前温柔体贴，婚后则把对方当作奴仆使唤，或者当作"出气筒"，随意发泄情绪。殊不知，爱情是天下最娇嫩的花朵，如果不去珍惜，只一味地索取和伤害，这份醇厚的感情就会渐渐变淡。最后，爱情的持久性还要求爱人们不因对方的健康、地位等发生变化而改变感情，而应该在对方最需要自己的时候给予鼓励和慰藉。爱情的持久性意味着爱情所包含的感情因素和义务因素不仅存在于恋爱过程中，而且存在于婚后夫妻生活和家庭关系之中。

（三）爱情的心理成分

爱情的形式多种多样，心理学家罗伯特·斯腾伯格的爱情三角理论涵盖了爱的本性的基本元素。

1. 爱情的三大因素

在爱情三角理论中，斯腾伯格认为，爱情有 3 个因素，分别是亲密、激情和承诺，3 个因素分别描述了爱情的不同方面。这 3 个因素能够组合成不同类型的爱情。

（1）亲密，是指在爱情关系中亲近、连属、结合等体验的感觉。因此，亲密因素包括那些在爱情关系中促进温暖关系的感觉，包括以下要素：①渴望增加爱人的福祉；②与爱人共享喜悦；③对爱人高度关注；④在需要得到帮助的时候能指望爱人；⑤与爱人互相理解；⑥与爱人分享自我；⑦从爱人那里得到情感支持；⑧为爱人提供情感支持；⑨与爱人亲密交流；⑩肯定爱人的价值。

（2）激情，是指引发浪漫之爱、身体吸引、性完美，以及爱情关系中相关现象的驱动力。激情因素包括那些能在爱情关系中引起激情体验的动机，以及其他形式的唤醒源。在恋爱关系中，性需要在激情体验中占据支配地位，然而其他需要（如自尊、关怀等）也有助于激情体验的获得。

（3）承诺，从短期来讲，是一个人决定爱另一个人；从长期来讲，指一个人维持爱情的承诺。这两个方面一定同时存在，一个人可以在不承诺长久之爱的前提下决定爱一个人，也可以处于一段关系中却不承认爱着另一个人。

本质上而言，承诺是认知性的，亲密是情感性的，而激情是动机性的。爱情的热度来自激情，温暖来自亲密，而承诺反映的是一个决定。三大因素的每个因素都有一套相关的行为。例如，亲密在行为上表现为分享一个人所拥有的东西和时间、表达对爱人的情感、与爱人诚恳地交流等；激情在行为上表现为凝视、触摸、性等；承诺可能体现在忠贞、订婚、结婚等行为上。当然，爱情每一种因素的行为表现由于人、关系和情境的不同而有所差异。

2. 8 种类型的爱

爱情三角理论认为，亲密、激情、承诺这 3 个因素可以视为三角形的 3 个顶点，这 3 个因素的组合形成了 8 种类型的爱。

（1）无爱。如果亲密、承诺和激情都缺失，爱就不存在。两个人的关系也许仅仅是认识而非朋友，彼此的关系是随便、肤浅、没有承诺的。

（2）喜欢。只体验到亲密，而缺少激情和承诺。喜欢不会唤起激情，也不会唤起你与对方共度余生的期望。如果一个朋友确实激起了你的激情，对方离开的时候会被强烈地思念，那么这种关系就已经超越了喜欢。

（3）迷恋。迷恋中有着强烈的激情，但缺乏亲密和承诺。当人们被不太熟悉的人激起欲望时会有这样的体验。

（4）空洞的爱。没有亲密或激情，只有承诺的爱就是空洞之爱。这种爱常见于激情燃尽的关系中，既没有亲密也没有激情。在包办婚姻中，空洞之爱是夫妻二人共同生活的第一阶段，但不是最后一个阶段。在一些婚姻关系中，夫妻双方因为孩子、经济等因素选择维持婚姻也属这种空洞之爱。

（5）浪漫的爱。当亲密和激情一起发生的时候，人们体验到的就是浪漫之爱，通常被认为是喜欢与迷恋的结合。

（6）伴侣的爱。亲密和承诺结合形成对亲密伴侣的爱。亲近、交流和分享伴随着对关系的充分的投入，双方努力维持长期的友谊。这种类型的爱会体现在长久而幸福的婚姻中，虽然年轻时的激情已渐渐消退。

（7）愚昧的爱。缺乏了解会产生一种愚昧的爱。这种爱会发生在旋风般的求爱中，在势不可当的激情中，两个人闪电结婚，但彼此并不很了解和喜欢。从某种意义上说，这样的爱是为一场迷恋做了一次风险投资。

（8）完美的爱。当亲密、激情和承诺同时存在时，人们体验的就是完美的爱情。这是许多人寻求的爱，但斯腾伯格认为，这好像减肥一样，短时期是容易的，难的是长久坚持。

爱情的平衡程度可用三角形的不同形态表示，而平衡的爱情是一个等边三角形（图 9-1），显然，完美的爱情一定是平衡的。

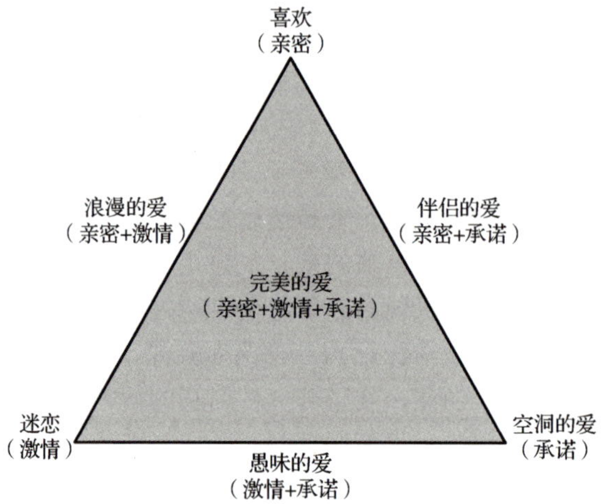

图 9-1　爱情三角形

二、大学生恋爱心理的发展阶段

大学生恋爱心理的发展可分为以下 3 个阶段。

1. 对异性的敏感期

对异性的敏感期，是指刚进入青春期的青少年，由于身体的迅速发育，引起了男女不同生理和心理的急剧变化。由于第二性征的出现和性意识的觉醒，男女学生对性别差异非常敏感，在异性面前时常会感到羞怯和不安。此阶段，男女学生往往界限分明，彼此疏远，相互回避。

2. 对异性的向往期

随着性生理的发育成熟，性心理开始发育，男女学生情窦初开，相互吸引，出现彼此希望接触的意愿。处于此阶段的男女学生，开始特别注意自己的容貌和风度，希望引起异性的注意和兴趣，以博得异性的好感和青睐。生活中，男女学生开始关心周围发生的爱情方面的趣闻逸事，喜爱阅读和观看描写爱情内容的文学作品、影视艺术，经常与同龄人谈论男女爱情问题，并利用各种机会与异性接触交往。甚至个别学生开始写情书，明确地向对方求爱。但是，这一时期的男女学生，由于其生理和自我意识的不成熟，他们对异性的向往，基本上是泛化的、不稳定的、缺乏专一性的，是一种不成熟的恋爱心理。所以，有人又称此阶段为泛爱期。

3. 恋爱择偶期

在这一阶段，男女学生性心理已逐步成熟，社会阅历在不断丰富，恋爱观开始形成，对异性的向往逐渐专一，开始相互寻求和选择自己的配偶，建立和培育双方的爱情，进入成熟的恋爱心理。

目前的大学生，年龄一般在 18～24 岁，正是处于对异性的向往期向恋爱择偶期的过渡时期，也正是一个人的恋爱心理开始形成并逐步走向成熟的重要时期。

拓展阅读

请不要轻易说“我爱你”

苏霍姆林斯基说过，爱情是人生的一大幸福，也是人生的一大难题。年轻人在闯入爱情的大门时，要严肃、认真、慎重和细致地考虑，至少要问自己 6 个问题：一问你学会对别人忠诚没有；二问你能否做到不自私；三问你是否善于控制自己的欲望；四问你的双亲对此有什么意见；五问你是否想过今后会有孩子；六问你是否想过未来家庭中除了欢乐之外，还有忧愁、灾祸和不幸。在上述问题未做出回答之前，请不要轻易说“我爱你”。然而，要始终保持对爱情严肃认真的态度，必须有正确的世界观、人生观和价值观做基础。一个人只有树立起正确的世界观、人生观和价值观，才能始终如一地、严肃认真地对待爱情。

第二节 大学生恋爱困惑和调适

一、大学生恋爱的错误观念与不良倾向

（一）几种错误的爱情观念

1. 偶像化的爱情

一个没有产生高度自我的人，倾向于把自己所爱的人神化，他把自己的力量异化并把自己的力量反射到他爱的人身上，将他爱的人当作一切爱情、光明与祝福的源泉。在

这一过程中，人失去了对自己力量的觉悟，在被爱者身上失去了自己，而不是找到自己。从长远观点看，没有一个人能符合崇拜者所有的心愿，当然不可避免地会出现失望，而解决这一问题的方法是寻找新偶像。这种偶像式爱情的最初体验具有强烈性与突发性。这种爱常常被看作是真正的、伟大的爱情。恰恰是这种所谓的强烈性和突发性表现出那些恋爱者的饥渴和孤独。

2. 完美的爱情

这种爱情只存在于想象之中，而不是存在于同另一个人实实在在的结合之中，这种爱情往往是用代用品使自己满足或者是把现时推移到过去。我们常常将恋爱的对方想象得极其完美，特别是校园爱情之所以被称为“真空爱情”或“玻璃爱情”，就是因为大学生扩大了爱情的完美性而忽视了其现实性。当真实的生活摆在面前时，大学生的爱情常显得脆弱不堪，因为完美本身拒绝缺点。

3. 爱的投射

当恋爱失败或受挫后，将注意力放到“所爱者”的错误和缺点上，对他人的细微错误的反应十分敏感，却忽视了自己的问题与弱点。他们考虑更多的是如何指责对方或者教育对方。那么，二者之间的爱情关系就成为相互投射。事实上，在恋爱受挫后，当事人需要认真反思自我，而非投射。

4. 爱情的非理性观念

这种观念认为爱情意味着甜蜜，意味着没有冲突。恋人之间那些属于人的内在想法并能在人的心灵深处体验到的冲突绝不是毁灭性的，这些冲突会带来净化，会带来心灵的沟通与理解。爱情的非理性观念主要有以下 10 类：一是没有爱情的大学生活是失败的；二是爱情靠努力是可以争取到的，即付出总有回报；三是爱不需要理由；四是因为相爱而发生性关系无可非议；五是恋人是完美的，爱情是至高无上的；六是爱是缘分也是感觉；七是不在乎天长地久，只在乎曾经拥有；八是爱情重在过程不在结果；九是爱情能够改变对方；十是失恋是人生重大的失败。由于受非理性观念的影响，部分大学生将恋爱置于其他重要人生任务（如学业）之上，甚至因为恋爱而荒废了学业。有的大学生坚信爱情中付出总有回报，做爱情的守望者，耐心地等待，有的甚至采取极端举措。爱情的非理性观念影响着一些大学生的人生选择，某大学生说“我一直在努力，为什么得不到她的爱？我的爱可以感动神灵，唯独不能令她感动”；单相思的大学生会抱怨“我只是默默地爱她，我不在乎她是否在乎我”；“为什么随着交往的深入，我发现她不是我等候的人”。这些想法都是受到自己头脑中非理性观念的影响的结果。

5. 产生于孤独无助时的爱恋

爱情产生于何时，我们无法精确计算，但很多悲剧产生于开始，因为开始本身就意味着错误。特别是大学新生，来到陌生的城市，面对陌生的环境，显得无助与孤独。此时，可能一声问候、一束鲜花都会令处于孤独无助之中的他们感动之极。要记住：在孤独无助时，广泛的社会交往（如友情）比爱情更管用。

（二）大学生爱情的不良倾向

1. 恋爱功能休闲化

不少人考入大学后，没有顺利完成由高中生到大学生的角色转换，没能及时了解和规划大学生活，人生理想“休眠”，学习动力缺乏，感到学习、生活枯燥乏味、精神空虚，心理上极度孤独寂寞。于是，一些大学生用恋爱的方式来摆脱寂寞，两个人一起吃饭、一起看电影、一起逛街等，给人一种做伴的感觉，恋爱成了他们度过闲暇时光和消耗充沛精力的选择。

2. 恋爱过程快餐化

一方面，由于生理和心理的日趋成熟，大学生有了接近异性的冲动。另一方面，他们又认为在大学期间谈恋爱，成功的概率不大，特别是面对日益激烈的就业压力，许多恋人在毕业时不得不选择分手。于是，不少大学生抱着一种玩世不恭的态度谈恋爱，他们不愿意付出真感情，不是为了寻觅终身伴侣，而仅仅是在寻求一种两性情感生活上的即时满足和人生体验。恋爱的进程越来越快，恋爱的过程越来越短，恋爱关系的稳定程度越来越低，就像人们走进快餐店，进去就吃，吃完就走，这餐在这里吃了，下一餐却换了另一家。

3. 恋爱目的实用化

美国社会学学者霍曼斯在社会交换理论中提出一种“理性爱”理论。该理论认为，人们往往倾向于选择那些能给自己带来酬赏而减少成本的对象。的确，生产力水平的提高影响了爱情的成本核算，爱情已经丧失了亲近与结合的心理基础，成了达到部分大学生追求的某种特殊目的的交换条件，如为了毕业留在一线城市、找份好工作等。

4. 恋爱交往放纵化

恋爱交往放纵化有两方面的情形。第一，由于嫉妒心理而争风吃醋以致斗殴。嫉妒通常指由于他人在才能、名誉、地位或境遇，甚至容貌、身材等方面强于自己而产生的羞愧、愤怒、怨恨等复杂的情绪状态。大学生恋爱中的嫉妒心理指的是竞争者比自己强而对自己在恋人心目中的地位构成威胁所产生的苦涩、羞愧、愤懑，甚至敌视对方的情绪状态。嫉妒心理使一些恋人限制和干涉对方与他人的正常交往；也有的情侣，嫉妒心理使他们整日陷入无休止的猜疑、矛盾纠缠之中；还有的情侣出于嫉妒心，对他人无中生有地进行诽谤攻击；甚至有些人在嫉妒心的驱使下，与“情敌”发生流血事件。第二，在恋爱中发生性行为。大学生恋爱中的性行为可以分为两类：一类是边缘性行为，如搂抱、接吻、抚摸等；另一类是指性交行为。这里主要谈的是后者。大学生处于性生理已经发育成熟但性心理尚未成熟的阶段，出现性冲动是很正常的现象。性冲动是大学生性心理的正常反应，它是在性激素作用下和外界刺激下产生的。但是恋爱中的不少大学生难以克制自己的性冲动，在对性还缺乏足够的、成熟的认识下与情侣发生性关系。

5. 爱情道德严重失范

爱情道德严重失范的主要表现是恋爱行为自私自利。一是不尊重对方人格，一经接触就利用各种手段占有对方；二是把自己单方面的意志强加于对方。一些大学生认为“只要我爱你，你就必须服从”，不允许对方选择，一旦对方提出解除恋爱关系，就嫉妒、仇视。

二、大学生恋爱心理调适

爱情的神圣与庄严、神秘与美好吸引着无数青年男女为之折腰。有的学者说：“有青年人的地方就会有爱。”但是，大学校园里并非都存在完满的恋爱，并非都闪动着幸福的恋人，并非每个爱情的渴望者都能品尝到爱情的甘甜。

（一）单恋

单恋就是我们经常说的单相思，是指一方对另一方的以一厢情愿的倾慕与热爱为特点的畸形爱情。单恋多是一场感情误会，是“爱情错觉”的产物。“爱情错觉”是指因受对方言谈举止的迷惑，或自身的各种主观体验的影响而错误地主动坠入爱河，或因自以为某个异性对自己有意而产生的爱意绵绵的主观感受。

单恋较多地出现在性格内向、敏感、富于幻想、自卑感强者身上。他们爱上了对方，于是也希望得到对方的爱，在这种弥散心理的作用下，就会把对方的亲切和蔼、热情大方当作是爱的表示并坚信不疑，从而陷入单恋的深渊不能自拔。单恋者固然能体验到一种深刻的快乐，但更多的是情感的压抑，因为他们无法正常地向自己所钟爱的异性倾诉柔情，更不能感受到对方爱意的温馨。

首先，要能避免“恋爱错觉”，学会准确地观察和分析对方表情，用心明辨；要视其反复性，某种信息的经常出现可能意义很深，而一两次就不足为凭了；不要强化内心中形成的一见钟情式的浪漫爱情。一旦单恋已然发生，要鼓足勇气，克服羞怯的心理，大胆地表达自己的感情。如果被接纳，爱的快乐就会取代等待的痛苦；如果是“落花有意，流水无情”，则应该面对现实，勇敢地抛弃幻想，用理智主宰感情进行转移，通过思想感情的转换和升华来获取心理平衡。其次，当向对方表白遭到拒绝时，要用理智克制自己的情感，爱情一定是两情相悦的，这种理性、客观、冷静的考虑也是自己未来幸福快乐的源泉。

（二）失恋

失恋是恋爱过程的中断。由于大学生心理发育不够成熟，特别是低年级大学生恋爱动机单纯，成功率较低。面临毕业即将走向工作岗位的恋人，因客观条件限制，常常天各一方，劳燕分飞。失恋是痛苦的，通常会引起一系列心理问题，有些大学生甚至为此做出蠢事，因此应冷静客观地面对失恋，三思而后行。

失恋的原因有多种。一是家庭和社会舆论的压力。恋爱双方缺乏勇气和信心，慑于社会的偏见和父母的威严，只得痛苦地分手。二是一方变心，见异思迁，移情别恋。三是双方在交往中三观不合。四是自身缺点反毁自身。缺点过多，又不加克制，同样会失去恋人的喜爱。五是盲目恋爱或恋爱动机不纯。

对待失恋的态度有以下两种类型。

1. 消极型

（1）自我欺骗。有些人恋爱不成，就说对方不适合自己，配不上自己，以平衡自己“求不得”的心理。有些人虽诚实地面对分手，却不再追问情感，认为退得越远越好，想起往事的时候，他们便摇头苦笑，做出一副无奈样。

（2）退行补救。失恋后，若有第三者干涉，有时为之下跪，乞求第三者不要插手他们的恋爱。

（3）抑郁、冷漠、孤僻。一些大学生失恋后，把痛苦埋在心底，长期心情抑郁，为人冷漠、孤僻，甚至积郁成疾。还有一些大学生为寻找精神寄托，借酒消愁，以烟解闷，用酒精和尼古丁麻醉自己。

（4）悲观失望。一些大学生失恋后，万念俱灰，自以为“看破红尘”或“活得没意思”，离校出走，甚至走上轻生之路。其实这个世界有许多值得我们留恋和喜爱的东西，诗人海涅说：“有多少事物为你留存，这世界是多么美丽，凡是你所喜爱的，我的心，你都可以去爱！”

（5）攻击报复。一些大学生失恋后，故意暴露对方隐私，无端造谣中伤。有的人失去理智，伤害甚至杀害对方。有的人转向攻击别人，寻找替罪羊来平息自己的怒火。

2. 积极型

（1）失恋不失理智。莎士比亚说：“当爱情的浪涛被推翻以后，我们应该好好地分手，说一声‘再见’！”失恋后缺乏意志和克制，就会做出丧失理智的举动。“既然结果不可逃避，我们只有承受，哪怕是承受残缺。”再见时，我们还是朋友。

（2）找出原因，完善自我。恋爱不成功，也许是你的缺点使对方难以容忍，这时应该及时地反省，努力地完善自己。通过努力，终会有一天凭着更优秀的自己收获更美满的爱情。

（3）培养自信，失恋不灰心。大学生一次失恋就断定自己不讨人喜欢，对异性没有吸引力，是缺乏自信的表现。“天涯何处无芳草”，爱情的曙光往往就在眼前。

（4）转移注意力，积极投入学习、工作。恋爱失败了，努力学习，用好成绩来补偿失恋的痛苦，“失之东隅，收之桑榆”。当代画家陈冰说：“每当想起不幸的遭遇，我就去作画，从而使自己忘却，沉醉于艺术世界里，转移不快的情绪。”失恋不失志，应是当代大学生所具备的品质。

（5）积极放松，调适心绪。失恋后，可以去旅游，投入大自然的怀抱；或参加体育运动，听听音乐，找朋友倾吐心声；或向心理咨询机构求助。放松自己，心情就会好起来。

失恋犹如一杯难以下咽的苦酒，但是阳光依然明媚，生活依然美好，有得有失构成了完整的人生。

除了失恋者自身的调节外，周围的人也应给予温暖和友爱，使失恋者早日摆脱不良情绪。失恋的人心理脆弱，郁郁寡欢又容易失去自信，他们容易脱离集体变得更加冷漠孤独，甚至感情用事，拒人于千里之外。亲人和朋友应体谅、关怀他们，使他们早日走出失恋的阴影，摆脱不良情绪，帮助他们建立正确的恋爱观和人生观。

总之，失恋者要恢复心理平衡，做好感情转移和空间转移，做到失恋不失德、失恋不失命、失恋不失职、失恋不失志。

（三）终止恋爱关系

恋爱双方在交往中，随着对彼此的深入了解，如果发现对方不是自己想找的人时，就应理智地分析恋爱的走向，并提出分手。分手对双方都不是一件非常愉快的事，特别是确立关系时间较长、具有较为稳定恋爱关系的人。提出分手的一方，要注意以下几点：一是选择恰当的时机；二是使用策略；三是委婉地说明原因；四是不逃避责任；五是不拖泥带水。被动的一方，要注意控制自己的情绪，不可自暴自弃，也不可死缠烂打，更不可意气用事，寻求报复。值得注意的是，终止恋爱关系不要给对方留有余地，如“以兄妹相称”“再相处一段时间试试看”等。恋爱关系终止后，需要一段时间认真冷静地面对这段感情。

案例分析

失恋导致的悲剧

某著名大学一名优秀的女硕士李某，在大学本科期间，与同在某城市读大学的张某确立了恋爱关系。在研究生入学考试中，恋人张某失利，而李某以专业第一的优异成绩考入某著名大学深造，此时的张某决定孤注一掷，辞职去李某所在的城市考研。随着阅历的增加，李某感到与张某已缘分不再，却又羞于出口，自觉对不起张某。张某的第二次考研又以失败告终。为鼓励张某继续奋斗，两人又继续交往。当张某第三次考研在即时，李某考虑应当终止恋爱关系，拖延下去对二人并无好处。经历了两次考研失利打击的张某，无论如何也不愿再承受失恋的打击，所以当李某提出终止恋爱关系时，张某做出了杀死李某后自杀的极端行为。

分析：从这个案例可以看出，如果李某注意选择时机，运用策略，悲剧也许不会发生。李某在张某考研焦虑、无助甚至绝望的时候提出分手，对张某的打击可想而知；而张某选择了极端的手段也是非理性和残忍的。

第三节　大学生爱的能力培养

爱情是人类高尚的精神体验。心理成熟的个体能够正确客观地理解爱情。爱情不同于人类其他的情感体验，它是个体独特的心路历程，只有真正爱过的人才能进行心灵的互动。爱情既不可以被抑制，也不可以被滥用。爱情是人生情感中成本最高的。只有正确地理解爱情，才可能与幸福同行。

一、理解爱情

1. 爱情是给予不是得到

大家都熟悉《海的女儿》的故事，美丽的美人鱼为了自己心爱的人，牺牲了自己动听的歌喉，用心陪伴在自己心爱的人身边，为了救自己的心上人，最后化为泡沫。

成熟的爱情是在保留自己完整性和独立性的前提下，也就是保持自己个性的前提下与他人合二为一。爱情是一种积极的精神力量，这种精神力量可以推动个体创造生命的奇迹，可以推动个体找到人生的目标。这种力量只有在自由中才能得以发挥，而且永远不会是强制的产物。恋人将自己的生命给予对方，同对方分享快乐、兴趣、知识、悲伤等，没有生命力就没有创造爱情的能力。因此，爱情是对生命以及我们所爱之物的积极的关心，爱的本质是培养与创造。

2. 爱是责任

人只有认识对方，才能尊重对方。不成熟的爱是“我爱，因为我被人爱”，成熟的爱是“我被人爱，因为我爱人”；不成熟的爱是“我爱你，因为我需要你”，成熟的爱是“我需要你，因为我爱你”。所有的爱情都包含着一份神圣的责任，这种责任不是义务，不是外界强加的，而是内心的自觉，即为自己所爱的人遮挡风霜雨雪，而不仅仅是感官上的愉悦与寂寞时的陪伴。

3. 爱是尊重

真诚的爱是建立在双方平等与理解的基础之上的尊重。爱一个人也是爱一份生活，仅仅因为某种需要产生的爱未必能承担爱的责任。因为大学生活的孤单与寂寞，为了消磨课余时间而需要异性的呵护，需要被关爱，这些都不是真正的爱情。与一个从不考虑未来生活的人恋爱注定没有结果；同样，缺乏责任感的爱情没有肥沃的土壤，不可能枝繁叶茂。尊重就是努力使对方能成长和发展自己，而非剥夺，是让自己爱的人以他自己的方式和为了自己而成长，而不是服务于我。只有当我们自己独立时，才能做到尊重。

4. 爱是能力

对自己的生活、幸福、成长及自由的肯定是以爱的能力为基础的，也就是有能力关怀人、尊重人，有责任心了解人。利己者没有爱别人的能力。爱的能力不是与生俱来的，也不是随着生理成熟自然形成的，而是在社会生活中逐渐成长起来的。这种能力包括施爱的能力、接受爱的能力与自我成长的能力。

5. 爱是创造

有人说，爱情具有的魔力能够使人开创一个新的自我。爱情是神奇的，它不仅能够创造新的生命，而且真正的爱情对恋爱双方都是一个新的创造。爱情能净化我们的灵魂，鼓舞我们为挚爱的人奋斗进取，创造美好的明天。

二、学会爱自己

一个自爱的人是自知的。自爱是要成为你自己，而非通过爱情变成他人。世界上没有两片相同的叶子，更何况人呢？个体正因为其差异性才构成了色彩缤纷的世界。

（1）爱自己首先要有正确的自我认知，特别是女性，更要积极关注恋爱中的自我。事实上，恋爱特别是热恋中的男女都会将恋人理想化，彼此快乐与痛苦的心理感受都会因为热恋而放大。

（2）爱自己要学会珍惜自己的感情，尊重自己的感情。大学生时期的感情纯洁而真诚，这也是将来幸福生活的基础。有的大学生因为恋爱而放纵自己的感情，甚至本不是爱情，仅仅为了满足自己生理与心理需求，甚至物质的需求，用青春与爱情赌明天，这都是不珍惜感情的体现。

（3）爱自己要学会说“不”，特别是在热恋时，要能够控制爱情的温度。

（4）爱自己也包含对自己负责。恋爱不是为了让我们放弃自我，而是学会更加负责地生活，其中也包括失恋后的自爱。一个人只有本着对自己高度负责的态度学习、生活，才能处理好恋爱中的自我与他人、现在与未来、学业与爱情等关系。爱不仅仅是情人节的玫瑰，也不只是每日的相守，更多是守望的美丽与对彼此生命负责的人生态度。

三、学会爱他人

爱自己和爱他人是密不可分的。人们只有认识对方、了解对方才能尊重对方。爱他人不是无我状态，按照对方塑造自己，也不是将自己爱的人塑造成自己所喜欢的人。爱他人包括以下几个方面。

1. 尊重你爱的人

恋爱既能使对方成长，又能使自我成长。恋爱是使双方各自成长为自己想要的样子，而非按照某种愿望或标准塑造对方，使其成为对方希望的那样。事实上，每一份爱情都包含着期待，双方都在向着彼此喜欢的方向发展。这需要你更加尊重你所爱的人，让对方在爱的港湾中自由发展，以他自己喜欢的方式发展自我。

2. 帮助对方积极发展自我

恋爱唤醒了沉睡的心灵，积极的恋爱使个体潜在的心理能量得以释放，为所爱的人努力；爱情也是积极向上的精神力量，催促着相爱的两个人向着更好的方向发展，更加努力地完善自我、发展自我，而非束缚自我、放纵自我。

3. 共同创造美好未来

真正的爱是内在创造力的表现，包括关怀、尊重、责任心、了解等。爱不是一种消极的冲动，而是积极追求恋爱双方的发展和幸福，这种追求的基础是爱的能力。正如埃克哈特·托利所说的："你若爱自己，那就会像爱自己一样爱所有人。"

四、正确处理爱情问题

1. 摆正恋爱与学业的位置

在校学习阶段是青年学生学习各门专业知识的黄金岁月，人的中枢神经系统处于最活跃阶段，记忆力最强，学习效率最佳。同时，学校具有良好的学习条件，有学识广博、精深的指导老师。所以，为了今后的事业，在校期间，大学生应集中精力学习，把学业放在首位。当男女双方在日常的学习、生活中互相沟通感情，关系逐渐向爱人转变时，一定要十分理智地对待正逐步建立起来的感情，以学业为重，尽量克制自己感情的爆发，不要让爱情成为双方进步的阻力。

2. 正确处理爱情与友谊的关系

（1）两者性质不同。爱情是在一定的社会环境中，男女两性基于共同的生活理想，在各自内心形成的对另一个异性最真挚的仰慕，并且渴望对方成为自己终身伴侣的感情。它以异性间的性爱为基础，其发展目标是双方结成终身伴侣。友谊是同学或朋友间的一种平等、诚挚、亲密、互相信赖的感情。一般地说，爱情包含着友谊，但友谊却不一定能发展成为爱情。如果我们混淆了友谊与爱情的概念，就有可能把异性朋友对你坦率而真挚的友谊，误认为是在向你表露爱慕之情。

（2）两者的对象范围不同。友谊具有广泛性，是广泛地发生在相同性别与不同性别、相同年龄与不同年龄之间的友好关系；友谊是无私的，不具有排他性，一个人可以同时与许多人建立友谊。爱情则不然，它具有鲜明的个体性和专一性，它只能发生在一对男女之间，因而必须考虑到对方的年龄、性格、爱好、职业等因素。

（3）两者的稳定程度不同。友谊可能是暂时的，也可能是长久的，它会因环境的变迁、爱好的转换和认识的分歧等因素而发生变化。爱情是忠贞不渝的，既要经得起地位变化、家庭变迁、时间延续和空间隔离的考验，也要经得起困难波折的考验。

（4）两者所承担的义务不同。友谊自始至终要承担的只是道德义务。因为婚姻和家庭受法律保护，所以在结婚后，双方不但要承担道德义务，而且要承担法律义务和责任。

3. 正确对待恋爱与道德的关系

（1）"第三者"的道德问题。男女双方一旦建立了爱情关系，就应忠贞专一。那种朝三暮四、见异思迁、喜新厌旧、轻浮放纵的思想和行为，都是违反社会道德准则的。例如，有的人不珍惜自己的感情，走马灯似的更换恋爱对象，今天与这个山盟海誓，明天又与那个如胶似漆；有的人明知道别人有恋爱对象，硬要充当“第三者”；有的人脚踏几只船，这山望着那山高；等等。这些都是有悖于婚姻道德的思想和行为，是对自己和别人感情的嘲弄、践踏，往往会给自己或他人带来烦恼和伤害。

（2）婚前性行为的道德问题。部分大学生认为，婚前性行为是个人自由，是一种可以理解的冲动，只要感情真挚、真心相爱，婚前发生性行为无所谓，相反可以增进感情，使爱情具有浪漫色彩。我们应该明白，爱情是性爱和情爱的完美结合。性爱几乎是纯感性的，情爱除了强烈的感性因素，还蕴含着相当大的理性成分。所以，爱情不是人本能的感情冲动，而是受理智支配的高尚的精神活动。失去理智控制的情感，会导致青年学生的堕落，可能影响未来家庭的幸福，给社会、个人带来不良后果。

（3）失恋的道德问题。恋爱的目的在于结为夫妻，但现实中又存在种种不利于恋爱的个人和社会因素，所以失恋在所难免，这也是爱情生活中的正常现象。有恋爱就有失恋，有恋爱的幸福，就有失恋的痛苦。那么，如何对待失恋也是一个涉及婚恋道德的问题。失恋的原因是多方面的，大学生对此应冷静分析，总结经验教训，切不可意气用事。俗话说：强扭的瓜不甜。大学生应能正确对待和妥善处理失恋的问题。在选择对方的同时，也应尊重对方对自己的选择，应有广阔的胸怀和高尚的道德情操，应用理智战胜感情，尊重个人爱与不爱的权利，做到失恋不失德，决不应出现有悖于社会道德的言行，更不应有触犯法律的举动。

心理测试

恋爱心理成熟度测试

测一测，你的恋爱心理发展到了什么程度。

1. 你认为恋爱是为了： （　　）

   A. 找到一个情投意合的伴侣　　B. 成家过日子、抚育儿女

   C. 满足性的需要　　D. 刺激，有趣，好玩

2. 你喜欢什么样的异性？

（女性选择） （　　）

   A. 英俊潇洒，有男人魅力　　B. 有钱，有势，有能力

   C. 人品好　　D. 爱自己，其余的无所谓

（男性选择） （　　）

   A. 漂亮性感，有女人魅力　　B. 贤惠能干，善于理家

   C. 温柔体贴，人品好　　D. 只要有爱，其余的无所谓

3. 你和恋人确立恋爱关系是因为： （　　）

   A. 条件般配　　B. 自己比对方优越

   C. 对方比自己优越　　D. 没想过

4. 你希望恋爱这样开始： （　　）

A. 一见钟情 B. 青梅竹马
C. 在工作（学习）中逐渐产生 D. 经人介绍

5. 让爱情更浓一点的良策是: ( )
A. 极力讨好、取悦对方 B. 努力使自己变得更优秀
C. 欲擒故纵 D. 爱情是缘分，无计可施

6. 当恋人暴露出一些缺点和不足时，你会: ( )
A. 委婉告知并帮其改进 B. 震惊、意外，对其加以指责
C. 嫌弃动摇，怀疑爱情 D. 无所谓

7. 当一个比你的恋人更优秀的异性对你表示爱慕时，你会: ( )
A. 离开恋人接受其爱 B. 将其恋情淡化为友情
C. 瞒着恋人与其往来 D. 为迟到的爱后悔痛苦

8. 当你倾慕的异性另有所爱时，你会: ( )
A. 一如既往地待他（她），等其觉悟 B. 参与竞争，力争夺取
C. 抽身止步，成人之美 D. 失落痛苦

9. 恋爱中的波折矛盾是: ( )
A. 必然又必需的 B. 对恋爱的否定
C. 无聊的 D. 束手无策的痛苦经历

10. 由于种种原因，你的恋爱失败，对方提出分手，你会: ( )
A. 千方百计抓住他（她） B. 到处诋毁对方的名誉
C. 说声再见，各奔前程 D. 失落痛苦，不知所措

11. 进入大龄“单身贵族”行列，你的恋爱态度会: ( )
A. 一如从前，宁缺毋滥 B. 放弃追求，随便凑合
C. 重定更现实的择偶标准 D. 不谈爱情

[计分方法]

请按以下方法计分，各题的分值相加即为总分。

1. A. 3; B. 2; C. 1; D. 1
2. （女性选择）A. 2; B. 1; C. 3; D. 1
（男性选择）A. 2; B. 2; C. 3; D. 1
3. A. 3; B. 2; C. 1; D. 0
4. A. 2; B. 1; C. 3; D. 1
5. A. 1; B. 3; C. 2; D. 0
6. A. 3; B. 2; C. 0; D. 1
7. A. 2; B. 3; C. 1; D. 0
8. A. 2; B. 1; C. 3; D. 0
9. A. 3; B. 0; C. 2; D. 1
10. A. 2; B. 0; C. 3; D. 1
11. A. 1; B. 2; C. 3; D. 0

[结果分析]

26～33 分：成熟型。你的恋爱心理非常成熟，懂得爱的真谛，向往爱又能在现实中实现爱，就像一名竞技状态良好的运动员，你能够在爱情面前轻松舒展，游刃有余。更可贵的是，即使直面恋情失败也有良好的心态。你的恋爱和婚姻一定会很美满幸福。

18～25 分：正熟型。你渴望得到爱情的垂青，然而不容易一帆风顺，一时难以如愿。不妨校正一下恋爱指针，太过浪漫的往现实方向调，太现实的往浪漫温馨方向调。

9～17 分：待熟型。恋爱和婚姻是人生的一门必修课，要取得好成绩，单凭热情是不够的，还必须专心修习，从理论到实践，再从实践到理论，一点一滴，终会水滴石穿。

3～8 分：青涩型。爱情对你而言是迷宫，是八卦阵，是氤氲的夜景，或者是平淡苍白的荒漠。让心里轻松些，爱的光线会缓缓照射进来，那时你才能体会到柔情温暖。

荣格 MBTI 恋爱倾向测试

每道题有 2 个选项，共 4 组，每组 7 道题。所有题目没有对错之分，请选出最符合你的答案。

第一组:

1. 你倾向于从何处得到力量？（　　）
   E. 别人
   I. 自己的想法
2. 当你参加一个社交聚会时，你会怎么做？（　　）
   E. 在夜色很深时，一旦你开始投入，也许就是最晚离开的那一个
   I. 在夜晚刚开始的时候，就疲倦了并且想回家
3. 下列哪一件事听起来比较吸引你？（　　）
   E. 与爱人参加各种社交活动
   I. 待在家中与爱人做一些特别的事情，如观看一部有趣的电影并享用丰盛的晚餐
4. 在约会中，你通常有何表现？（　　）
   E. 整体来说很健谈
   I. 较安静
5. 你是如何遇到你的爱人的？（　　）
   E. 在活动中认识
   I. 通过朋友介绍认识
6. 你希望拥有什么样的社交圈？（　　）
   E. 很多认识的人和很亲密的朋友
   I. 一些很亲密的朋友和一些认识的人
7. 你的爱人喜欢对你说什么？（　　）
   E. 你难道不可以安静一会儿吗
   I. 可以请你从你的世界中出来一下吗

第二组：

8. 你喜欢通过以下哪种方式收集信息？（　　）

N. 对有可能发生之事的想象和期望

S. 对目前状况的实际认知

9. 你倾向于相信以下哪种？（　　）

N. 直觉

S. 直接的观察和现成的经验

10. 当你置身于一段关系之中时，你倾向于以下哪种观点？（　　）

N. 永远有进步的空间

S. 若它没有被破坏，不予修补

11. 当你在约会中感觉放心时，你喜欢谈论什么？（　　）

N. 关于改进或发明事物和生活的种种可能性。例如，也许会谈论一个新的科学发明，或通过一个更好的方式来表达自己的感受

S. 实际的、具体的、关于“此时此地”的事物。例如，也许会谈论品酒的好方法或即将开启的新奇旅程

12. 你是什么样的人？（　　）

N. 喜欢先纵观全局

S. 喜欢先掌握细节

13. 你是什么类型的人？（　　）

N. 与其活在现实中，不如活在想象里

S. 与其活在想象里，不如活在现实中

14. 你通常如何想象约会？（　　）

N. 喜欢想象很多有关约会的事

S. 倾向于拘谨地想象即将来临的约会，只期待让它自然地发生

第三组：

15. 你做决定时，倾向于哪种方式？（　　）

F. 首先依心意，然后依逻辑

T. 首先依逻辑，然后依心意

16. 下列哪种情形你更易察觉到？（　　）

F. 当人们需要情感上的支持时

T. 当人们不合逻辑时

17. 当和恋人分手时，你会怎么做？（　　）

F. 通常让自己的情绪深陷其中，很难抽身出来

T. 虽然觉得受伤，但一旦下定决心，就会直截了当地将旧恋人的影子甩开

18. 在与一个人交往时，你倾向于看重对方哪一点？（　　）

F. 情感上的相容性：表达爱意和对另一半的需求很敏感

T. 智慧上的相容性：沟通重要的想法，客观地讨论和辩论事情

19. 当你不同意爱人的想法时，你会怎么做？（　　）

F. 尽可能地避免伤害对方的感情；会对对方造成伤害的话，就不会说

T. 通常毫无保留地说话，并且对爱人直言不讳，因为对的就是对的

20. 认识你的人通常如何形容你？ （　　）

F. 热情和敏感

T. 逻辑和理智

21. 你把和别人相遇视为什么？ （　　）

F. 友善及重要的

T. 另有目的

第四组：

22. 若你有时间和金钱，你的朋友邀请你到国外度假，并且在前一天才通知，你会怎么做？ （　　）

J. 先检查自己的日程安排

P. 立刻收拾行装

23. 在第一次约会时若对方迟到了，你会怎么样？ （　　）

J. 很不高兴

P. 不介意，因为自己常常迟到

24. 你偏好以下哪种约会？ （　　）

J. 事先知道约会的行程：要去哪里，有谁参加，会在那里多久，该如何打扮

P. 让约会自然地发生，不做太多事先的计划

25. 你会选择以下哪种生活？ （　　）

J. 有计划的

P. 自然发生的

26. 以下哪一项较常见？ （　　）

J. 自己准时出席而其他人都迟到

P. 其他人都准时出席而自己迟到

27. 你喜欢什么样的人？ （　　）

J. 下定决心并且做出努力的人

P. 放宽选择面并且持续收集信息的人

28. 你是以下哪种类型的人？ （　　）

J. 喜欢在一段时间里专注于一件事情直到完成

P. 享受同时进行好几件事情

[结果分析]

针对以上4组问题，把每一组中你所选答案最多的字母提取出来，代表你最强的偏好，把4个最多的项合并起来，就是你的恋爱类型。例如，你也许是记者型（ENFP），或是公务员型（ISTJ），或是下面16种恋爱类型中的其他类型。

（1）哲学家型（INFP），内向的、直觉的、感觉的观察者：“爱情是最完美的所在，安静、平和与善良。”

（2）作家型（INFJ），内向的、直觉的、感觉的果断者：“爱情在我的脑中、心上和

灵魂里。”

（3）记者型（ENFP），外向的、直觉的、感觉的观察者：“爱情是神秘的、有启发性的和有趣味的。”

（4）教育家型（ENFJ），外向的、直觉的、感觉的果断者：“爱情是被你所爱的人占满。”

（5）学者型（INTP），内向的、直觉的、理性的观察者：“爱情不过是另一个灵光乍现。”

（6）专家型（INTJ），内向的、直觉的、理性的果断者：“爱情可以被分析并改进得更完美。”

（7）发明家型（ENTP），外向的、直觉的、理性的观察者：“爱情是在脑海中发明的。”

（8）陆军元帅型（ENTJ），外向的、直觉的、理性的果断者：“爱情可以因为影响和成就而加强。”

（9）照顾者型（ISFJ），内向的、感受的、感觉的果断者：“爱情是一个值得为它牺牲的目标。”

（10）公务员型（ISTJ），内向的、感受的、理性的果断者：“爱情是建立在义务和责任上的。”

（11）主人型（ESFJ），外向的、感受的、感觉的果断者：“爱情建立在他人的情感之上。”

（12）大男人型（ESTJ），外向的、感受的、理性的果断者：“爱情是建立在坚定的家庭价值、传统和忠贞上的。”

（13）艺术家型（ISFP），内向的、感受的、感觉的观察者：“爱情是温柔的、自然的和奉献的。”

（14）冒险家型（ISTP），内向的、感受的、理性的观察者：“爱情是一连串的动作。”

（15）表演者型（ESFP），外向的、感受的、感觉的观察者：“爱情是享受和陶醉在此刻的狂热中的。”

（16）挑战者型（ESTP），外向的、感受的、理性的观察者：“爱情应该是经常充满刺激的。”

心理训练

爱的能力训练

一、爱的探索

1. 请用一句话表达：爱是什么？

____

____

2. 写出“我喜欢什么样的异性”。

____

____

3．写出“我不喜欢的异性的特质”。

______

______

4．“喜欢”和“不喜欢”中是否有冲突的内容？你理想中的异性是否完美无瑕？

______

______

5．你有哪些良好的品质、品德？

______

______

6．在同学中你是招人喜爱、左右逢源的，还是普普通通、默默无闻的？

______

______

7．你理想中的异性为什么会喜欢上你？

______

______

二、识别爱的能力

对于渴望爱情的大学生而言，学会识别什么是爱情，是迎接爱情的基础。要明白好感不是爱情，感动也不是爱情，单相思和错觉更不是爱情。

1．你对某个异性存在好感吗？

______

2．你有默默关注或爱着的人吗？

______

3．他（她）也对你有好感吗？

______

4．你们之间的感情之所以还没有达到爱情，是什么原因造成的？

______

三、表达爱的技巧

表白需要合适的时间、方式和心态，需要事先了解对方的喜好，不能盲目表白，凡事都需要有铺垫。

1．你是否表白过？当时的心境如何？

______

2．表白前是否做好“功课”？

______

3．表白时是否有不到位的地方？

______

四、接受爱的能力

一个人面对别人的表白，能及时准确地对爱做出判断，并做出接受、拒绝或再观察的选择，这是接受爱的能力。要学会接受爱的信号，要有接受爱的勇气。

1. 你有被人表白过的经历吗？你选择了拒绝还是接受？

2. 你为什么会拒绝（或接受）对方？

3. 你有感受到别人对你的爱慕吗？

4. 你觉得有人在默默地关注你吗？

五、拒绝爱的能力

生活中可能有并不期待的爱情来到眼前。拒绝爱要注意两个方面：一是对不希望来到的爱情要果断地说“不”；二是要掌握恰当的拒绝方式，尊重别人对自己的感情付出。

1. 你有拒绝别人的表白或被别人拒绝的经历吗？

2. 当时你的心境如何？

3. 当时对方的表现如何？

4. 你觉得当时彼此的语气、眼神和动作等对对方造成伤害了吗？造成何种伤害？

5. 在这个过程中你有尊重他（她）吗？

6. 事后你们还是朋友吗？

感悟成长

见与不见

扎西拉姆·多多

你见，或者不见我，
我就在那里，不悲不喜。
你念，或者不念我，
情就在那里，不来不去。
你爱，或者不爱我，
爱就在那里，不增不减。
你跟，或者不跟我，
我的手就在你手里，不舍不弃。
来我的怀里，

或者，让我住进你的心里，
默然，相爱，
寂静，喜欢。

读了扎西拉姆·多多的这首诗，你对爱情有了哪些感悟？

____

____

____

知识链接

[书籍推荐]

段鑫星，李文文，司莹雪，恋爱心理必修课[M]．北京：人民邮电出版社，2019．

推荐理由：该书以众多心理学家对爱情的研究与成果为基础，讲述了什么是爱情、爱情是如何产生的、不同年龄阶段的恋爱特点、男女处理感情时的不同心理依据、如何谈好一段恋爱并使其成为一段更长远的亲密关系，以及如何处理已不必挽回的感情等方面的内容。

[影片推荐]

剧情片《爱情神话》，中国，2021 年，片长 112 分钟。

内容简介：影片以发生在上海弄堂里的爱情、友情和亲情故事为主线，展现了一个男人和三个女人的故事及充满现代都市气息的复杂情感世界。

第十章 构建美好生活——心理障碍与心理危机干预

心语引导

人生的价值是由自己决定的。——卢梭

尊重生命，尊重他人，也尊重自己的生命，是生命进程中的伴随物，也是心理健康的一个条件。——弗洛姆

大学时代是人生思维最活跃的阶段，也是心理障碍易发的阶段。近年来，大学生心理障碍发生率有上升趋势。大学生常见心理障碍有焦虑、抑郁、强迫、神经衰弱、人格障碍等。心理障碍是造成大学生休学、退学的首要病因。心理障碍不仅影响学习，而且会给大学生带来精神和肉体上的痛苦，同时也会给家庭和社会造成负担。

第一节 大学生心理障碍概述

一、心理障碍的定义与类型

1. 心理障碍的定义

心理障碍，即人的心理和个性发生障碍或异常，或偏离常态，出现功能损害，无能力按社会公认的方式行动，导致不适应社会的后果。

心理障碍相对于正常心理不同于躯体障碍相对于健康生理那么泾渭分明，心理障碍与正常或常态心理都不是永恒不变的，它们会因当时当地的社会文化，包括社会制度、风俗习惯和民族地域等的不同而有所改变。只有当个人的心理和行为活动与当时所在地绝大多数人相比较出现明显的差异和不适应时，才可认为是心理障碍。

2. 心理障碍的类型

根据不同的系统，心理障碍有不同的分类。常见的心理障碍有以下几种。

（1）神经症。神经症是一组主要表现为焦虑、抑郁、恐惧、强迫、疑病症状，或神经衰弱症状的心理障碍。

（2）心境障碍。心境障碍又称情感性精神障碍，是以明显而持久的心境高涨或低落

为主的一组精神障碍，并有相应的思维和行为改变。

（3）精神分裂症。精神分裂症是一组病因未明的精神病，多发病于青壮年，常缓慢发病，具有思维、情感、行为等多方面障碍，以及精神活动不协调。

（4）人格与性心理障碍。人格障碍指人格特征明显偏离正常，使患者形成了一贯的反映个人生活风格和人际关系的异常行为模式。性心理障碍是指有异常性行为的心理障碍。

二、判断心理障碍的标准

尽管心理障碍与常态心理难以严格区分，却仍然存在相对的界限。在许多情况下，两者有着实质性的差异，必须加以区分。下面是常用于判断心理障碍的一些标准。

1. 经验标准

经验标准包括两方面。首先是指患者本人的经验，如患者感受到不适、焦虑、紧张、恐惧、抑郁等，或出现一些从未体验过、无法解释、自己也觉得奇怪的感受，或不能适当地控制自己的行为。在某种情况下，没有这种不适感正反映了可能有心理障碍，如获知至亲丧亡没有一丝痛苦或悲伤的情绪反应，或有相反的情绪反应，都应考虑当事人可能患心理障碍。其次是指观察者的经验。观察者包括专业人员（如精神科医生等）和非专业人员（如当事人身边的家人、亲戚、朋友、老师、同学等），他们根据自己的经验对当事人做出心理正常还是异常的判断。当然，这种判断带有很大的主观性，差异也很大。专业人士因受过专业教育与训练，并通过实践有一定经验的积累，判断较为准确，但对少数复杂案例也会出现判断失误。非专业人士因缺乏统一的判断标准和尺度，常依据个人的经验和观点做出判断，准确性更低。

2. 医学标准

医学对心理障碍有明确的诊断标准。医学上对心理障碍的判断标准包括病因学标准、症状标准、严重程度标准、病程标准和排除标准。病因学判断可以通过躯体检查、实验室检查、各种影像检查及特殊检查来做出，甚至可从分子或更微观的水平进行诊断。然而，目前大约只有 1/10 的心理障碍可以找到确切病因，其余的心理障碍必须通过精神心理检查，根据其他标准进行判断。

3. 社会适应标准

社会适应标准是一种判别标准，其依据是：人的行为是否符合社会准则，是否能按照社会环境要求、社会公德、法律法规、伦理道德规范和社会公认的方式行事，从而能适应社会、与社会环境保持协调一致、有生活自理能力及正常的工作能力、能妥善处理各种人际关系，当出现违背上述准则的言行时，是否能做出为公众所理解的解释，等等。若由于器质性或功能性的原因不能满足上述要求，致使其行为后果对本人、他人或社会造成不适应，则考虑此人有患心理障碍的可能性。这里“正常”与“障碍”主要是与当时当地的社会常模比较而言的。不同地域、制度、习俗、文化、时间，人们的社会适应标准差异很大，故没有统一、固定的标准，也难以进行跨地区、跨文化的比较和研究。

4. 统计学标准与心理测验标准

对人群的心理活动进行调查和测量，用统计学方法处理，可以勾画出各心理现象、行为表现的分布曲线。居于中线附近的绝大多数人（一般取 95%）属于常态心理或正常心理，居中值为常态心理的均值，均值附近一定范围内的数值属于“常模”数值，而偏离常模或偏离均值达一定程度，被列为“障碍”，偏离程度越大，则障碍越明显。然而，并非所有偏离常态分布者都有心理障碍，调查与测量心理活动最常用的方法就是心理测验，心理测验标准也是以上述统计学方法来确定的。当然，这种“常态”与“障碍”的界限是人为划定的，但因为采集了大量资料，以统计学为基础，所以还是比较客观的。而且这种方法便于比较，操作简便易行。简言之，心理测验法不失为一种科学的方法。

5. 其他标准

不少心理学家提出过判断心理健康的项目，也可以把比对符合程度作为判断是否存在心理障碍的参考标准。当然，大部分正常人未必完全符合这些标准，没有人是十全十美的，基本符合就是常态，而缺陷过多则可考虑为“障碍”。下面介绍马斯洛和密特曼于 1951 年提出的健康心理标准。

（1）有很强的适应能力。

（2）充分了解自己，并能对自己的能力做恰当的估计。

（3）生活目标切合实际。

（4）与现实环境保持接触。

（5）能保持人格的完整和谐。

（6）有从经验中学习的能力。

（7）能保持良好的人际关系。

（8）适度的情绪发泄与控制。

（9）在不违背集体意志的前提下，有限度地发挥个性。

（10）在不违背社会规范的情况下，个人基本需要能适当满足。

上述 5 种标准都有其依据，均有实际与临床使用价值。在判断一个人是否存在心理障碍时，应采用各种标准互相补充，科学、全面、深入地考虑问题，才可做出准确的评价。

三、大学生心理障碍的诱因

大学生心理障碍的诱因主要有以下几个方面。

1. 交际困难

当代大学生的交际困难主要表现为不会独立生活，不知道如何与人沟通，不懂交往的技巧与原则。有的大学生不愿与人交往；有的大学生为交际而交际，不惜牺牲原则随波逐流。大学生交际困难的原因有以下几个：目前大学生多为独生子女，父母溺爱造成了一些负面效果，如任性自私、为所欲为；由于从小未在集体环境中生活而缺乏集体感与合作精神；家长的过分包办，使独生子女上大学之后缺乏最起码的独立生活及为人处世的能力。交际困难，一方面导致大学生产生自闭、偏执等心理问题；另一方面因无倾诉对象，有心理问题的大学生更加重心理压力，还易导致心理疾病。

2. 迷恋网络

有些大学生对网络的依赖越来越强，有的甚至染上网瘾，每天花大量时间上网，沉迷于虚拟世界，自我封闭，与现实生活产生隔阂，不愿与人面对面交往。这样久而久之，会影响大学生正常的认知、情感和心理定位，不利于健康性格和人生观的塑造。另外，迷恋网络还会使人产生精神依赖，在日常生活和学习中举止失常、神情恍惚、胡言乱语、行为怪异。

3. 适应障碍

每个大一新生都有一个角色转换与适应的过程，刚入学的大学生往往会出现各种各样的心理问题，这一时期可称为“大一新生心理失衡期”。导致新生心理失衡的原因首先是现实中的大学与他们心目中的大学有出入，由此产生心理落差；其次是新生对新的环境、新的人际关系、新的教学模式不适应，产生困惑而造成心理失调。另外，新生作为大学中普通的一员，与其以前在中学里作为佼佼者的感觉大不一样，这也是心理问题的诱因之一。大学新生对新环境不适应，如果得不到及时调适，便会产生失落、自卑、焦虑、抑郁等心理问题，有的学生还会因长期不适应而退学。所以，应该特别注重对大学新生入学后的心理调适工作，帮助他们度过心理失衡期，使他们成功地进行角色转换。

4. 压力过大

相当一部分大学生的学习压力来自所学专业非其所爱，这使他们长期处于冲突与痛苦之中。课业负担过重，学习方法有问题，精神长期过度紧张，参加各类考试等也会带来压力。精神长期处于高度紧张的状态，极可能导致大学生出现强迫、焦虑甚至精神分裂等心理疾病。生活的压力主要在于大学生不善于独立生活和交际。经济困难也会造成一定的心理压力。目前，我国高校在校生中有相当比例的经济困难学生。他们中有些人可能承受不住经济困难带来的精神压力，总觉得很没面子，与同学相处时敏感而自卑，采取逃避、自闭的做法，有的大学生甚至发展成心理疾病而不得不退学。

5. 情感困惑

当前，大学生对情感方面的问题能否正确认识与处理，已直接影响到大学生的心理健康。影响因素主要有以下两点：一是大学生的性困惑问题，如男生因对遗精产生误解而紧张，女生在月经前后精神紧张；二是大学生因恋爱所造成的情感危机，这是诱发大学生心理问题的重要因素，恋爱失败往往导致心理异常，有的人因此走向极端，甚至造成悲剧。

6. 教育不当

独生子女群体已成为当前大学生的主体。对独生子女的教育不当是大学生心理问题频发的一大诱因。部分独生子女的任性、自私、不善交际已成为令家长、教师及其他教育界人士感到棘手的问题，而这些问题往往源于独生子女从小就备受家人的溺爱，缺乏集体合作精神。在溺爱环境中长大的大学生，会养成许多不良习性，这些习性很容易成为心理疾病的诱因，使人产生暴力倾向和暴力行为。

7. 环境影响

家庭及外界环境的不利影响也会成为诱发大学生心理问题的因素，如不当的家教方式、单亲家庭环境及学校环境的负面影响、消费上的攀比、对经济困难学生的歧视、学习节奏过快等。

8. 就业压力

近几年来，由于社会竞争激烈，就业压力大，大学生找到理想的工作越来越困难。这对众多高年级大学生造成了很大的精神压力，使他们焦虑、自卑而失去安全感，许多心理问题也随之产生。

四、大学生常见心理障碍及其治疗

（一）焦虑障碍类型及治疗

1. 广泛性焦虑障碍

广泛性焦虑障碍主要表现为不明原因的提心吊胆、紧张不安，对未来可能发生的、难以预料的某种危险或不幸事件经常担心。有的没有明确的担心内容或对象，只是一种惶恐不安的强烈内心体验；有的担心也许是生活中可能会发生的事情，但是其担心的程度和现实不太相称。这种担心有臆想的成分，如“危险随时都有可能发生，要未雨绸缪”“如果考差了，天就塌了”，总是会关注威胁，担心自己会失控，并且会竭力避免想象自己担心的事情，从而逃避想象这个事情给自己带来的消极情绪。广泛性焦虑障碍还会出现注意力难以集中，其身体表现为坐立不安、肌肉紧张，心跳加快、胸闷、头晕头痛、胃痛、便秘腹泻、月经紊乱等情况。焦虑的这些状态容易让人关注自身的身体状况，也容易影响学习效率和人际相处，这些问题反过来会加重焦虑体验。

2. 社交焦虑障碍

社交焦虑是由于害怕外界的消极评价，面对社交产生不舒服、恐惧的情绪，以及在社交情境中表现出退缩、回避行为。尽管当事人能够意识到这种担心并不合理，但是仍然会设法回避相关的社交场合。这种担心和恐惧，让当事人在置身社交场合时，会发抖、出汗、脸红、不敢对视等。因此，在交往上显得消极被动，主要原因是对外界的消极评价过分在意和过分解读，通过被动回避来避免这些消极评价扰动自己的焦虑情绪。社交焦虑或害羞在普通人群中很常见，只有当这种焦虑和害怕阻碍了个人所期望的活动或者在活动中表现出明显的痛苦，才会被认为可能患有社交焦虑障碍。

3. 焦虑及其相关障碍的治疗

认知行为疗法是治疗焦虑及其相关障碍的有效方法。该疗法多由行为技术（如肌肉放松训练、呼吸控制训练等）和认知重建技术（改变不合理认知和信息加工偏好，减少灾难化理解等）相结合。焦虑及其相关障碍个体往往存在不合理认知和灾难化理解，如担心孩子在放学途中发生意外受重伤甚至死亡，我们通常认为这种认知“高估危险”，即夸大了事件发生的可能性，认知行为疗法则会对其进行调整，使其更加符合现实性，从而降低焦虑。

（二）强迫障碍的表现及其治疗

1. 强迫症的表现

强迫障碍常称强迫症，其基本特征是个体产生不必要的、侵入性的思维、想象或冲动，会引发明显的焦虑。它是自己内心主观活动的产物，通常用反强迫的各种方式去抵抗。强迫和反强迫往往同时出现，如别人说“开始”，他会想到“结束”，明知没有必要，但又不能自我控制，又如“强迫清洗”，明知没有必要，却又想去洗手，感到痛苦。

2. 强迫症的治疗

药物是治疗强迫症的主要方法之一，除此以外，暴露和反应预防也是治疗强迫症的有效行为治疗方法。心理学家认为，让当事人反复暴露在其强迫性思维内容面前，如当事人会认为“沾灰就会染上有害病菌，为了不让自己感染病菌反复洗手”，为了帮助当事人摆脱强迫思维以及为了阻止强迫思维产生的强迫行为（如洗手），心理学家有时候会首先进行示范。例如，第一次治疗时会把土放在自己的手上，并在治疗过程中都不洗手；第二次治疗时，仍然会把土放在自己的手上，并鼓励当事人也这样做且鼓励当事人不要洗手，让其在焦虑中进行耐受。当然，这需要在专业心理治疗人员的指导下进行。

（三）抑郁障碍的表现及其治疗

1. 抑郁障碍的表现

抑郁障碍以显著而持久的情绪低落为主要特征，这种情绪不会随着外界环境的变化而改变，也包括对过去喜爱的事物兴趣下降或者失去兴趣、不能从日常从事的活动中感受到快乐。此外，还存在思维迟缓、意志活动减退和躯体症状等症状，主要表现在终日忧心忡忡、长吁短叹，对任何事都提不起兴趣。抑郁障碍患者的自我觉察通常是无价值的、孤独的，他们把世界看成困难的、充满障碍的，他们在看待未来时，也通常是悲观的。抑郁障碍患者的思维活动会明显变慢，学习能力下降，变得不想做事，不愿意和人交往，连平时喜欢参加的活动都不愿意去，伴有焦虑情绪，还会出现坐立不安、手足无措、踱来踱去等情况。

抑郁发作时还会出现睡眠问题，与平时相比，容易早醒 2～3 小时，醒来后就不容易睡着了，还有的表现为很难入睡，或者睡眠过多，食欲降低和体重下降，但有的存在相反的情况，即食欲增强，体重增加，还会出现头痛、全身疼痛等情况。抑郁障碍的这些表现，在不同当事人身上，表现并不一定一致。严重的抑郁障碍患者还会有消极的自杀观念和行为，缺乏对自己当前状态的正确认识，甚至完全失去求治愿望。

2. 抑郁障碍的治疗

抑郁障碍仅仅靠自我调适是不够的，还应采取专业指导下的药物治疗，并配合心理及其他辅助疗法，这样才能达到较好的疗效。药物治疗一般分 3 个阶段，即急性治疗期、巩固治疗期和维持治疗期。药物治疗一般 2～4 周开始起效。

认知行为疗法是治疗抑郁障碍最为广泛和有效的心理治疗方法之一，它通过改变当事人不合理认知和消极的自动思维，识别和调整信息加工编码来促进心境的改变。人际疗法虽不及认知行为疗法应用广泛，但有较多的研究表明，其效应与认知行为疗法相当。这种方法聚焦于让个体去理解和改变适应不良的人际互动模式。家庭和婚姻治疗可以帮助个体减少家庭中的压力应激源、提升婚姻满意度，从而改善抑郁心境。正念认知疗法近些年也被认为是治疗抑郁障碍，特别是预防抑郁复发的有效方法。该方法帮助个体在出现抑郁时，停止摆脱抑郁情绪，寻求解决问题的行为模式，是用觉察而非评判的方式，跳出思维的狭小空间，回归身体本身，回归生命此时此地的“当下”，专注地去实践、去体验眼前所做的事。

（四）双相障碍的表现及其治疗

1. 双相障碍的表现

多数双相障碍患者既有躁狂发作，又有抑郁发作，少数患者仅出现躁狂发作。有关抑郁发作内容，前面已有介绍。

躁狂发作有两个临床亚型：轻躁狂和躁狂发作。躁狂发作时，个体通常自我评价过高，目空一切，盛气凌人，可能出现夸大观念，认为自己是伟大的，能力是最强的。躁狂发作的另一个特征是思维联想过程明显加快，思维内容丰富多变，常常感觉言语跟不上思维的速度。除此以外，还有活动增多的现象，但都虎头蛇尾，常常对行为缺乏正确的判断，随心所欲，给人浮夸鲁莽的感觉。

抑郁和躁狂可以交替出现或反复循环，或者混合存在。这些症状对当事人的生活或社会功能等会产生不良的影响。

2. 双相障碍的治疗

双相障碍的治疗应在专业指导下遵循以下原则：①综合治疗原则，采取精神药物治疗、物理治疗、心理治疗（包括家庭治疗）和危机干预等措施；②个体化治疗原则；

③长期治疗原则；④以心境稳定剂为基础治疗原则；⑤联合用药治疗原则。

（五）精神分裂症的表现及其治疗

1. 精神分裂症的表现

精神分裂症的一个主要表现是“妄想”，即对明显与事实不符的想法坚信不疑，如被害妄想的人总觉得有人跟踪他，要害他，受妄想支配会出现逃跑行为甚至攻击行为。另一个主要的表现是幻觉，如幻听、幻视、幻嗅。幻听最常见，周围环境中并没有，但他说自己能听到声音，多为评论性的、争论性的或者命令性的。还有的个体随着病情的发展，与他人交流时表情呆板，虽然是和自己密切相关的事情，但表现得漠不关心。有的个体不再注意自己的个人卫生，身体有味道也不洗澡，不愿意活动。

2. 精神分裂症的治疗

对精神分裂症的心理治疗，主要针对精神分裂症个体的心理社会功能受损情况，结合认知行为治疗、心理教育、家庭干预等方式，指导个体遵从医嘱，规范服药，以避免随意停药或拒绝吃药导致病情复发以及心理社会功能的进一步受损；提高学习技能及生活技能，特别是对个体当前的现实问题，如人际交往问题、学习问题家庭关系问题等，提供有效解决问题的技巧。

越来越多的证据表明，在个体出现临床症状后立即予以干预，对个体身体的康复及学习、交往等社会功能的恢复有积极作用。因此，宜尽早识别、尽早治疗。药物治疗应系统而规范，强调早期、足量、足疗程、个体化用药的原则。不宜擅自停药，并且需要一年以上的维持治疗。

五、大学生心理障碍的预防和应对

不管是什么原因造成的心理障碍，都会对大学生的身心健康和发展带来极大的影响。高校应高度重视，采取积极有效的措施，帮助大学生排除心理障碍。

1. 及时全面了解大学生的心理状态

高校要及时全面了解大学生的心理状态，通过建立学生心理档案，运用心理健康的测验方法普查大学生的心理状况和健康水平。例如，可运用卡特尔 16PF 测验问卷，了解在校大学生的个性因素特点，并预测心理健康的发展。另外，还可运用 SCL-90 项心理健康测验问卷、艾森克个性问卷及其他多种心理健康诊断测验手段，了解在校大学生存在的心理问题。这些测验最好能每学期都进行一次，根据每次所测查的结果，和有心理障碍的学生所在系的班主任、辅导员及家长及时沟通，建立全方位的预防措施。

同时，高校应及时了解和研究经济社会发展给大学生带来的冲击和压力，及时引导学生利用有利因素，克服消极因素，使他们健康成长和成才。

2. 开展多种形式的心理健康教育

高校应广泛开展心理健康教育，使大学生懂得什么是心理健康、心理障碍的种类及形式，以及有关恋爱心理、性心理等方面的内容，以利于他们对此类问题形成正确的态度，了解有关心理咨询和心理治疗的技术。特别是应该重点介绍如何对待挫折、怎样才能提高心理承受能力等方面的知识，提高学生的自我心理保健能力、自我调节能力，使大学生在心理健康知识的指导下，健康地学习和生活。

3. 认真做好心理咨询工作

采用简单的说教或靠行政手段和处分来解决心理障碍是不能奏效的。“心病还需心药医”，高校应培训一批掌握心理测验、咨询及心理治疗技术的专业人员，并不断提高这支队伍的素质，广泛开展心理咨询服务，在实践中充分发挥他们的作用，使之能够有效地帮助学生解决各个时期的心理问题，为学生排忧解难，有效地解决学生成长中的各种心理矛盾。

4. 通过各种途径锻炼大学生的意志品质，提高他们的心理承受能力

加强大学生意志品质的培养，提高他们的心理素质是解决心理障碍的根本途径。一方面，高校要引导大学生走向社会、深入基层、参与社会实践活动，从中接受锻炼、磨炼意志；另一方面，高校要引导大学生树立正确的奋斗目标，教育他们用自己的毅力和坚强的意志去实现目标，不能半途而废。

5. 加强校园文化建设，满足大学生的精神需要和心理需要

大学生是祖国的未来，他们有旺盛的精力和青春的活力，有着极强的参与意识，应充分利用他们的身心特点，开展丰富多彩的校内外文化活动，使他们在广阔的天地里施展才华，满足他们的精神需要；使他们在紧张的学习、生活中获得休息和娱乐，调整生活节奏，有充沛的精力更好地投入学习，以形成积极向上的校园风气。

第二节　大学生心理咨询

随着社会的发展，人们更加关注心理健康问题，心理咨询满足了大学生的这种需求，因此大学生有必要了解心理咨询。

一、心理咨询的含义

“咨询”一词在中国古代是分而言之的。最早见于《尚书·舜典》：“咨，十有二牧。”这里的“咨”就是商量的意思。《尚书·舜典》又载：“询于四岳。”这里的“询”就是询问的意思。心理咨询是指在心理方面给咨询对象以帮助、教导的过程。

对于心理咨询的含义，理论界至今尚无统一的界定。美国心理学家卡尔纳给咨询下的定义是："咨询是一种专门向他人提供帮助与寻求这种帮助的人之间的关系。在这种关系中，助人者的手段及其所创造的气氛使受助者逐步学会以更加积极的方式对待自己和他人。"著名心理学家泰勒曾指出："咨询是一种从心理上进行帮助的活动，它集中于自我同一感的成长及按照个人意愿进行选择和做出行动的问题。"心理学家帕特森认为："咨询是一种人际关系，在这种关系中咨询人员提供一定的心理气氛或条件，使咨询对象发生变化，做出选择，解决自己的问题，并且形成一个有责任感的独立个性，从而成为更好的人和更好的社会成员。"人本主义的心理治疗大师卡尔·罗杰斯强调指出，心理咨询是一种与日常生活中其他关系不同的特殊关系，被咨询者与咨询者之间的关系，应是一种温暖的和彼此信任的关系。

1984 年威利父子出版公司出版的《心理学百科全书》肯定了心理咨询的两种定义模式：一是教育模式，二是发展模式。《心理学百科全书》指出："咨询心理学始终提供的是教育的解决途径而不是临床的、医疗的解决途径，咨询对象是被认为在生活、工作、学习等方面需要帮助的正常人。咨询心理学家的任务就是教会他们模仿某些策略和新的行为，或者形成更为适当的应变能力。"

心理咨询遵循的是教育模式，而不是医学模式。在咨询的过程中，咨询者被看作正常人，而不是病人或患者。被咨询者的任务是就咨询者的日常生活及工作中的问题或应激情境，帮助其充分利用现有条件，达到其所追求的现实目标。

心理咨询强调发展的观点，它帮助咨询者消除阻碍发展的各类因素，以达到最佳的发展水平。在这一点上，它与心理治疗是相互补充的，但咨询更倾向于预防各类不适，以及人际冲突或情绪困扰。

咨询工作的主要方式是谈话，被咨询者的基本技能之一是倾听。虽然在咨询过程中，被咨询者可以有选择地采用一些其他方法，如游戏、心理测验、小组讨论等，但这些都是辅助性方法，其最基本、最主要的方法还是被咨询者与咨询者两人之间进行交谈。

二、心理咨询的功能

心理咨询究竟起什么作用？它与传统的思想政治工作和一般意义的谈心有什么区别？这是人们所关心的问题，也存在许多认识误区。一般认为，心理咨询能为人们提供一种新的学习体验。对那些行为属于正常范围的人来说，心理咨询所提供的新环境可以帮助他们扫除障碍，以便更好地发挥他们的才干。那些由于心理障碍而遇到麻烦的人则可以在被咨询者的帮助下逐渐改变与外界格格不入的思维、情绪和反应方式，并学会与外界和谐相处。简单地说，心理咨询可以促使人们从不同的角度看待自己和社会，用新的方式去体验和表达自己的思想情感，并产生全新的思维方式。具体而言，心理咨询的功能包括以下 6 个方面。

（1）可以帮助人们认识到，自身的问题很大一部分是由于尚未解决的内部冲突造成的，而不是由于外界的影响造成的。很多寻求咨询的人往往认为他们的问题是由于他们自身之外的因素造成的。这时被咨询者采取的重要措施就是让咨询者认识到，要解决问题，最重要的是改变自己的某些方面。另外，在咨询过程中，咨询者将逐渐意识到，改变了自己的内部冲突，不仅问题得到了解决，同时自己也变得更加坚强了。

（2）心理咨询也为人们更加有效地面对现实问题提供了机会。有些人在应对现实问题时，往往采取一些无效的防御反应，如逃避、理想化及过分责备他人等。但是他们同时还认为自己对现实的认识是清楚的，解决问题的方法也是正确的。通过咨询，咨询者可以更加全面、客观地认识自己和外部世界，并采取积极有效的方式去解决所面对的问题。

（3）心理咨询可以让咨询者对自身有深入的了解，并引导他们去发现真实的自我。咨询者中关于自我的问题不外乎以下 3 种：有些人能明确认识自己，但要制造假象给别人看；有些人认为已经认清了自己，但实际上并非如此；还有些人则对自己感到迷惑不解，不知自己到底是什么样的人。通过咨询，咨询者可以真正地认识自己的需要、价值观、态度、动机、个性特征等，而且可以根据自己的心理状况设计自己的行为，从而尽可能快地成长并获得最大进步。这也就意味着，咨询不仅可以帮助咨询者认清自己，还可以促使他们根据真实的自我同别人交往。

（4）心理咨询为咨询者提供了一种建立新型人际关系的机会。因为要成为真正的心理咨询从业者，必须是心理健康的，并且全心全意地关心和帮助咨询者，同时具备丰富的有关人类行为的知识和帮助别人的技巧。咨询者在现实生活中与这样的人进行交流的机会是很少的。他们生活中的某些人可能是关心他们的，但不一定持久，或者并不一定在心理上比他们健康，而且往往缺乏有关人类行为的知识和帮助别人的技巧。换句话说，尽管被咨询者不一定十全十美，但他们应该比咨询者所接触的所有其他人更有能力提供一种健康的和有益的关系。而且，这种关系的许多特征是人们在其他关系中不常遇见的。

（5）心理咨询可以增加咨询者心理的自由度，给予他们更多的心理自由的机会。大多数咨询者至少在一个相当重要的方面缺少心理自由。例如，很多人从来不敢承认自己有过失或缺点（让别人知道自己存在不足的自由），或者不愿意让别人失望（使别人失望的自由），以及不能容忍自己存在互相矛盾的情感（允许矛盾情感同时存在的自由）等。通过咨询，人们可以发现他们到底在哪些方面缺少自由，进而增加这种自由。

（6）咨询可以纠正咨询者的某些错误观念。很多咨询者的头脑中存在一些错误观念，而纠正这些观念对于解决他们存在的问题至关重要。由于这些观念是社会上大部分人所共有的，所以它们在咨询者头脑中不断得到强化。心理咨询也许是第一次为这些人提供了这样一次机会，使他们对错误观念进行思考，并代之以更准确的观念。这时，咨询者就获得了自己做出有利决定的自由。

现代社会迅速发展，人际交往和人们的需要日趋复杂，从而对人们的社会适应能力提出了更多的要求。人们需要被理解、被关注，需要相互支持，也需要知识、指导和准确理解现实的能力。总之，人们需要心理的成长和发展。心理咨询适应了现代人类的这种要求，通过咨询，人们获得理解，对现实的认知得到发展，行为得到指导，从而获得精神成长，个人潜能得到释放，工作和学习更有成效。同时，心理咨询提高了心理健康水平，促进了社会文明发展，使人们的生活质量得到提高。

三、心理咨询的原则

心理咨询是一项专业性很强的工作，它既是一门科学，也是一种特殊的职业。心理咨询从业者必须恪守有关原则，这是心理咨询的首要前提。

1. 保密原则

心理咨询是人与人之间的心灵沟通。咨询者在将自己埋藏心底的困惑与苦恼讲述给被咨询者时，希望对方理解他的心情，分担他的痛苦，还希望对方不会将自己的隐私和心事告诉他人。因此，保守秘密既是职业道德的要求，也是咨询能有效进行的基本要求。被咨询者应注意以下事项：①绝不能将咨询者的资料当作闲谈的话题；②应避免拿个案举例，来炫耀自己的能力和经验；③不应将个案记录档案带离服务机构，在工作场所亦要小心保管，避免遗失或放到他人可随便翻阅的地方；④若有必需，资料传阅之前，必须征得当事人的同意，如果咨询者可能危及他人或自己的生命（如自杀、他杀等），必须与有关人员联系，采取保护措施。此外，由于教学与研究的需要，咨询内容需公开时，必须隐去咨询者的全部个人信息。

2. 中立原则

被咨询者在心理咨询过程中应始终保持不偏不倚的立场，确保心理咨询的客观与公正，不得把自己私人的意愿、利益掺杂进去，保持冷静、清醒的头脑；在心理咨询过程中，不轻易批评对方，不把自己的价值观强加于对方。

3. 信赖原则

被咨询者应满腔热情，以真诚的态度，从正面、积极的角度来审视咨询者的问题，这是信任与接纳的前提。要想尊重与接纳每一个咨询者，被咨询者必须对人的本质有积极的信念，相信每一个个体独特的潜能，重视每一个个体的人性尊严与价值。这样，被咨询者才会相信人的可塑性，才能采取正面、积极的审视态度引导咨询者进行转变与成长。

4. 理解与支持原则

此项原则要求被咨询者设身处地地去感受咨询者的内心，以深刻了解咨询者的精神痛苦和行为动机。从专业角度而言，这种真诚理解是同感的基础。被咨询者对咨询者的自我反省与转变的努力予以及时的肯定与支持，可使咨询者深受鼓舞，改变对自我的认识，将有助于咨询者解除心头的郁结，从而获得鼓励和信心。

5. 成长性原则

人本主义流派认为，心理咨询不是一种外部指导或灌输关系，而是一种启发与促进内部成长的关系。被咨询者相信每个人都有成长的巨大潜力，通过咨询可激发咨询者的潜力，不能对咨询者的行为简单地进行解释，明确告诉咨询者应该怎么办，不应该怎么办。成长性原则要求被咨询者在心理咨询过程中对咨询者绝对尊重、接纳，竭力推动咨询者去独立思考，从而强化其自助能力，避免直接出谋划策。

四、心理咨询的理论与方法

心理咨询的理论和方法有很多，现将主要的 4 种做简单介绍。

1. 精神分析的理论和方法

这是由弗洛伊德创建的第一个系统解释心理病理学的理论流派。它既是一种人格理论，又是一种心理治疗方法。这一理论把注意力集中在咨询者的过去经历上，要求被咨询者努力去理解他们的心理过程。在精神分析治疗中，被咨询者与咨询者的关系是影响治疗的关键因素。被咨询者主要采取的技术包括释梦、自由联想、投射技术，以及日常生活经验和人际关系分析等。这些技术主要用以分析咨询者无意识的行为，从而使咨询者领悟到其症结所在。因此，领悟疗法是精神分析流派的主要方法。

领悟疗法是指利用阐述、解释的方法来说明行为、情感和心理活动原因的心理治疗方法，其特点在于通过分析咨询者内心冲突的潜在原因，经过回忆、联想、发觉而领悟病因与症结，从而找到病因、消除病因，治愈心理疾病。由于领悟疗法是通过咨询者对症状原因的领悟而奏效的，因此不适用于那些没有领悟能力和自知力的人。

2. 行为主义的理论和方法

行为主义试图从学习原则的角度提供解决特殊行为问题的方法，其具体做法是通过求询者不断地学习和实践，以矫正其不适行为。主要有两种方法。一是系统脱敏法。这是行为治疗的一项基本技术，常用于恐惧症、焦虑症的治疗。通过将引起恐惧或焦虑的现象由少而多地暴露给求询者，使其逐渐适应，增加耐受力，直到消除恐惧或焦虑。治疗一般分 3 个步骤，首先训练咨询者松弛肌肉，然后建立焦虑层次，接着让咨询者在肌肉松弛的情况下，从最低层次开始想象产生焦虑的情境，如果仍能保持松弛就可以进一步想象较高的焦虑层次，逐步增强，直到完全消除恐惧与焦虑。成功的关键是咨询者从想象情境到现实情境的转移，仍能保持放松状态。二是强化的方法。它是根据操作性条件作用原理发展起来的。例如，某一行为得到奖赏，以后这个行为重复出现的频率就会增加；反之，某一行为得到惩罚，这一行为出现的次数就会减少。强化的方法就是系统地运用强化手段去增进某些适应性行为，减弱或消除某些不适应行为的方法。强化的类型有正强化与负强化两种。

3. 人本主义的理论和方法

人本主义流派认为，人对外界的知觉或认识决定了他的行为，只有了解人的内心现实世界，才能给人提供帮助。持这一观点的被咨询者最关心的是咨询者的意识经验和内心现实。他们在咨询中往往给咨询者以最大的信任，让他们自由探索自己的内心世界，以提高自我知觉的能力，达到自我的协调发展。他们所采用的技术主要是人际关系分析、自我暴露、角色扮演等。例如，咨询者中心疗法就是一种常用的治疗方法。它依靠动员咨询者自身的潜力来治愈自身。人本主义理论认为，人自身有理解自己、改变自我态度，并指导自己行为的潜能，只要提供真诚、关注、理解的适宜气氛，人的潜能就可以被开发出来。因为人在受到关注、肯定的情况下，能采取更关心自己的态度，使自身内在体验得到自然流露，从而焕发出内在的活力。

4. 认知疗法的理论和方法

认知疗法是 20 世纪六七十年代兴起的一种心理治疗方法，最有代表性的是合理情绪疗法。这种理论认为，人的情绪结果不是由诱发事件引起的，而是由人对诱发事件的信念系统所引起的。面对一件事情，人们对于事件的解释、评价和看法，影响着人们对该事件的情绪和行为反应。解释、评价和看法都源于人们的信念，而不是事件本身。合理的信念产生合理的情绪和行为反应，不合理的信念则产生不合理的情绪和行为反应。例如，考试不及格的大学生，面对失败，可能会有不同的想法。一个大学生会想："这次没考好，真让人伤心，还是复习得不够充分。"另一个大学生会这样想："我简直糟透了，连考试都考不好，真没脸见人。"两个大学生不同的想法会导致他们不同的情绪和行为反应。对第一个大学生来讲，考试失败的确让人伤心，但他会查找失败的原因，再次努力。第二个大学生的情绪反应可能不仅仅是难受，而是非常抑郁，并可能因此一蹶不振。如果用合理的信念去解释面对的诱发事件，那么情绪问题就可迎刃而解了。

合理情绪疗法就是以理性治疗非理性。在实施过程中，向咨询者指出其问题与其不合理信念有关，并帮助咨询者辨别什么是合理信念，什么是不合理信念；改变咨询者的思考方式，帮助其放弃不合理信念。

五、学校心理咨询

所谓学校心理咨询，是指学校心理咨询人员运用心理学的原理和方法，对大学生在学习和生活过程中遇到的一般心理问题给予直接或间接的辅导和帮助，并对有关心理障碍或轻微精神疾病患者进行诊断和矫治的过程。

1. 学校心理咨询的任务

学校心理咨询的任务包括以下 4 个方面。

（1）心理咨询人员向来访的学校教师、行政人员及学生家长提供有关信息和指导，帮助他们了解不同年龄阶段大学生的心理特点、发展任务和应对策略，积极创造有利于大学生发展的社会心理环境，促进大学生身心健康发展。

（2）依据一定的心理学原理对来访大学生的心理和行为问题提供帮助。心理咨询人员运用有关职业信息及必要的测试工具，为大学生的升学与就业提供指导。

（3）贯彻预防为主的方针，推行和实施学校心理健康教育。深入了解来访大学生在学校生活及社会适应等方面所遇到的问题、困难、挫折和冲突，帮助他们树立正确的自我意识，建立良好的人际关系，提高情绪的自我调控能力，形成良好的人格。

（4）对心理异常的大学生进行诊断。针对他们的认知障碍、情绪障碍、行为障碍、人格障碍、学习障碍、性心理障碍等进行有效的疏导、调整和矫治，并对大学生常见的轻微心理疾病进行必要的治疗。由于工作对象是大学生，这就要求心理咨询人员不仅要掌握相应的心理学知识，而且要掌握大学生生理发育、知识掌握及能力培养的规律和方法，还要对家庭问题、不良行为及犯罪问题有所了解。只有这样，才可能为大学生提供有效的帮助与指导。

2. 学校心理咨询的内容

学校心理咨询的内容主要包括心理发展一般问题的咨询、教育与学习咨询、升学指导与就业咨询、心理异常与心理障碍咨询。

（1）心理发展一般问题的咨询。这方面的咨询内容主要包括：①根据不同年龄阶段大学生的身心特点及发展规律，帮助学校教师、家长及大学生解决心理挫折导致的心理危机问题；②青春期的性心理卫生、异性交往等性心理问题；③大学生与教师、同学、家长的人际关系问题；④人际沟通及班集体的组织管理问题；⑤家庭、社会和群体（包括班集体及其他小群体）对大学生身心发展的影响问题；⑥不同时期的心理健康问题；⑦大学生的人格发展问题；⑧不适应行为、不良习惯及问题行为的矫治问题；⑨重大事件或应激源对大学生的影响问题等。

（2）教育与学习咨询。这方面的咨询内容主要包括：①大学生的学习动机问题；②教学内容、教学方式及教学环境对大学生认知过程的影响问题；③培养大学生良好学习习惯和纠正不良学习习惯问题；④各种学习障碍的排除问题；⑤学习方法的自我检查与调整问题；⑥智力发展与品德教育的关系问题；⑦学习困难及学校适应不良问题；⑧思想教育的方法及措施的有效性问题；⑨特殊学生的教育及教学问题等。

（3）升学指导与就业咨询。这也是学校心理咨询的重要组成部分。每年均有数百万高中毕业生升入各类高等院校学习，大学生都面临升学考试与专业选择问题。另外，随着市场经济的发展，大学生毕业后自谋职业已成为必然趋势，因此，就业咨询将成为学校心理咨询的主要内容之一。所以，升学指导与就业咨询将越来越受社会、学校及家长的重视。这方面的咨询内容主要有：①大学生能力（一般能力与特殊能力）、性格与职业兴趣的测评；②专业选择问题；③职业选择问题；④就业前的心理适应问题；⑤就业与升学信息咨询等。

（4）心理异常与行为障碍咨询。这方面的咨询是指对大学生常见的各种心理与行为障碍（或异常）进行预防、诊断、治疗等。青春期及青年早期各种生理及心理变化给大学生提出了新的人生课题。这段时期正是各种心理冲突集中出现的阶段，大学生将第一次独立面对一些心理挫折，由此带来的心理与行为上的不适应成为各种心理疾病的源头和病因。另外，早期（如童年期）存在的各种心理与行为障碍也会延续到大学阶段。这方面的咨询内容主要包括：①学校不适应问题；②各类神经症（如神经衰弱、恐惧症、强迫症、抑郁症、焦虑症、癔症等）；③性心理或性行为异常；④各类行为障碍（如口吃、多动等）；⑤人格障碍或病态人格等。

3. 学校心理咨询的方式

心理咨询有多种方式。学校心理咨询根据咨询对象的数量，主要有个体咨询和团体咨询；根据咨询的途径，主要有书信咨询、电话咨询、宣传咨询和现场咨询等。一般来说，学校心理咨询主要采取个体咨询和团体咨询两种方式。

（1）个体咨询。它是由咨询对象单独向咨询机构提出咨询请求。个体咨询旨在运用咨询心理学与临床心理学的原理，帮助大学生全面认识那些影响其正常学习、正常生活的内外因素，增强大学生克服困难的信心并提高其自主能力。个体咨询的会面次数、时间是由双方约定的。时间的长短应根据大学生的实际情况等要求而定。在大多数情况下，心理咨询主要针对的是大学生学习、日常生活过程中的心理问题。但在需要的时候，心理咨询人员会对大学生的异常行为加以引导。就整个过程而言，心理咨询人员很注重通过使大学生正确认识自身问题来改变自己。个体咨询可以书信或电话的方式进行。它的优点是咨询者顾虑较少，随着咨询过程的深入，咨询者可以无保留地表现自己的喜怒哀乐，倾吐内心的秘密，也有利于心理咨询人员对咨询者进行耐心深入的帮助。个体咨询的最大优点是心理咨询人员和咨询者能有机会建立一种彼此信任的关系。这种关系为咨询者提供了一种安全感，从而使他们降低自己的心理防御机制，袒露自己真实的内心世界。个体咨询不是咨询者处于完全被动和受操纵的地位，咨询者完全可以参与进去。

（2）团体咨询。团体咨询是由心理咨询人员根据咨询者提出的问题，将他们分成课题小组进行讨论、引导、指导，解决大学生共同关心的学习、生活问题的一种形式，也可以由咨询者自愿组成小组，根据共同的心理障碍进行咨询。团体咨询的人数要求并不严格，一般以 10 人左右为宜。

团体咨询旨在利用集体的智慧与力量来帮助大学生共同克服困难、解决问题。团体咨询与个体咨询相比有自己的特色。在团体咨询中，小组成员之间的交流是多向的。这种多向交流，有利于小组成员之间产生同感。小组成员会发现其他人也有与自己类似的苦恼，从而有助于认识自我和稳定情绪。问题的相似性、解决问题的迫切性也相同，从而促使他们积极讨论，集思广益；也会促使他们相互支持、相互帮助、相互影响。团体咨询对于孤僻、孤独、害羞等人际交往障碍具有重要作用。目标问题的一致、彼此相互理解尊重而产生共同语言，小组本身就可以给咨询对象提供参加社交活动的机会，通过示范、模仿、练习等方法，可以逐渐克服各种人际交往障碍。团体咨询也有难以弥补的缺点，如咨询者不愿意暴露实质性而又带有隐私性的东西。有些咨询者需要个别对待，有些咨询内容不宜在众人面前公布等。

第三节　大学生心理危机干预

近几十年来，随着社会的变迁和经济模式的改变，激烈竞争带来的生存压力增大，世界范围内自杀人数有逐年增多的趋势。研究大学生的自杀和心理危机状况、原因及情绪行为特点，对有可能发生的自杀等心理危机进行及时干预，对于维护高校稳定和家庭完整，保障大学生的生命安全，具有极其重要的意义。

一、直面心理危机，珍爱生命

1. 正确认识心理危机

美国心理学家卡普兰认为，每个人都在不断努力保持一种内心的稳定状态，保持自身与环境的平衡与协调。当重大问题发生使个体感到难以解决、难以把控的时候，平衡就会被打破，正常生活也会受到干扰，内心的紧张不断积蓄，继而个体出现无所适从反应，甚至思维和行为紊乱，而他先前的危机处理方式惯常的支持系统不足以应对当前的处境，即他必须面对的困难情境超出了他的应对能力，此时，心理就会进入一种失衡的状态，这就是心理危机。美国心理学教授凯恩认为，心理危机实质上包括 3 个部分：①危机事件的发生；②对危机事件的感知导致当事人的主观痛苦；③惯常的应对方式失败，导致当事人的心理、情感、行为等方面的功能水平较突发事件前低。

心理危机人人会有，心理危机并不是疾病，本质上是伴随着危机事件而出现的一种心理失衡状态。一旦一个人承受的心理压力超出了自身应对压力的能力，心理危机便出现了。个体在面对那些难以解决的问题时会出现精神崩溃，表现出极度紧张、苦恼、焦虑、忧郁，甚至会产生轻生的念头。产生轻生念头的个体认为谁也理解不了自己，谁也帮助不了自己，在这个世界上唯有自己最不幸、最痛苦，死是解决问题的唯一方法。在多数情况下，心理危机可以在 6～8 周内顺利解决，但是也有少数人会处于持续失衡状态，以致严重影响正常的工作和生活，这个时候需要专业的心理帮助。

2. 改变对自杀的错误认识

自杀是指个体自主采取各种手段以结束自己生命的行为。自杀是一种复杂的社会现象，既可见于正常人，也可见于精神病人和有人格障碍的人，个体在病理性激情下、幻觉和妄想状态下都可出现自杀行为。

自杀往往具有严重的危害后果。自杀常常伴随着严重的身体伤害，甚至生命的终结。自杀的大学生往往会给其他同学造成极其强烈的心理冲击。最近几年还发生了自杀的同时伴有伤害他人的极端过激行为的个案。自杀会给家庭造成巨大的冲击，它带给亲人的伤害一生都不能被抚平。专家分析，一个人自杀将至少影响他周围 6 个人的心理健康。自杀已严重威胁部分大学生的生命安全、高校的安定秩序以及家庭的和睦稳定。提高大学生的心理健康水平和有效地防止自杀，成为高校心理健康工作的重要任务。人们对自杀有以下几方面误解。

（1）自杀无规律可循。自杀表面上看起来带有突发性，一旦发生，周围的人常感到诧异。其实大部分自杀者曾直接或间接地传达过求助信息，他们在决定自杀前会因为内心的痛苦和犹豫发出种种信号。

（2）宣称自杀的人不会自杀。当有些人向他人透露自己会自杀，尤其是当用语中带有恐吓成分时，他人常常以为只是说说而已，真想死的人是不会把自己的打算告诉别人的。但是事实是，80%的企图自杀者在自杀前曾与他人谈论过自杀，宣称自杀的人很有可能会有自杀的举动，必须高度重视。

（3）一般人不会有自杀的念头。很多人以为一般人不会有自杀的念头，事实是，30%～50%的成年人曾有过一次或多次自杀的念头。对于性格健康、家庭关系良好的人来说，自杀的念头可能只是一闪而过，很少发展为真正的自杀行为，然而对于性格或精神存在问题的人，他们在缺乏社会支持的情况下，自杀念头就很有可能转变为自杀行为。

（4）所有自杀的人都是精神异常者。有人认为只有精神病患者才会自杀，事实是自杀的人大多不是精神病患者。绝大多数自杀者是正常人，只是有暂时性的情绪障碍。

（5）自杀危机解除后就不会再有自杀倾向。事实上，自杀危机解除之后，至少在3个月内自杀者还有再度自杀的可能，尤其是抑郁症患者在症状好转时最容易自杀。

拓展阅读

如何发现身边的自杀信号

日本学者长冈利贞认为，自杀过程一般包括：产生自杀意念—下决心自杀—行为出现变化—思考自杀的方式—选择自杀的地点与时间—采取自杀的行动。自杀者在自杀前会发出各种信号，我们可以从言语、身体、行为3方面进行观察。

自杀的征兆和识别

（1）言语。有自杀意念的人会间接、委婉地说出来，或者谨慎地暗示周围人，如“活着没有意思”“生活是无意义的”“我没有希望了”“如果我不在人世了，情况可能会更好些”等。

（2）身体。有自杀意念的人会有一些身体症状，如容易感到疲劳、体重减轻、食欲不振、头晕等。这往往是抑郁情绪所致，不能简单地认为是身体有病，应引起注意。

（3）行为。当自杀意念增强时，自杀者在日常生活中会表现出不同于平常的行为，如看有关死亡的书籍，异常冷漠，萎靡不振，逃避社会，无缘无故与周围人诀别，将平时珍视的私人物品送人等。

二、大学生心理危机

（一）大学生自杀的原因

导致大学生自杀的原因很多，概括地说，可以分为社会因素与个体因素两个方面。

1. 社会因素

（1）对社会变化的不适应。当前，整个社会正以日新月异的速度发生着空前的变化。这一系列变化，对人们的思想意识和心理行为习惯的震撼无疑是巨大的。这意味着，为了适应社会的变化和发展，人们必须调整以前那套在传统社会中形成的并已成为习惯的思想观念和生活方式，否则就可能导致心理冲突和行为失调，如果这种矛盾冲突长期得不到解决，就可能导致心理障碍。尽管大学生被认为是最崇尚变化的群体，但他们的思维和习惯依然植根和形成于传统文化教育中，加上他们的人格尚未成熟，世界观、价值观尚未定型，社会阅历浅，使他们缺少对社会巨变的足够准备。特别是当自己的理想和对社会的期望与现实社会发生矛盾时，可能会感到无所适从并产生强烈的情绪反应。当代大学生承受着越来越大的客观环境压力和越来越多的社会心理应激，当无法适应社会生活时，有些大学生试图努力改变自己，重建被现实排斥的自我；有些大学生则可能陷入理想与现实矛盾冲突的苦恼之中，甚至想逃避这种冲突。

（2）各种压力的催化。首先是学习压力。大学生是经过高考“搏杀”之后挤过“独木桥”的优胜者，但在高手如林的大学里，多数人失去了中学时代令人羡慕的优势，这给一直以来都处于优越感中的大学生带来的心理冲击是很大的。学习压力是大学生产生心理危机的主要因素之一。同时，竞争所带来的压力也不容忽视。其次是经济压力。来自不发达地区、经济困难家庭的大学生，与来自发达地区、经济条件较好家庭的大学生在消费观念、消费方式方面的对比，易使经济困难学生产生心理失衡和压力。他们自觉低人一等，因而显得内向抑郁、落落寡欢。在严重的经济压力和思想包袱重压下，有的大学生走上了自杀的道路。最后是就业的压力。当前就业市场竞争激烈，用人单位对大学生综合素质的要求有所提高。许多毕业生毕业找不到理想工作的残酷事实，使部分大学生一入学就考虑毕业找工作的事。面对即将踏入的竞争激烈的社会，不少大学生会有一定程度的心理恐慌。

（3）人际关系紧张和恋爱失败。人类的心理适应最主要的就是对人际关系的适应。所以，人类的心理病态主要是由人际关系的失调导致的。适应人际关系是最重要的心理适应问题之一。有些大学生或由于交往方式不当，或由于自己的行为习惯与同学相差太远，或由于性格内向、不善言辞、自卑、以自我为中心等原因，不容易为他人接受或者易与他人发生摩擦，从而导致人际关系紧张，产生人际交往障碍。人际关系紧张或社交障碍的结果，使大学生感到孤独、压抑、烦躁，如果长期得不到解决，则容易使人变得孤僻，严重的则导致心理变态。

近年来，恋爱风在大学校园有愈演愈烈的势头。有些大学生特别是低年级大学生心理尚未成熟，还不能很好地控制自己的情绪和行为，一旦涉足爱河，就很容易陷入情感的旋涡不能自拔，把爱情当成唯一的精神寄托，一旦失恋，则悲痛欲绝，甚至寻死觅活。有些大学生被爱情中的各种冲突和挫折搅得心力交瘁；有些大学生在遭受爱的挫折后，自暴自弃，对生活丧失信心。调查显示，在轻生的大学生中，遭遇爱情挫折的比例较高。

（4）生活中的困难和不幸。有些大学生生活比较艰苦，他们有强烈的自卑感，交往退缩，有的人因此产生心理障碍，一旦再遇到诸如他人的讽刺嘲笑、学习成绩不理想、失恋等，将会引发更大的心理危机。

另外，生活中的重大变故，如重病、致残、父母离异、亲人亡故等，也是诱发大学生自杀的高危因素。

2. 个体因素

环境因素在大学生自杀中只起到诱因的作用，起关键作用的是个体的心理素质和主观态度。导致大学生自杀的个体因素主要有以下 3 个方面。

（1）自我认同危机。所谓自我认同危机，即自我概念方面的危机，是指由于个体心目中或希望的自我形象（理想自我）与现实中的自我形象（现实自我）不相符时所产生的心理危机。这在大学生群体中比较普遍。面对大学里的激烈竞争，有些大学生内心有一种强烈的危机感和紧张感，他们不甘心做平凡的人，没有争个“数一数二”就是失败，而他们是最不能接受失败的。在常人看来是个很平常的成绩，但在他们看来可能是一个很丢脸的成绩，于是产生强烈的挫败感，并有可能由过分的自尊转变为过分的自卑，自轻自贱。

（2）对挫折的承受力差。有人将当代大学生形容为“被抱大的一代”，很多大学生独立生活的能力没有得到应有的发展。另外，以往生活和学习上的一帆风顺，使有些大学生毫无面对失败的心理准备和承受挫折的能力。所以，他们非常害怕失败，一个小小的挫折足以引起他们强烈的不良情绪反应。

（3）个性缺陷。一个人的心理健康状况与其个性心理特征有非常密切的关系。心胸宽广、乐观开朗、爱好广泛、善于自我心理调节的人往往能正确面对和处理各种挫折，从而保持身心健康。相反，心胸狭隘、孤僻固执、喜怒无常的人在工作和交往中容易碰到各种困难，既给别人造成麻烦也给自己带来烦恼。自杀与个性特征的相关程度究竟如何，目前尚无详细的研究资料。但自杀作为一种极端化心理行为，往往与长期的消极心理状态和负性情绪背景密切相关，而且大量临床经验表明，自杀者常有原发或继发性抑郁症病史，并常有孤僻内向等不良个性品质。

（二）大学生自杀行为的预测与预防

对自杀行为的干预包括两个方面：预测和预防。预测是指对自杀危险性的评估，通过一定的方法鉴别出自杀高危人群，从而达到防范目的。预防是指对已有明显自杀企图的人或自杀未遂的人进行干预和调停，阻止进一步的自杀行为。

1. 自杀行为的预测

自杀危险性的评估与预测要对以下 3 类警示信号给予特别的关注。第一，个体是否具备自杀的危险因素，包括有无自杀未遂史，是否已制订了自杀计划，最近经历了哪些特殊应激事件，是否患有精神疾病，是否有药物滥用史，是否独居并与他人失去联系，是否有抑郁症或处于抑郁症的恢复期，是否有失败的医疗史等。第二，个体是否放出自杀的线索。这些线索可以是语言的（如轻生念头，无缘无故道谢、告别），也可以是行为的（如焦躁不安、抑郁、性格改变、失眠、赠送贵重物品）。第三，求救信号。没有 100%想自杀的人，即使有强烈死亡意愿的人也是十分矛盾的，因此要注意识别求救信号。

在实际生活中，对自杀危险性的评估和预测应该包括以下 4 个方面。

（1）抑郁水平的评估。抑郁情绪与自杀行为显著相关。一些研究表明，抑郁症患者中自杀率最高，而几乎所有的自杀者在自杀之前都会出现抑郁情绪。对于抑郁水平的评估，一方面是通过交谈，了解个体的饮食、睡眠、日常活动及记忆、思维等认知变化，这些都是预测抑郁的有效指标。另一方面，还可以应用具有良好信效度的量表进行评定。

（2）自杀先兆的预测。遗书是重要的自杀预兆。据调查，青少年自杀写遗书者较多。国外资料表明，有 1/6 的自杀者写遗书。受教育程度高者，自杀前多会写遗书。

（3）自杀实施可能性的探察。需要了解个体有无明确的自杀计划，以及计划的具体性、可行性，救援资源的临近性等。

（4）对自控能力的评估。彻底探察个体的自控能力是很重要的。这不仅包括个体在过去是否真的采取过自杀的行动，而且包括个体的过去行为中曾经出现的其他冲动问题。更需要注意的是，那些在绝大多数时间过度克制情感但偶尔会完全失控的人处于更高的自杀危险当中。

2. 自杀行为的预防

自杀是一种复杂的社会现象，预防大学生自杀，需要高校各个部门积极配合，做好各个方面、各个层次的工作，还要求广大学生自觉提高自身心理素质，提高解决问题、克服困难的能力和对挫折的耐受力。

（1）加强心理健康教育，培养学生良好的心理素质。在导致大学生自杀的诸多因素当中，大学生个人的心理素质和主观态度起着关键性作用。因此，最积极的也是最根本的预防措施是加强大学生的个人素质教育，主要包括以下几个方面。

第一，价值观教育。帮助大学生树立正确的人生观、价值观，使其找到自身的真正价值所在，学会从多个角度和用多元化的价值标准看待各种成功与失败。帮助大学生确立正确的自我观念，全面评价自己和他人。

第二，个性品质教育。教育大学生自觉加强人格素质修养，克服不良个性品质，做一个乐观豁达的人。

第三，能力训练。通过各种实践训练，培养大学生的生活自理能力、人际交往能力、社会工作能力和解决问题、克服困难的能力，以减少学习、生活、工作中的各种挫折。

第四，挫折教育。要让大学生建立必要的挫折意识，使他们懂得，生活是美好的，但生活的道路是曲折的。每个人都生活在充满矛盾和斗争的社会现实之中，所以挫折和困难是避免不了的。困难和挫折是锻炼人意志和施展才华的好机会。

（2）普及自杀预防知识，做好自杀的早期发现和预测。通过各种宣传和讲座，让广大师生了解自杀的危害，知道自杀的常见表现，加强预防自杀的意识，及时发现生活中具有较高自杀危险的人，给予积极的关心和帮助，并向学校有关部门和教师反映情况，以便采取有效的帮助措施。

（3）建立心理健康档案，发现问题及时干预。高校要定期对大学生进行心理健康测试，包括自杀倾向性测试，以便及时发现那些处于心理高危状态的大学生，并给予适当干预，防止恶性事件的发生。

（4）做好日常心理咨询工作。大力开展日常心理咨询和心理健康的宣传教育，提高大学生的求助意识，及时帮助他们解决学习和生活中的各种心理困扰与心理障碍，把自杀意念消灭在萌芽状态。

（5）设置危机干预机构。例如，建立危机干预或自杀预防中心、生命热线、希望热线，使处于心理危机中的大学生知道有求助的组织。

自杀是一个人在挫折面前适应不良、心理失调的结果，因此，大学生要自觉加强自身心理素质修养，提高对挫折的耐受力。

（三）大学生心理危机干预

（1）学习心理健康知识，培养良好的心理素质。在面对危机事件的时候，一个人的心理素质和面对问题的主观态度起到关键作用，因此大学生日常可以通过积极学习心理健康知识，训练与培养自己的各项能力（如适应能力、自理能力、人际交往能力、解决问题能力等）来提高自身的心理适应力、承受力、耐受力。大学生要多参加社会公益活动，在给予中体验自我价值，会让内心变得更平和。

（2）寻求学校心理辅导教师的帮助。在我国，大多数高校设有向大学生免费开放的心理咨询机构，大学生在遇到诸如学习、交友、恋爱、疾病及生活中的重大事件等引起的心理危机时，可以向这些机构寻求帮助，倾诉自己的苦闷，解除忧郁、焦虑等负面情绪的困扰。

（3）向社会危机干预机构求助。一些城市建立了心理危机干预中心或者自杀预防中心，设立了生命热线，大学生在觉得承受的心理压力超出了自己的极限时，可以向这些机构求助。

拓展阅读

自杀怎么可能仅仅是一个人的事

在做自杀危机干预的时候，当事人多有这样一个观点：“这是我个人的事，是我个人的选择，与别人没有关系！”更有甚者说：“父母伤心也是一时的，时间长了就没有什么了。”

可是，自杀怎么可能仅仅是个人的事？！我们现在来做一道最简单的算术题，看一看，一个人自杀后，感到悲痛的人会有多少？结果如图 10-1 所示。

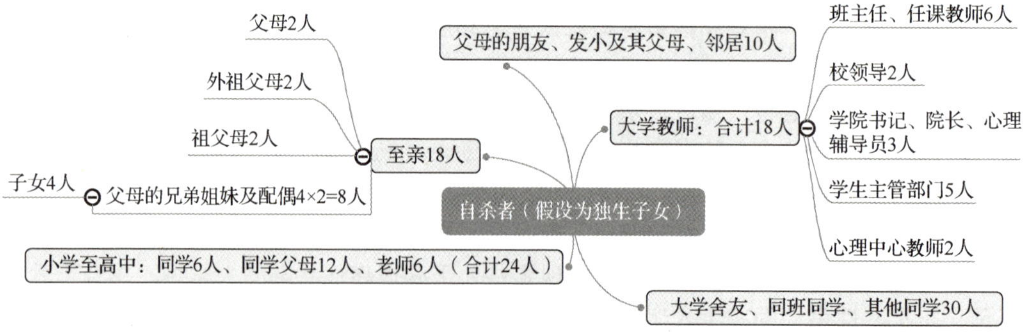

图 10-1　自杀的影响范围

图 10-1 是以最保守的方式计算的，也有 100 人。一个大学生自杀，为他的离去而伤痛或感觉受伤或受到惊吓的人至少有 100 个。

自杀者常常认为自杀只是自己一个人的事，他们不知道，当一个人自杀之后，他周围的人往往会有多么自责，责怪自己没有给予自杀者足够的关心，责怪自己没有做得足够好以让自杀者再多信赖自己一点；会有多么深刻的被背叛感，因为他们一直把自杀者视作自己的朋友甚至亲人，如今他却如此决绝地做出了弃世的选择；同时，他们又是多么担心和害怕，害怕自己会不会有一天也做出这样的事。不仅如此，自杀这样的事情还有可能让自杀者周围的人对人生的意义、生命的价值产生怀疑。

心理测试

生命观调查量表

1. 在我的生命中，我感到一种难以名状的失落感。
2. 我觉得在我的生命中缺乏真正的意义和目标，而我需要找到它。
3. 生命的奥秘迷惑着我，并使我感到不安。
4. 在我的一生中，有一股强大的驱动力，促使我去寻找自我。
5. 我发觉有个强而有力的目标在指引着我。
6. 我感到在生命中缺乏值得去做的事。
7. 我有决心去完成某些震古烁今的事。
8. 真正的爱永不褪色。
9. 假如人要获得快乐，他就必须以自我为中心。
10. 苦难是对我性格力量的考验。
11. 只有经历苦难，才会变成完整的人。
12. 经历苦难的人必有后福。
13. 我选择公司时，很重视该公司的声望。
14. 假如一个病人濒临死亡，遭遇苦难，医生应该帮助病人安乐死。
15. 苦难有助于人了解真正的人生意义。
16. 关于死亡，我毫无准备，并感到害怕。
17. 关于自杀，我曾经慎重考虑过，并认为这是一种解脱之道。
18. 在经历苦难之后，我变得更能体谅别人。
19. 死亡是生命的结束，再也没有其他意义。
20. 将来有一天会死的事实，使我整个人生变得毫无意义。
21. 我预期我的未来会比过去更有希望。
22. 我已经找到一个令自己满意的生命目标。
23. 我生命中所发生的事，我能做决定。
24. 生命的意义存在于我们的周遭世界。
25. 我觉得需要为我的生命确立清晰的目标。
26. 我觉得生命一刻比一刻重要。
27. 我决心使我的未来有意义。
28. 我生命的成就，大部分取决于我努力的程度。

29. 新奇变化的事物吸引着我。
30. 每个人都应对自己的生命负责。
31. 我急切地期盼着未来。
32. 我能依照我想过的方式生活。
33. 我很关心如何过一种有意义的生活。
34. 我正过着一种我喜欢的生活。
35. 我目前的生活是与我未来的希望紧密相连的。
36. 我正在追寻生活中令人兴奋的事物。
37. 我时常觉得烦躁无聊。
38. 生命对我而言，似乎是非常机械化的。
39. 对于生活，我有很明确的目标和计划。
40. 我个人的生活是非常有意义、有目的的。
41. 每天的生活总是千篇一律。
42. 如果可以选择，我宁愿没有出生。
43. 退休之后，我愿意无所事事地度过余生。
44. 我渴望不断进步，并最终获得圆满的人生。
45. 我生命中总是充满幸福美好之事。
46. 假如我今天就死去，我会觉得我的生命毫无价值。
47. 我常常找不到活着的理由。
48. 每当我审视世界与我的关系时，这世界使我迷惑不堪。
49. 我是一个非常有责任感的人。
50. 对于人为自己做决定的自由，我相信人是完全被传统环境所限制的。
51. 我有能力寻求生命的意义、目标和使命。
52. 我的生命受外界因素的影响，我不能控制。
53. 我发现人生并无任何目的与使命。

[计分方法]

正向题目选择“符合”得 1 分，选择“不符合”得 0 分；负向选择题选择“不符合”得 1 分，选择“符合”得 0 分。

正向题目：4、5、7、8、10、11、12、13、15、18、21、22、23、24、25、26、27、28、29、30、31、32、33、34、35、36、39、40、44、45、49、51。

负向题目：1、2、3、6、9、14、16、17、19、20、37、38、41、42、43、46、47、48、50、52、53。

[说明]

得分≥40 分，表明你对生活充满希望和信心。

得分在 25～39 分，表明你对生命有轻度无望感。

得分<25 分，表明你对生活有重度无望感，甚至有自杀意愿，建议立即寻求心理援助。

心理训练

感恩练习

心理学家柳博米尔斯基在系统研究了 51 份如何提高幸福感的调查报告后，归纳出了 5 个幸福要素：懂得感恩、乐观思考、记录下幸福的事、发挥自己的强项和多多行善。可见，懂得感恩可以提高个人的幸福感。请你完成以下练习。

尝试带着感恩的心，回想一下在过去的一个月里令你感动的 3 件事，简要地记下来。

1．____________________

2．____________________

3．____________________

思维发散——换位思考

1．我的父母辛苦吗？

2．父母为我付出了什么？

3．我为父母做过什么？

4．父母希望我做什么？

5．我能为父母做什么？

6．我愿意这么做吗？

7．什么时候做？

8．爸爸（妈妈），我想对您说：

探索生命的价值与意义

1．一次意外中，你不幸身受重伤，流落荒岛数日后，在求生无望而生命只剩一日时，你只可做一件事情，你会做什么？

____

____

2．生命即将终结前5分钟，你可以打一个电话，你会打给谁？说些什么？

____

____

3．你愿意在生活中增加哪项活动，以获得更多的财富和快乐？

____

____

4．你认为生命的意义是什么？

____

____

逆境适应能力练习

一、案例讨论

2013年，某高校一男生用跳楼的方式结束了自己年轻的生命，留给家人的是无尽的伤痛。这个大学生为什么会用这种方式来结束自己年轻的生命呢？

记者从学生那里了解到，这个跳楼的同学是从教学楼的顶层5楼跳下来的，出事之前他的同学没有注意到他有什么异常。

一个同学说：“他挂了好多科，然后学校给了警示，给他家里打电话。家里说了他两句，他好像受不了。”

事件发生后，不少大学生觉得遇到挫折用这样的方式去面对实在过于极端。

同学甲：“为这些事情选择这么一种极端的方式，显然是一件很遗憾的事情。”

同学乙：“很多困难要自己去解决，不能一面对困难就直接走向极端。”

同学丙：“他没有意识到他选择这样一种方式来解决问题，背后关心他的家长还有老师、同学们会多么痛心。”

心理咨询师：“第一，他的性格可能比较固执和偏执；第二，当前的负面情绪积累了较长时间而得不到排解，所以会做出这种极端的行为；第三，他的社会支持力量相对比较薄弱。”

讨论：

1．如果你遇到案例中当事人所面临的困境，你会如何处理？

____

____

2．如果得知身边的同学或朋友有自杀倾向或危机，你会怎么做？

____

____

3．作为大学生，你是如何看待自杀的？

____

____

二、“拯救蝴蝶”练习

1．设置以下3个场景，每个场景的角色分为A、B两个，由6个学生自行分配角色，角色A扮演当事人（可通过语言或行为扮演角色），角色B扮演好朋友对A进行劝导。其他学生在横线上写出自己的劝导方式。

2．劝导后，角色A对角色B的劝导效果给出相应的评价，角色B对自己刚才进行的劝导做出评价。

3．全班分组对刚才的角色扮演进行讨论，角色B的劝导效果是否有效？如果无效，在哪些方面还可以加强？

场景一：王某因家里经济困难，一直很自卑，不久前父亲因病去世，家里负债累累。王某近日十分抑郁，对人生和前途心灰意懒，想到了自杀。你作为他的好朋友，试列出若干个理由劝他放弃自杀的念头。

____

____

____

场景二：张某因表白遭拒，终日酗酒，痛苦万分，不能自拔，想到了自杀，你正巧遇到此事。试列出若干个理由劝他放弃自杀的念头。

____

____

____

场景三：李某因和舍友发生口角，被舍友孤立，长期压抑，不想回宿舍，也不愿和他人交流，无心学习和生活，想到了自杀。试列出若干个理由劝他放弃自杀的念头。

____

____

____

4．说明哪个场景的角色B的劝导效果最好，可将他/她加入“拯救蝴蝶”的行列。如果你是当事人，面对这样的困境，除了想到自杀，你还会做出怎样的选择？

（1）如果你是王某，你会：______________________________

____

（2）如果你是张某，你会：______________________________

____

（3）如果你是李某，你会：______________________________

____

感悟成长

思考和讨论：你认为“自杀”是一种权利吗？你如何看待“生命”和“责任”？

知识链接

[书籍推荐]

路遥．平凡的世界[M]．北京：北京十月文艺出版社，2009．

推荐理由：《平凡的世界》是中国作家路遥创作的一部全景式表现中国当代城乡社会生活的长篇小说。这部小说在展示小人物艰难生存境遇的同时，极力书写了他们克服重重困难的坚忍不拔的奋斗精神。主人公孙少安、孙少平是挣扎在贫困线上的青年人，但他们自强不息，依靠自己的顽强毅力与命运抗争，追求自我的道德完善。

[影片推荐]

动画片《雄狮少年》，中国，2021 年，片长 104 分钟。

内容简介：影片讲述了主人公留守少年阿娟，热爱舞狮，通过舞狮比赛，改变了自己的病猫形象，成长为一头雄狮的故事。

参考文献

北京师大辅仁应用心理发展中心，2008．身边的心理学[M]．北京：机械工业出版社．

陈家麟，2002．学校心理健康教育：原理与操作[M]．北京：教育科学出版社．

戴海琦，张锋，陈雪枫，1999．心理与教育测量[M]．广州：暨南大学出版社．

杜林致，张旭翔，2005．大学生职业规划与拓展[M]．南京：河海大学出版社．

段鑫星，赵玲，2003．大学生心理健康教育[M]．北京：科学出版社．

樊富珉，1996．团体咨询的理论与实践[M]．北京：清华大学出版社．

菲利普・津巴多，等，2008．津巴多普通心理学：第5版[M]．王佳艺，译．北京：中国人民大学出版社．

龚惠香，2011．大学生心理素质训练[M]．杭州：浙江大学出版社．

龚永坚，王芳，李苏燕，2017．大学生心理健康教育[M]．北京：高等教育出版社．

何耀明，2008．大学生就业指导[M]．北京：冶金工业出版社．

胡剑锋，2006．大学生职业指导：精彩人生，从此开始：入门篇[M]．北京：北京大学出版社．

黄希庭，1991．心理学导论[M]．北京：人民教育出版社．

黄希庭，2007．心理学导论[M]．2版．北京：人民教育出版社．

孔燕，江立成，兰文敏，等，1998．大学生心理健康教育[M]．合肥：安徽人民出版社．

理查德・格里格，菲利普・津巴多，2003．心理学与生活[M]．王垒，王甦，等译．16版．北京：人民邮电出版社．

林清文，2000．大学生生涯发展与规划手册[M]．台北：心理出版社．

吕澜，2011．大学生心理健康教程[M]．北京：中国社会科学出版社．

罗伯特・斯腾伯格，凯琳・斯腾伯格，2010．爱情心理学[M]．李朝旭，等译．北京：世界图书出版公司．

罗杰・哈克，2004．改变心理学的40项研究：探索心理学研究的历史[M]．白学军，等译．北京：中国轻工业出版社．

米哈里・契克森米哈赖，2022．心流[M]．朱蓉蓉，译．北京：世界图书出版公司．

墨顿・亨特，1999．心理学的故事[M]．李斯，译．海口：海南出版社．

潘玉腾，孙建平，杨林香，等，2005．走向阳光：大学生心理健康指导[M]．杭州：浙江大学出版社．

钱铭怡，1994．心理咨询与心理治疗[M]．北京：北京大学出版社．

邱鸿钟，2005．当代大学生心理健康教育研究[M]．广州：广东高等教育出版社．

桑志芹，李绍珠，1999．大学生心理健康教程[M]．南京：江苏人民出版社．

孙东东，2004．追求阳光心态：北大心理健康讲演实录[M]．上海：华东师范大学出版社．

汪向东，王希林，马弘，1999．心理卫生评定量表手册[M]．增订版．北京：中国心理卫生杂志社．

王玲，刘学兰，2005．心理咨询[M]．2版．广州：暨南大学出版社．

徐光兴，2000．学校心理咨询优秀案例集[M]．上海：上海教育出版社．

张大均，1999．教育心理学[M]．北京：人民教育出版社．

张玲，2001．心理健康研究与指导[M]．北京：教育科学出版社．

章志光，1996．社会心理学[M]．北京：人民教育出版社．

郑雪，2007．人格心理学[M]．广州：暨南大学出版社．

周家华，王金凤，2007．大学生心理健康教育[M]．2版．北京：清华大学出版社．

朱卫国，桑志芹，2012．大学生心理健康教程[M]．南京：南京大学出版社．

JERRY M BURGER，2010．人格心理学[M]．陈会昌，等译．7版．北京：中国轻工业出版社．